Buuggan waxaan u hibaynayaa Madaxweyne Ismaaciil Cumar Geelle iyo ummadda reer Jabuuti. Waa xushmad iyo xasuus ay ku mutaysteen dadaalkii hagar-la'aaneed iyo naf-hurkii taariikhiga ahaa ee dadka reer Jabuuti iyo dowladdooda oo uu hoggaaminayo Madaxweyne Ismaaciil Cumar ay wax walba u hureen badbaadinta ummadda Soomaaliyeed ee ay dhibaatadu garba-duubtay gacal kalena weydey.

Qoraaga

Tusmo

MAXAY KA YIRAAHDEEN MASKAXMAALKII AKHRIYEY?

Erayada halka lagu soo koobay ee ay buuggan kaga faalloodeen indheergarad dalal kala duwan jooga oo akhriyey daabacaaddii koowaad waxaa laga soo qaatay meelihii laga baahiyey oo ay ka mid ahaayeen idaacado, wargeysyo, telefishino, internet, aqoon-isweydaarsiyo, khudbado buugga ku saabsan oo laga soo jeediyey xafladihii lagu soo bandhigay daabacaadda koowaad, kuwaas oo ka dhacay dalal kala duwan, sida Kenya, Jabuuti iyo dalka Ingiriiska. In kastoo ay koobnayd muddadii uu buuggani daabacnaa, haddana aad ayay u badnaayeen wixii laga qoray, wixii laga yiri iyo doodihii uu abuuray, suurtagalna ma aha in halka lagu soo wada daabaco. Sidaa awgeed waxaa halka lagu soo ururiyey qayb loo soo qaatay tusaale ahaan uun, taas oo u badan erayada dadkii ugu horreeyey ee ka faallooday oo iyaga qudhooda la soo koobay. Sidaa darteed waxaan u cudurdaaranaynaa dadka kale ee buugga ka bixiyey faallooyin qiima leh haseyeeshee aaney suurtagal noqon in erayadoodii halka lagu daabaco.

'Dal Dad waayey iyo Duni Damiir Beeshay waa buug gilgilaya garaadka dadka Soomaaliyeed iyo kan dunida dibaddaba. Qoraaga buuggan, Maxamed Daahir Afrax oo ku caan-baxay isku-taxallujinta iyo wax-ka-qoridda dhiirran ee arrimaha Soomaalida, qoralladiisii horena u badnaayeen dhanka hal-abuurka suugaanta iyo cilmi-

1

baarista dhaqanka, wuxuu buuggiisaan cusub si cilmiyaysan ugu lafa-gurayaa dhinacyada kala duwan ee aafada Soomaalida ku habsatay, taas oo uu ku eegayo aragti cusub oo nugu dhalinaysa feker cusub. Cinwaanka buuggu wuxuu qacda horeba ku dareensiinayaa dhiillada qoraagu doonayo in uu si degdeg ah dadka u taabsiiyo halka ay fadhiyaan cilladaha dalkaan burburiyey welina hortaagan in xal la gaaro. Wuxuu kaloo iftiiminayaa waddada loo mari karo badbaado qaran, sida uu u arko.

Dhab ahaan waa buuggii loo baahnaa oo ku soo beegmay waqtigii loo baahnaa, watigaan uu socdo Shirweynaha Eldoret. Waa buug u qoran hab aan akhriskiisa laga xiisa goynayn; wuxuu ku qoran yahay luqad qurux badan oo loo adeegsanayo suugaan iyo farshaxan uu ku fara yaraystay hal-abuur ku caan-baxay curinta sheekooyin dadka soo wada jiita. Waa buug lagama maarmaan u ah qof kastoo daneeya arrimaha Soomaalida, qoraagiisuna mudan yahay hambalyo iyo bogaadin.'

Cabdirisaaq Xaaji Xuseen
(Former Prime Minister of Somalia)

'Afrax wuxuu si cilmiyaysan noo tusayaa waxa dalkeenna burburiyey inay yihiin damiir xumada hoggaamiyeyaashiisa, qabiil-caabudka dadkiisa iyo dibindaabyo shisheeye. Buuggu wuxuu soo bandhigayaa oo tusaalayaal badan ku muujinayaa sida dalkan loo hagraday iyo kaalinta ay burburintiisa ku leedahay gacan dibadeed. Halka dalalka kale ama burburka laga celiyey ama gurmad daacad ah loo fidiyey, Soomaaliya horena waa la iska indha tiray waliba hub la isugu dhiibay, markii dambana ilaa maanta waxaa lagu wadaa hoosaasin waqti-lumis ah, halka ay ahayd inay beesha caalamku iska saarto masuuliyad dhab ah sida waajibkeedu yahay. Dhibaatadaas ayay tilmaamaysaa qaybta cinwaanka buugga ka midka ah ee uu qoraagu dunida maanta ku tilmaamayo "Duni damiir beeshay". Waxaan la yaabay sida qoraagu maskaxdiisa ugu wada ururiyey, isuguna wada xidhay arrimo aad u baaxad weyn oo aanu dhinacna dhaafin.

Waxaan qoraaga uga mahad celinayaa doorashada uu doortay in uu buuggan af-Soomaali ku qoro, waqti qaali ahna u huro, asagoo ay in badan uga sahlanayd inuu ku qoro af Ingiriisi ama Carabi. Ujeeddadiisu waxay ahayd inuu si toos ah u gaadho dadkiisa, dadka Soomaaliyeed. Waxaan qof kasta kula talinayaa inuu aqriyo kuna camal falo buuggan ay adag tahay in la helo noociisa.'

Jaamac Maxamed Qaalib
(Author, elder statesman)

'Waan akhriyey buggii xambaarsanaa dhambaallada sida dareenka iyo dhiillada waddaninimo. Waa buug taarikhdu xusi doonto, halhayskiisuna waari doono.

Intay dunidu geed waaban tahay, ee waddani joogo Waa gabay ku waajibey inuu, abidki waaraaye.

Qoraaga waxaan leeyahay hambalyo iyo duco fara badan. Wixii aan gabayadayda ku sheegi jirey oo urursan ayaad sheegtay. Laakiin waxaad u sheegtay dad aan fayoobayn oo miyir-beel wada asiibay, sidaad buuggaba ku tilmaantay! Soomaalidii hore waxay ku maahmaahday "hadal marag leh iyo hilib middi leh midna laguma margado". Marag anigaa ka ah waxa aad qortay in ay yihiin run loo baahnaa.

3

Midda kale waxaa iga talo ah inaadan ka harin waxa aad ku talisay. Ku dadaal sidii ay suurtagal ku noqon lahayd in lagu camal falo, lagaba yaabe inay noqdaan furihii la waayey, idam Alla ha noqdeene! Isku day sidii looga mira dhalin lahaa talooyinka aad soo jeedisay. Yurub iyo Woqooyiga Ameerika tag. Buugga gee. Dadka wixii aad ku talisay tus, iyagana weyddii waxa ay ku talinayaan.

Bal in dhiirrane tooso
Damiirkii dhintay foosho
Ha ka daalin dhankaagee
Dhaqdhaqaaji gurbaanka!'

Cabdulqaadir Xirsi Yamyam
(Highly acclaimed poet)

'Buuggan oo aan akhriskiisa aad ugu raaxaystay waxaan ka faai'daystay duruus badan, duruus xambaarsan waaya-aragnimo dheeraad ah. Wuxuu hurdada ka toosiyey damiirkayga waddaninimo oo durbadiiba amar igu siiyey inaanan harsanin hoyanna ee aan fadhiga ka kaco si aan dalkayga uga badbaadiyo gablanimada qoraagu tilmaamay. Waxaan kula talinayaa qof kastoo Soomaali ah ama Soomaaliya danaynaya inuu buuggaas aqriyo. Waa toosh kuu iftiiminaya waddada saxa ah ee la mari karo. In kastoo ayan qaybaha buugga qiimohoodu kala dhicin, haddana waxaa aniga si gaar ah ii taabatay qaybta u horraysa ee qoraagu hal-ku-dhegga uga dhigay "Ummadi ma wada waalan kartaa?"

Qoraagu wuxuu ku jawaabay 'haa' asagoo si cilmiyaysan u micneeyey inay jirto waalli bulsho, ama waalli wadareed. Wuxuu si cad u qeexay inay

4

Soomaalida maanta joogtaa bugto oo giddigeed maan-doorsan tahay. Cudurkaas bulsho ee sababay inaan dhowr iyo toban sano ku jirno meehanow bulsho iyo marin-habow siyaasadeed, qoraagu wuxuu ku baaqayaa in la fahmo dawana loo raadsho, taas oo fure u ah Soomaali caafimaad qabta oo xallin karta dhibaatada haysata.

Anigoo sii xoojinaya arrintaa muhiimka ah ee qoraagu nugu baaraarujiyey, waxaa mudan inaan isa su'aalno: ma caafimaad qabtaa bulsho nin gardaran u garbaynaysa, mid god ku ridaya u sacbinaysa, kii ka saar is yiraahda maja xaabinaysa, gacan-ku-dhiigle garab u noqonaysa, suntii ay u dhimatay sii cabbaysa, dawadeedana daadinaysa! Waa la hubaa inaan nahay ummad maan-doorsoontay, waxaanna u baahannahay in dib loo daweeyo maskaxdeena bugta, waxaana lagu daweyn karaa wacyi-galin iyo baara*uib* cusub, sida qoraagu ku baaqayo. '

Maryan Cariif Qaasim
(Author, leading female intellectual)

'Maxamed Daahir Afrax qoralladiisu dalka gudihiisa iyo dibaddiisaba waa ku caan. In kastoo uu afaf badan wax ku qoro buuggan wuxuu ku qoray af Soomaali. Ujeeddadiisu, sida uu gogoldhigga ku caddeeyey, waa in uu gaaro dadka soomaaliyeed inta ugu badan. Waa ku mahadsan yahay. Waa calaamad bilow wanaagsan ah. Waa tallaabo inta wax qorta ku dhiirri galinaysa in marka dadka soomaaliyeed wax khuseeya la qorayo af Soomaali loogu qoro.

Maxamed cidda koowaad ee uu buuggan kula hadlayaa waa dadka soomaaliyeed oo dhan:

5

hogaamiyeyaasha siyaasadeed, waxgaradka, tacliinleyda, ganacsatada, dhallinyarada, bulshaweynta kale intaba. Dadkaa faraha badan ee uu la hadlayo wuxuu kula hadlayaa af Soomaali aad u qurux badan. Ha qurxoonaadee waa af ay ka muuqato caro kulul iyo dhaliil ku dareensiinaysa in uu dadkiisa la hadlayo qof aad iyo aad waddani u ah. waddan jacaylkaas aad u weyn ayaad is leedahay mararka qaarkood wuxuu ka gudbayaa dabeecaddii aad ku tiqiin Maxamed Daahir Afrax oo ahayd dagganaan badan. Qoraalkan waxaa kaaga dhex muuqanaya nin kaa ka duwan: nin aad u kulul oo cara badan oo dagaalyahan ah.

Dhinaca kale Waxaa kaaga muuqanaya aqoonyahan taariikhyaqaan ah oo aad iyo aad ugu xeeldheer dhacdooyinkii dalkeenna soo maray iyo arrimaha ka taagan, xagga Soomaalida dhexdeeda iyo xag xiriir dibadeedba, daris ha noqoto ama kuwo ka fog. Waxaa kaloo aad uga muuqata inuu yahay nin aad ugu xeel dheer dhaqanka, suugaanta iyo bulashada Soomaaliyeed.

Buuggan dhinacyada badan ee uu ka hadlayo iyo dadka badan ee uu la hadlayo, marka laga reebo halabuurka fan iyo suugaaneed, inta kale wuxuu dusha uga tuurayaa canaan guud iyo dhaliil ku salaysan waxyaalo la taaban karo.

Wuxuu beerayaa dood cusub, wuxuu abuurayaa jawi qof kasta ku khasbaya in uu dib u fekero. Meelaha qaar waxay ka caraysiin karaan dad. Runtu had iyo jeer way qaraartahay. Dad ayaa caroon kara iyagoo aan gaarin dhammaystirka doodda. Qof kasta waxaan kula talinayaa in uu bal horta si fiican u dhuuxo una dhamaystirto akhrika doodda. Waxaan kaloo ku talinayaa inaan la dhageysan ra'yi qof yiraahda anigaa

6

soo aqriyey. Qof walbow indhahaaga ku akhri, ka dibna ra'yi ka qaado, qof kale wax uu ka sheegay ha ku camal falin. Maxaan yeelay waxaan hubaa laba qof oo soo aqriday isku ra'yi ka bixin mayso. Dadka qofba wax buu ku buuxaa, waxaas ayaana saamaynaya ra'yiga uu ku siinayo.

Waxaan ku talinayaa cid kastoo ay taabato doodda buuggu in ay u aragto uun maskax iyo ra'yi la soo bandhigay ee aan loo qaadan xumayn gaar ah oo qolo gaar ah loola jeedo. Dood iyo ra'yi iyo taxliil la sameeyo ayaa dad isu soo dhaweyn kara keenina kara in xal laga gaaro arrimaha markaa taagan, ha ahaadaan Soomaalida dhexdeeda ama Soomaalida iyo dalalka kale waxa ka dhexeeya. Waxaa loo baahan yahay in ay cid waliba la timaaddo caqli iyo miyir-qab iyo dood cilmiyeed. Cidda lagu dhaliilayo in ayan xaqii lagu lahaa wax ka qaban ama looga cabanayo inay waxyeello u geysatey xal-doonka Soomaalida waxaa looga baahan yahay wixii jawaab ah ee ay bixinayaan in ay noqoto dood u cilmiyasan sida middaan buuggu hor dhigayo.

Buuggani wuxuu soo baxay waqti loo baahanaa, waxaana la hubaa waxa uu xambaarsan yahay inay wax badan ka tari karaan xal-u-raadinta dhibaha ka taagan Soomaaliya.'

Dr. Cabdirisaaq Cismaan Juriile
(Scholar)

'Buuggaan markaan akhriyey wuxuu ii soo jiitey si la yaab leh. Wuxuu ii saameeyey si qota dheer. Wuxuu xambaarsan yahay macnayaal waaweyn. Wuxuu sidaa farriimo culus. Waxaan siin lahaa sifooyin qurxoon. waxaan ku tilmaami karaa aqoon-kororsi taariikheed, suugaaneed, eraybixin afeed iyo wax ka sii badan. Waa guubaabo gacal sido, gacal u soo guntaday badbaadinta dalkiisa. Waa dhaxal carruurteenu u aayi doonto.

Waa buug ka leexday qaabkii hore ee Soomaalida wax looga qori jirey. Soomaalida wax uun baa laga qoran jirey ee waxba looma qori jirin. Buuggaan waxaa loo qoray Soomaali. Dadka Soomaaliyeed ayuu toos ula doodayaa, dhaliilohooda ku baraarujinayaa, talooyin dhaxalgal ah siinayaa, intaba wuxuu ugu sheegayaa afkoodii ay yiqiineen, halka ay dadka kale is-muujin ka doonaan afaf qalaad, hadday u yaqaaniin sida uu u yaqaan qoraaga buuggan.

Tan kale Afrax wuxuu ka leexday waddadii la caadaystey ee ahayd in wax kastoo laga qorayo arrimaha Soomaalida dhan qabiil uun laga eego, ummaddaanna loo sawiro uun qabiilooyin is cunaya. Afrax dhibaatada jirta wuxuu ka eegayaa dhinacyo badan, wuxuu ku eegayaa il cilmiyeed, wuxuu farta ku fiiqayaa halka uu ku jiro cudurka dhabta ah, isla markaa wuxuu talo cilmiyaysan ka bixinayaa halka dawadu jirto.

Erayada buugga ee sida weyn dareenkayga u dhaqaajiyey waxaa ka mid ah: "Dal dad waayey" maxaa helay dadkiisii? "Gayi gablamay", dhinacee ka gablamay? "Magac ba'ay" yaa bi'iyey? "ummad waalli wadareed qaadday", maxaa u dawo ah? "Gar-wadeenkeedaa gablanka baday", maxaa weli loo daba socdaa? Erayada kale ee i dhaqaajiyey waxaa ka mid ah "damqashada Jabuuti". Wuxuu buuggu i xasuusiyey dadaalkii taariikhiga ahaa ee ummadda reer Jabuuti nafta ag dhigtay walaalohooda Soomaaliyeed. Waa xaq inaan qoraaga la dhahno "Baraavo Jabuuti-yarey!"

Gabagabada buugga qoraagu wuxuu soo jeedinayaa talooyin ka jawaabaya su'aashii uu ku

8

bilaabay cinwaanka ee ahayd: Soomaaliya dib ma u dhalan kartaa? Qoraagu wuxuu ku jawaabayaa 'haa' iyo 'maya'. Maya haddii lagu sii socdo sida hadda loo dhaqmayo iyo sida loo fekerayo. 'Haa' haddii lagu dhaqaaqo isbeddel dhab ah. Wuxuu carrabka ku adkaynayaa "isbeddel, isbeddel, isbeddel".

Isbeddel ku salaysan dareen waddaniyadeed, ay hoggaaminayaan waxgarad daacad ah, ka caafimaad qaba dhaqan-siyaasadeedkii dalka burburiyey, welina lagu shaqaynayo suntiisii oo sii sumowdey, cudurradaas oo ay ugu daran yihiin qabiilka iyo kurisicaashaqa.

Ma nahay dad ku camal fali kara talooyinkaas? Allaha na waafajiyo.'

Caasha Xaaji Cilmi
(Civil society leader)

'Aad ayaan ugu qiirooday akhriska buuggaan.
Waa buug xambaarsan dhambaal aan caadi ahayn.
Wuxuu na siinayaa *assignment*. Wuxuu ka shaqaysiinayaa maskaxdeena. Wuxuu noo dirayaa hawl.

Sida uu ii dhaqaajiyey buuggan, wuxuu iga keenay gabay. Gabayna laguma sheegi karo oo anigu ma ahi gabayaa, laakiin waa afarrey ay iga keentay qiirada aan ku qiirooday erayada buuggu xambaarsan yahay:

Akhyaarey abwaan maan ahayn, eedna gali maayo
UJeeddada haddii aan cabbiro aragti yeelkeede
U riyaaqay goortaan akhriyey eraygii buugaaga
Aad baan wallee ula dhacoo helay afkaartiiye
Afraxow ubax iga guddoon iyo ammaan weynba!'

Maxamed Cabdulqaadir Eenow
(Scholar)

'Buuggani wuxuu ii soo jiitey si la laab leh. Markaan bilaabay waan joojin kari waayey. Goor aan dhammeeyey waan garan waayey. Waxaa si gaar ah ii jiitey afka iyo quruxdiisa qoraagu ku fara yaraystay. Taa ayaan laab-raacay oo i illowsiisey mowduucii, ilaa ay noqotay inaan mar labaad dib ugu noqdo murtidii. Waxaan la yaabay sida uu u suugaanaysan yahay habka qoraagu u dhisay cinwaanka buugga. Waa xaraf-raac lammaane ah oo haddana sii lammaan oo sii laba-jibbaaran. Gudaha buuggana sidaa ayaad ugu tageysaa farshaxan qurux badan. Sidaa darteed, laba arrimoodba buuggan waa loo adeegsan karaa: dalkii iyo dadkii oo dhambaal loo gudbinayo iyo isla markaas aqoon suugaaneed oo laga baranayo afkii iyo qaab-dhismeedkii suugaanta.

Idiris Yuusuf Cilmi
(Writer, Director of Institute of Languages, Djibouti)

'Qoraalka waxaa lagu qiimeeyaa xilliga uu soo baxay. Buugganina waa buug xilligiisii soo baxay si run ahna uga tarjumaya. Ummadda jahawareersan ayuu u iftiiminayaa waddo ay uga bixi karaan dhibaatada haysata.'

Maxamed Cabdillaahi Riiraash
(Historian and literary scholar, Djibouti Radio and Television – RTD)

'Waa buug aan aad iyo aad uga helay aanna hubo inuu sidoo kale uga heli doono qof kastoo aqrista ee damiir leh. Qacda horeba cinwaanka ama magaca buugga ayaa ku soo jiidanaya. Waa cinwaan qurux badan ayna ku dhan tahay murtida buuggu – *"Dal Dad Waayey iyo Duni Damiir Beeshay"* wuxuu sawir buuxa ka bixinayaa xaaladda Soomaaliya ku sugantahay: dal Ilaahay siiyey qurux iyo khayraad dabiici ah hase yeeshee dadkiisii ka faai'daysan waayeen oo iyagu isku jeesteen oo isku habsaameen, dunidii kalena wax jar ka sii tuura ma ahee wax u jiir-naxa laga la'yahay oo la moodo in cadaawad hore loo hayey. Xataa Carabtii aan dad isugu dhaweyn ee xiriirka qotada dheer naga dhexeeyey waxay noqdeen kuwa uga fog in ay noo damqadaan.

Waxaa aad dareenkayga u dhaqaajiyey cinwaanka ah "Damqashada Jabuuti", tilmaanta qoraagu ka bixinayo sidii dadka reer Djibouti iyo hoggaankoodu ugu jiir-damqadeen uguna gurmadeen walaalohooda Soomaaliyeed xilli dunidii kale ka sii jeesatey dadka Soomaaliyeed. Waa arrin aan aniga qudhaydu ku xusay buug aan qoray intii uu socdey shirka Jabuuti ahna buug yar oo aan ugu tala galay ardayda dugsiyada dhexe.

Waa buug aad u macaan oo habka uu u qoran yahay aan laga xiisa goynayn akhriskiisa, cinwaanba cinwaan buu kuu dhiibayaa, mowduucba mowduuc buu kuu gudbinayaa, markaad fikradaha dhex gashana waad sii jeclaysanaysaa. Runtii waa buug aan qof kasta kula talinayo in uu aqriyo.'

Yuusuf Xaaji Cabdullaahi
(Author. Through Sweden International Radio)

'Waayahan waxaa la caadaystey in qofkii Soomaalida wax ka qoraaba ka duulo qabyaalad iyo aragti hoosaysa. Taasi waxay sii xumaynaysaa xaaladdii awelba xumayd, waxayna dadka ka marin habaabinaysaa xaqiiqada jirta.

Buuggaagani waddadaas qalloocan dhinac ayuu uga leexday. Wuxuu inoo furayaa yididdiilo nololeed iyo in aynu weli dabaqabad leenahay. Wuxuu akhristaha soomaaliyeed u soo celinayaa kalsoonidii ka dhimatay ee ahayd in aanu jirin soomaali siyaasadda dalka wax ka qori kara isaga oo aan eex qabyaaladeed dhex dabbaalan kuna dhex dayoobin. Waxa aan hubaa qoraallada sidan u hufani in ay saamayn aad u weyn bulshada ku yeelanayaan, isu soo dhowaanshana abuurayaan.

Aragtida ah in ay bulshadeennu qabto "waalli wadajir ah" waa mid aan la qabo qoraaga. In dedaal kasta oo wanaagsan laga hor yimaado oo la maja xaabiyo, iyada oo la xasdayo, waa mid aan hubo in ay jirto. Waana ta diidday in hoggaan iyo hoggaamiye hagaagsan la helo. Waa ta keentay in madax iyo mijo la kala yeelan waayo, oo ka waalani ka miyirka qaba horseed u noqdo, ka indhaha la'ina ka dhaayaha qaba hago. Sidoo kale in ay hiraal la'aan lala lunsan yahay waa hubaal. Hiraal la'aanta ugu weynina waxa ay haysataa dhallinyarada. Waan kuugu hambalyanayaa hawshaan.'

Axmed Yuusuf "Ibraahim"
(writer)

'Afrax's book captures the pulse of contemporary Somali reality in this dark moment in Somali history in such a way that shakes the conscience of the international community and engages the Somali mind in a new debate of a bitter but constructive self-criticism. All this is presented in a highly literary style using the techniques of a satiric creative writer. Throughout the book, the heated intellectual debate is saturated with poetic insertions, proverbs, allusions to Somali oral tradition and other literary techniques reminiscent of the style of *Maanafay*, the most popular novel in the Somali language. It is perhaps due to its innovative style and topical discourse that the first edition of the book was met with such a popular acclaim as well as extensive media attention and sold out in an unusually short period of time.'

Abdisalam M Issa-Salwe
(Author, lecturer, Thames Valley University)

MAHAD-CELIN

Buuggani in uu dhasho waxaa suurta galiyey dadaal wadareed oo dad kala duwan qofba si uga qayb qaatay. Sidaa awgeed waa waajib in aan u mahad-celiyo intii gacan ka geysatey dhammaantood, inta aan magacooda xusi doono iyo inta codsatay in aan la magacaabin, taas oo ka ah naf-hur dheeraad ah.

Waxaan u mahad-celinayaa dad fara badan oo markay internet-ka ka aqriyeen qoraalkii buuggaan saldhigga u ahaa isku hawlay in ay ii soo qoraan bogaadin, taageero, dood-wadaag iyo tala-bixin intuba wax weyn igu kordhiyey iguna dhiirri-galiyey in aan kobciyo doodihii qoraalka, buug ahaanna u daabaco. Dadkaas oo aan halka magacyadooda lagu soo wada koobi karin waxaa ka mid ah Cumar Salaad Cilmi, Khaalid Macow, Cabdirashiid Khaliif, Burhaan Warsame, Anwar Maxamed Diiriye, Amuun Cabdullaahi, Cadirashiid Faarax Xassan, Lidwien Kapteijns, David iyo Mariam Fieller, Cawad Cabdiraxmaan Xirsi, Cabdirashiid M. Shire, Cabdiraxman Warsame, Cabdi Aadan Cabdulle "Ceelow", Xasan Jimcaale iyo Cabdi Dorre. Waxaa taakulayn hagarla'aaneed ila garab istaagey, abaal aan la koobi karinna iga mutaystay Ismaaciil Xuseen Taani oo ah nafti-hure noociisu yaryahay, duntiisa dadnimo iyo damiirkiisuna u direen in uu weligiba dal-jir dahsoon u ahaado, danihiisana ka hor mariyo difaaca samaha guud iyo daryeelka qaran dadkiisii gabay (Soomaaliya).

Waxaan abaal weyn u hayaa Cabdulqaadir Xirsi Ismaaciil iyo Dr. Ibraahim Shiikh Maxamed labaduba xilligii aan bilaabayey qoraalkaan igu tabantaabiyey

14

taakulayn hagarla'aaneed oo igu kordhisay awood iyo caafimaad ay la'aantood adkaan lahayd in aan shaqadaan dhamays-tiro waqtigii ay dhammays-tirantay. Waxaan u mahad-celinayaa Axmed Ciise Cawad oo aqriyey qaybo ka mid ah qoraalka, intaan la daabicin, talooyin qiima lehna igu kordhiyey. Axmed wuxuu kaloo iga caawiyey hawlaha daabacaadda iyo la-xariirka madbacadaha. Sidoo kale waxaa xagga farsamaynta iyo xagga fikrad-kordhintaba gacan hagar-la'aaneed iga siiyey Cabdisalaam M Ciise-Salwe, mahad weynna waan ugu hayaa. Waxaa mahadcelin kal iyo laab ah iga mudan abwaanka weyn ee waddaniga ah, Cabdulqaadir Xirsi Yamyam oo waqti aad u badan u huray in uu si hagarla'aan ah sadar-sadar iyo xaraf-xaraf u akhriyo daabacaaddii koowaad ee buugga, ku dadaalo in uu ii tilmaamo meelaha makiinaddu qaladday, iina soo qaray warqad dheer oo uu murti tix iyo tiraabba leh igu bogaadinayo iiguna ducaynayo qoraalka buuggan, talooyin qiima lehna iga siinayo (eeg bogga faallada Waxgaradkii buugga akhriyey). Sidoo kale waxaan u mahadcelinayaa abwaanka soo koraya Daa'uud Cabdillaahi (Jirde) iyo Abuukar Socdaal Abtidoon kuwaas oo, iyaga iyo saaxiibbo kaleba buugga ku akhriyeeen u fiirsi dheeraad ah iguna baraarujiyeen erayo markii la garaacayey qaldamay, taas oo kaalmaysay sixitaankii daabacaaddan labaad. Hawlaha farsamada waxaa gacan lama-illaawaan ah iga siiyey Khaalid Macow waana ku mahadsan yahay.

Waxaanan illaawi Karayn xaaskayga, Khadra, iyo carruurtayda, Mahad, Muna iyo Hana, kuwaas oo si weyn iigu dhiirrigaliyey qoraalka buuggan iiguna dul-qaatay muddo dheer oo aan ama kaga maqnaa ama ku sii jeedey qoraalkan, taas oo baajisay gudashada waajibaad

15

badan oo ay igu lahaayeen xubnahaas qoyskayga aan jeclahay.

FOREWORD

by Ahmed Isse Awad

I believe it was the German philosopher, Jurgen
Habermas, who came up with the perceptive remark that
the difference between the developed world and the
under developed one is the existence of what he calls an
"open space for discourse" in the former while the same
does not exist in the latter. Without going into the
reasons he gave for the lack of "open space for
discourse" in the less developed world, there can be no
doubt, I think, about the role that open discourse and
unbridled debate can play in the constant rejuvenation,
vitality and progress of nations. It is after all the free
exchange of information and ideas that enhances
people's capacity to separate the white noise from the
relevant things that really matter in people's lives.
It is, therefore, a good omen for the future of Somalia
that a book which ushers in a new ethos of open
discourse and serious intellectual debate is written at this
critical moment in Somali history when the country is at
a crossroad and much is at stake for the future of the
Somalis as a nation. I am privileged to introduce the
second edition of Maxamed Afrax's ground-breaking
book, Dal Dad Waayey . . ., and to provide non-Somali
readers with a brief picture of what the book is about.
One of course can't do justice to a book of over 200
pages by representing it in a few lines, especially when
you consider that the author of the book has a unique
talent for presenting complex issues in a sophisticated
way, employing such an artistic language and advanced

literary techniques in communicating his learned arguments. The task is made doubly challenging by the relative newness of written Somali and the expressive richness of Afrax's innovative vocabulary.

The title of the book, which can be freely translated into English as 'A Land Without Leaders in a World Without Conscience: Can Somalia be Resurrected?' immediately spells out the central contention in the book. It makes it obvious from the outset that the author deals with the perennial Somali predicament with a thought-provoking sense of criticism and self-criticism. Those of us who are familiar with Afrax's previous writings may view this book as a new venture in the author's writing vocation. If Afrax is renowned for his critique of contemporary social and political ills, he often expresses his criticism through creative writing, in works such as novels.

As one can infer from the author's biographical and bibliographical notes (appendixed at the end of this book), the main focus of Afrax's academic pursuit and other intellectual engagements is literature and culture or culture-related creative writing. He normally shies away from engaging in direct political ventures, especially now politics in Somalia has become the domain where the wicked displays their destructive arsenal rather than being the art that moderates the conflicting interests of the citizens - an exercise that works better in a civilized mode of compromise where give and take and willingness to abide by the rules of the game are the practiced norms. Therefore, it was to our great advantage that Afrax has been accidentally catapulted against his main line inclinations into writing this all the more important and timely non-fiction book by a number of factors that conspired in our favour.

The book generates from a lengthy, analytic essay, with a similar title, written by the author early in 2002. The article was serialized in numerous Somali papers and websites such as the Mogadishu daily, Ayaamaha and the London-based weekly, Kasmo, as well as Ruunkinet, Somalitalk, Gacal, Galguduud, Balcad and other popular websites. Ground-breaking as it was, the essay was well received by hundreds of Somali language readers both inside the country and abroad. Subsequently, the author was inundated with requests by enthusiastic readers urging him to reproduce the essay in a book form for durability and wider readership.

The author has also been prompted to write the book by his well-informed observations of the Somali Peace and Reconciliation Process, re-started in Kenya in October 2002, and his feeling that the peacemaking efforts need to be saved from another imminent failure. Having been actively involved in the Somali peace-promoting efforts for years, the author provides an illuminating overview of the forces at work within Somali society as well as the inner workings of the external actors involved in Somali affairs. He stresses that the peace process saga will bear no fruit unless and until substantial change is made in the current way of tackling the Somali crisis. Nothing will change in Somalia for the better, unless people change their present attitudes and approaches – unless politically active Somalis change their mindset blinded by clan obsession and power-mongering, while at the same time the international community comes out of its shell and takes on its moral responsibility towards this endangered part of the world for the benefit of all. There will be no solution, in the author's view, unless and until the current manipulations and double standard policies are reversed and the root causes of the Somali catastrophe are clearly identified and properly addressed, instead of endlessly repeating and relying on deceitful procedures and superficial approaches heading for a cul-de-sac.

The book is divided into five main chapters, organized in an amazingly coherent structure revolving from a central contention articulated at the outset in the title of the book the wording of which is alliterative, highly expressive and skillfully interlinked.

The first chapter of the book unleashes a bitter self-criticism analyzing the extent to which preset-day Somalis have failed to govern themselves. In the opening the author raises the suggestive question of whether a whole nation could go mad, and whether Somalis have all gone into a temporary psychiatric neurosis. He then answers in the positive, rendering credence to theoretical contentions asserted by such authoritative social scientists as Eric Fromm, author of 'The Sane Society'. Afrax asserts that the suicidal behavior of our people at present and the madness that has possessed them have been brought about by the combination of three factors: the dishonesty and short-sightedness of its leadership elite; the apathy of its people blinded by clan sentiments; and the intrigues and malicious interferences of certain external actors. As a main factor, the author strongly points out that Somalia is a country that has been failed by its elite. Somalia is an afflicted country mourning the betrayal by the sons from whom she expected most expected, namely her leadership. The author explains in this chapter how the country's elite, comprising the

20

political leadership, the educated elite and the business class, has betrayed the country by succumbing to the three deadly ills, which the author identifies and believes are responsible for the disastrous state of affairs in Somalia, namely clan chauvinism, war-mongering and blind lust for political power.

At another level, Chapter Two highlights the share of foreign countries in the blame for the continued destruction of Somalia. Here, the author explains with ample examples how the root cause of the Somali suffering is widely attributed to malicious foreign acts, including the division of Somali territory by colonial powers creating the perennial bounder problems with neighboring countries; planting the seeds of the civil war by corrupting self-centered Somali politicians and turning the country into a dust bin for foreign weapons; creating and breeding ruthless warlords, and thwarting (behind the scenes) any peace-making efforts initiated by international, regional or national peace promoters. The outcry of the Somali people and their plea for rescue has fallen on deaf ears in a world community that seems to have lost its sense of moral obligation.

On the other hand, however, the author points out that the external intervention was not bereft of some bright aspects. Examples are the humanitarian assistance extended by some international actors that continued to help the Somali people under testing conditions, and the Djibouti-led peace initiative politically supported by the UN and other international and regional organizations. Regrettably, however, the outcome of this initiative, known as the Arta Peace Process, has been undermined primarily by the tireless efforts of the Government of Meles Zenawi in Ethiopia, which the author describes as the main obstacle to any Somali reconciliation effort. In addition to this main factor, the author analyses in Chapter Four a host of other factors behind the failure of the Transitional Government that came out of the Arta process. Of these other causes of failure three stand out: mismanagement and leadership inefficiency, the hostile environment in the capital Mogadishu, and the failure of the international community to honour its promise of providing the necessary technical and financial support to help the new administration to its feet. As an exception to his criticism, the author singles out Djibouti as the only foreign country that has wholeheartedly and determinedly come to the rescue of the Somali people. Despite the "missed opportunities", the author particularly underscores the historic sacrifice and generosity shown by the people of Djibouti at the grass roots level under the leadership of President Guelleh and his Government to assist the Somali people rebuild their state.

The concluding chapter opens with the question of whether Somalia can re-emerge from the abyss it has fallen into – whether this country could be brought back to life against all the odds described throughout the book. The author's answer is 'no' and 'yes' at the same time. No, if the prevailing situation in relation to the peace and reconciliation process continues, that is to say, if the current mental attitudes and practices remain the same, both on the part of the Somalis and the external actors involved. Yes, if this situation is reversed, the required goodwill is forthcoming, if the Somali people and its peace loving forces are given chance or are encouraged to play a major role, and if the international community is ready to terminate its "silent conspiracy",

22

as some called it (Ruunkinet), and seriously assumes its responsibility. Here the role of the international community led by the EU countries and the United States is crucial. The Somali problem would easily be resolved should the EU and US change their current policy of obvious indifference and decide to give the Somali people fair treatment, a treatment similar to that given to similar wartorn countries, from Cambodia to Bosnia. Under the prevailing conditions described in the book, there will be no solution (in the foreseeable future) to the prolonged Somalia predicament, unless and until the EU and US take it more seriously and take the lead in the conflict resolution process, rather than passively watching and indirectly encouraging the domination of the obvious peace-obstructing exercises of certain neighboring countries, especially Ethiopia.

At the national level, the author maintains that, as key to any sustainable peace and nation-rebuilding in Somalia, the roots of the problem must be recognized and properly addressed. The destructive political culture of the last decades must be parted with. The following three pillars of this political culture should be uprooted and replaced. First, clan chauvinism should be replaced by a sense of nation-building guided by a clear vision of a new Somalia. Secondly, the war-mongering culture must be replaced by a culture of tolerance and peace-mindedness. Thirdly, the blind thirst for political power should be seen as a despised greediness and must be replaced by a democratic culture, in which dialogue, political tolerance and the rule of law are valued most.

That would be the gateway to any real, long-lasting solution to the current Somalia crisis. The author repeatedly stresses that any one concerned with saving this country should recognize the crucial need to eradicate the stated political culture that has eaten into the soul of the Somali society and has corrupted the collective psyche of the Somali nation. Such eradication requires massive efforts of re-education utilizing such means as Somali literature and art through the mass media. Thus, this book diagnoses serious ills that have hitherto escaped identification. It also kick-starts an earnest debate about the future of Somalia and the Somalis. Most importantly, it offers useful guidance to the right action. At the end of the book the author puts forward a set of practical suggestions to all interested in reversing the Somali situation.

The first edition of this thought-provoking book, launched in Eldoret, Kenya, has already attracted an unusually wide readership as well as critical acclaim expressed in various media channels and public gatherings organized in different countries: Kenya, Somalia, Djibouti, Britain, Sweden and so forth. The keen interest that has been generated lends credence to the statement made by the elder statesman, Abdirazak Haji Hussein, the former Prime Minister of Somalia, who has described the new work as "the right book at the right time". Indeed it is a book worth not just reading but contemplating upon. And if it helps pave the way for a new 'space of open discourse' where the Somalis would start to exchange ideas and debate the future of their ruined country in a civilized manner, then all the angst and anxieties that the author has endured in writing this fabulous book will have been worth while.

GOGOLDHIG

Buuggan sal-dhiggiisu wuxuu ka soo jeedaa qoraal xagaagii 2002da ku faafay qaar badan oo ka mid ah shabakadaha internet-ka Soomaalida, sida Somalitalk, Somaliawatch, Soomaaliweyn, Ruunkinet, Gacal, Galguduud, Balcad iyo kuwo kaleba. Waxaa kaloo taxane ahaan loogu daabacay wargeysyo kala duwan oo ka soo baxa dalka gudihiisa iyo dibadiisaba, sida *Ayaamaha* oo Xamar ka soo baxda iyo *Kasmo* oo London lagu daabaco. Qoraalkaas, oo lagu tilmaamay kii noociisa ugu faafidda badnaa inta la xasuusto, halkudheggiisu wuxuu ahaa '*Gayi gablan ah, Gacal gurmad ah iyo Nacab guluf ah: Soomaaliya godka ma ka soo bixi doontaa?*'.

Dad badan oo ka mid ah akhristeyaashii jeclaystay ayaa waxay soo qoreen fal-celis (*feedback*) isugu jirey dood-wadaag, bogaadin iyo tala-bixin. Talooyinka waxaa ka mid ahayd in qoraalka buug ahaan loo daabaco si uu akhriskiisu u sahlanaado una waaro. Dadkii fal-celiska iyo talooyinka soo gudbiyey waxaa ka mid ahaa kuwa aan magacyadooda ku xusay bogga Mahad-celinta iyo kuwo ka sii badan oo aan iyagana mahad u hayo. Taladii akhristayaasha oo la aqbalay ayaa dhalisay in qoraalkii la sii kobciyo, la sii hodoneeyo heer buugna la gaarsiiyo. Arrin labaad oo xoojisay baahida loo qabo buugaynta iyo faafinta xogta iyo dareenka qoraalkani xambarsan yahay waxay tahay if-baxyo qoraha uga dhex muuqday Shirkii Dib-u-heshiisiinta Soomaalida ee ka bilowday dalka Kenya dabayaaqadii 2002, kaas oo uu qoruhu dhex joogey bilihiisii hore oo ahaa waqtigii uu ku hawllanaa qoridda buugga iyo soo saaristiisa.

Waxaa la soo gaarey xilli ay aad u weyn yihiin fursadda loo haysto iyo baahida loo qabo dood cusub, dood qaran oo aan ku ekayn laab-la-kaca hadda socda ee ku kooban "dib ha loo heshiiyo dowladna ha la dhiso!" Heshiis waa la ahaan jirey, dowladna waa la lahaan jirey, miyaanay ahayn? Maxaa dumiyey dowladnimadii? Maxaa isku keen diray oo heshiiskii fidmeeyey? Yaa ka masuul ah musiibada ummaddaan heshay? Maxaa damaanad ah in ayan haddana dumayn ama nooga darayn wixii aan ku dhoodhoobno shirarka imminka socda? Maxay la socon waayeen wixii aan dhawaan Carta ku soo dhisnay? Maxaa is beddelaya haddaan maalin walba intaan hambaberno hal bacaad ku lisno, innagoon indho u yeelan waxa aan lisayno iyo weelka aan ku lisayno? Maxaan ka samaysannahay horta annagu dad ahaan? Maxaa naga qaldan oo loo baahan yahay in aan hab-dhaqankeenna ka beddelno si aan u haweysanno mustaqbal dhaama waxa aan maanta ku sugannahay?

Su'aalahaas iyo kuwo la mid ah ayaa loo dhimanayaa is-weydiin-la'aantooda. Soomaalina looguma ducayn deggani iyo sal-culays ay su'aalo isku weyddiiso. Haddii muddo dheer lagu jirey hawaawi iyo 'jaantaa-rogan' waxa laga hayaana tahay hungo iyo hataaran, miyaan la soo gaarin xilligii xisku soo noqon lahaa, xiinka indhaha la' la yarayn lahaa, xasillooni la isku dayi lahaa, dib loo xisaabtami lahaa, diirad la raadsan lahaa lagu arko dariiqa toosan.

Waxaa la soo gaarey waqti ay lagama maarmaan tahay in la is-weydiiyo su'aalaha kor ku taxan, la curiyo jawaabo caqli-gal ah, kadibna jawaabahaas la galiyo dood qaran oo loo adeegsado qalabka warbaahinta, dood

26

dadka indhaha u furta, una iftiimisa halka uu jiro iridkii sabatabixinta, halka ay tahay in ay dadkani beegsadaan iyo habka ay tahay in ay wax u qabtaan, haddii ay doonayaan in ay is badbaadshaan, haddii ay xugman tahay in la badbaadiyo wixii weli la badbaadin karo.

Buuggani itaalki wuxuu haweysanayaa in uu horseedo is-weydiinta su'aalahaan ugubka ah. Wuxuu isku dayayaa in uu wax uun ka bilaabo baadi-goobka jawaabaha baahidaa weyn loo qabo. Wuxuu soo ban-dhigayaa bareerayaal ugub ah oo looga gol leeyahay in ay albaabka u furaan dood-wadaag dadka Soomaaliyeed wada-jir ugu baadi-goobaan waxa dan u wada ah, wadajirna isaga digaan waxyaalaha u laba-dibleynaya dayaca ay ku sugan yihiin waqtiga xaadirka ah.

Si uu u fuliyo ujeeddada loogu tala-galay (ra'yi-curin) buuggani wuxuu aadeegsanayaa hannaan dood-curis ah (*argumentative*), in kastoo ay isla markaa jirto xog badan oo uu xambaarsan yahay. Hab-dhiska noocan ah waxaa laga dhadhansan karaa magaca buugga ama cinwaanka. Hab-dhismeedka waaxaha (*chapters*) kala duwan ee buuggu waa mid ka shidaal qaadnaya dhismaha cinwaanka, kaas oo ah *Dal dad waayey iyo Duni damiir beeshay: Soomaaliya dib ma u dhalan doontaa?*

Saddexda waaxood ee malaha ugu muhiimsan nuxurka buugga mid waliba waxay faahfaahin u tahay mid ka mid ah saddexda dhudood ee uu ka kooban yahay cinwaanku. Cutubka Koowaad ee hal-ku-dheggeedu yahay "Dal dadkiisii gabay" way caddahay in ay faahfaahinayso sida ay Soomaaliya ku noqotay "Dal dad waayey". Cutubka labaad oo loogu magac-bixiyey "Dibindaabyada dibadda" wuxuu asna daaha ka rogayaa xaqiiqooyinka muujinaya dhibaatada Soomaaliya kaalinta ay ku leedahay gacan dibadeed iyo godobta Soomaalidu ka tirsanayso quwadaha shisheeye. Taasi waxay abuuraysaa dareenka ah in ay quwadahaas iyo inta la hal-maashaa u muuqdaan "Duni damiir-beeshay". Cutubka gunaanadka ee ku furmaya "Soomaaliya rajo ma leedahay?" wuxuu jawaab u raadinayaa su'aashii cinwaanka ee ahayd " Soomaaliya dib ma u dhalan doontaa?". Sidaas ayay isugu saynsaaban yihiin isuguna wada soohan yihiin qaybaha buuggu, iyagoo salka ku wada haya ama ku wada arooraya hal-ku-dheggiisa hore. Haddaan isku dayno inaan sawir kooban ka sii bidhaamino dhambaalka uu sido cutub kasta, waxaa loo guud-mari karaa sida soo socota.

Cutubka Koowaad, *'Dal dadkiisii gabay'* wuxuu ku furmayaa sida Soomaaliya u tahay dal Eebbe ku mannaystay khayraad dabiici ah iyo degaan joqraafi ahaan muhiim ah, haseyeeshee aan lagu mannaysan dad yeesha xigmad iyo deggani ay uga faa'idaystaan. Gorfayntu waxay tilmaamaysaa Soomaalida burburka ku dhacay dhibaatooyinka laga dhaxlay in ay ka mid tahay magicii "Soomaali" ee sharafta weyn lahaan jirey dheg-xumada uu ku sugan yahay iyo sida Soomaalidu u sii noqonayso dad hoos loo eego. Dhibaatooyinka dhacay ee dheg-xumadu ka midka tahay dambigooda dooddu waxay saaraysaa 'gar-wadeenka siyaasadda' ama hoggaamiyeyaashii siyaasadda Soomaalida dhinacyadeeda kala duwan, dowlad iyo kooxo mucaarad ah intaba. Waxaa kaloo iyana eedaysan dadkii la siiyey fursadda wax-barashada ee yeelan waayey karti ay ummadda ugu noqdaan gar-wadeen aqooneed oo looga aayo iftiin badbaado. Diraasaddu waxay muujinaysaa Soomaaliya in ay tahay dal hoggaan-xumo loogu dawgalay dadkiisiina lagu sakhraamiyey *maan-dooriye*

28

qabiil la yiraahdo, dal ay burburintiisa isu kaashadeen damiirla'aanta siyaasiyiintiisa, dib-u-dhacsanaanta garaadka dadkiisa iyo dibindaabyo shisheeye.

Cutubka labaad ee hal-ku-dheggiisu yahay "Dibindaabyada dibadda" baalashiisa hore waxay soo ban-dhigayaan cabashada Soomaalida ee ku wajahan arxan la'aanta quwadaha waaweyn, halka qaybaha dambe si gaar ah loogu lafa-gurayo kaalinta Dowladda Itoobiya kaga jirto dhibaatada Soomaaliya. Diraasaddu waxay qeexaysaa shan godobood oo ay Soomaalidu ka tirsanayso quwadaha reer galbeedka ee uu hadda hoggaamiyo Maraykanku horena u hoggaamin jirey Ingiriisku. Shantaas godobood oo soo taxanaa tan iyo qarnigii 19ad, waxay kala yihiin:

Kala-qaybintii quwadaha isticmaarku Soomaalida shanta qurub u kala jareen; bilowgii dagaalka sokeeye iyo burburkii dowladnimada Soomaaliya oo loo daawanayey si u muuqata in aan waxba laga qabin ama looguba tala galay, halka dibadda laga badbaadiyey dalal ay ka mid tahay Itoobiya qudheedu; gurmad-beenaadkii UNOSOM oo lagu hoosaasiyey Soomaalida lagana hagraday in dadka hubka laga dhigo laguna caawiyo in ay dowlad dhistaan, sidii laga yeelay dalalkii dhibaatadaas oo kale ku dhacday; sannado badan oo la go'aansaday in Soomaaliya la iska illaawo, ilaa ay dhacday dhibaatadii 11 September; danaynla'aanta lagu daawanayo Dowladda Itoobiya in ay siday doonto ugu xad-gudubto qaranimada iyo madax-bannaanida Soomaaliya, dagaalka sokeeyana baasiin ku sii shubto, si ayan Soomaalidu marna u heshiin.

Cutubka saddexaad wuxuu tooshka ku ifinayaa kaalinta Jamhuuriyadda Jabuuti kaga jirto furdaaminta mixnadda Soomaaliya. Diraasadda cutubkeedan wuxuu

29

ku far-fiiqayaa sida Jabuuti uga damqatay dhibaatada Soomaalida iyo naf-hurka aan dhiggiis la arag ee ay nafta ag dhigtay in dadka Soomaaliyeed la isu keeno la heshiisiiyo lagu caawiyo in ay dowlad dhistaan. Tallabadaas shacbiga Soomaaliyeed wuxuu si aan kala har lahayn ugu soo dhaweeyey farxad iyo taageero uu isla barbar taagey Madaxweyne Ismaaciil Cumar Geelle iyo Hindisihii Jabuuti. Shirweynihii Carta wuxuu baal cusub u furay taariikhda socota ee Soomaaliya, wuxuu reebay dhaxal ma-guuraan ah oo saameeyey dhinacyo kala duwan. Ha yeeshee mirihii laga filayey natiijadii ka soo baxday Shir-weynihii Carta waxaa wiiqay hoggaan-xumada Dowladdii Kumeel-gaarka ee xilka lagu wareejiyey, hagar-baxla'aanta beesha caalamka iyo hagardaamo ka timi dhanka Itoobiya.

Cutubka ku xiga waa dulmar si isu miisaaman marba dhan la isaga taagayo Dowladdii Carta lagu soo dhisay. Cutubkani wuxuu gorfaynayaa DKMG wixii ay soo kordhisay, dhinacyada ay ku guul-darraysatay, fursadihii ay lumisay, sababaha keenay fadhiidnimada ay la tallaabsan weyday iyo casharrada laga baran karo. Wuxuu cutubkani qeexayaa gar-wadeen xumada haysata guud ahaan Soomaalida, dalkana burburisay in aan la fili kareyn in ay ka tallaallaato DKMG keli ahaanteed.

Cutubka shanaad ee buugga lagu gunaanadayo wuxuu ka amba-qaadayaa su'aasha ah "Soomaaliya rajo ma leedahay? Dib ma u dhalan karaa dalkaan dhintay?" Inta nololi jirto rajana way jirtaa. Qaanuunka isbeddelka ayaa khasab ka dhigaya in ay is-beddesho xaalad kasta oo waqti lagu sugan yahay, tu xun iyo mid sanba. Ha yeeshee Soomaaliya dib uguma dhalan karto dariiqa hadda la hayo. Dal dhintay dib uma noolayn karaan dad u fekeraya una dhaqmaya sida ay yeelayaan Soomaalida

30

maanta. Cudur ma daweyn kartid ilaa aad horta garatid *waxa* uu yahay; Soomaaliduna weli ma garan cudurka dhulka dhigay una diiddan in ay kacdo. Haddaad calool-xanuun xun qaaddo waxa aad ka qaaddayna yahay sharaab sumaysan, ka dibna isla sharaabkii lagu yiraahdo 'waa tan dawadii calool-xanuunka', adna aad isku sii daldasho, natiijadu maxay noqon? Sidaa si la mid ah ayaan weli ku qamaamaynaa wixii na burburiyey.

Soomaaliya in ay dib u dhalato rajadeed waxay bilaaban doontaa oo keliya marka la fahmo cudurkii dilay lana beegsado jidka saxa ah ee looga sabata-bixi karo. Dalkani wuxuu u dhintay saddexda hadimmo ee hoos ku qoran:

(1)Hoggaan-xumo; (2) *Hayb* nin dan lihi dadka ku maan-dooriyo kuna marin-habaabiyo;

(3) *Hagardaamo shisheeye oo loo adeegsado hoggaan-xume Soomaaliyeed.*

Saddexdaas hadimmo is-biirsigoodu wuxuu sii dhalay: Hiraal la'aan (lack of vision); waxaa dhintay dareenkii waddaniyadda iyo ku-hirashadii qaranimada; jahli iyo maskax-burbur; waxaa burburay aqoontii iyo qiyamkii sare ee sama-doonka ahaa. Waxaa beddelay dhaqan-siyaasadeed (*political culture*) sumaysan.

Natiijadii waxay noqotay ummad doorsoontay, inteedii samayd aasantay, inteedii xumaydna dusha soo martay, sidii balli biyo ah oo la najaaseeyey ka dibna digadii iyo xayaabadii wasakhdu ka dul-mareen qariyeenna biyihii nadiifta ahaan jirey. Dhaqan-siyaasadeedkii wasakhaysnaa ayaa qabsaday maskaxdii dadka. Waxaa sida daacuunka u faafay saddex cudur oo astaan u ah dhaqan-siyaasadeedkaas laga bartay ka dibna laga badiyey gar-wadeenkii siyaasadda keli-taliska iyo keli-boobka. Saddexdaas cudur, oo aan u arko ubucda ayaan-darrada Soomaalida ka qadday awooddii ay ku xallin lahayd dhibaatada haysata, waxay kala yihiin waxa aan ku magacaabi karro:

Qabiil-ku-burur
Qori-caabud
Kursi-u-qooq

"Qabiil" waa wax jira oo dhaqankeenii hore ka soo jeeda, laakiin "qabiil-ku-burur"-ka maanta socdaa waa cudur, waa sakhrad, waa maan-doorsoon la mid ah kan uu jirkiisa middida ku jeexjeexo dhiiggiisana leefleefo ciyaartoyga ku burura caweyska saarka.

"Qori" waa qalab caadi ah, weliba loo baahan yahay haddii loo isticmaalayo sharci-ilaalin iyo naf-difaac; laakiin "qori-caabud", qori-wax-ku-boob, dagaal-ku-noolnimo waa cudur cusub, waa bahalnimo.

"Kursi" ama jago ceeb ma aha in la doonto; laakiin "kursi-u-qooq" ama in aad u waalato kursi-caashaq waa cudur. Kursi-caashaqu waa dhaqanka ay muujinayaan qabqablayaasha qoriga xukun ku doonaya ee u dhaqmaya sida awrka qooqan ee intuu is-madax maro ku waasha buturin iyo gooddi, awrkii kale ee geela soo ag marana weerar waalan ku qaada. Hal-haysyada hiddaha waxaa jira mid yiraahda "Allow ha na waalin sidii rati qooqan!" Haddase malaha waxaa habboon inaan ku ducaysano "Allow ha na waalin sidii qabqable kursi u qooqay!"

Sidaa ayuu cutubka shanaad xoogga u saarayaa in uu farta ku fiiqo halka uu fadhiyo cudurka dhabta ah ee Soomaaliya dilay jeermigii uu reebayna weli yahay sababta dhawr iyo toban sano loogu guulaysan kari la'yahay in xal loo helo dhibaatadan sidkeedii dhaaftay.

32

Waxaa jirta *qallad afraad* oo qoonka Soomaali la yiraahdo qayrkood ka reebtay, kana sii reebi doonta, haddaan la helin gurmad ka badbaadiya. Qalladdaas oo iyana ka kacda xarafka '*qaaf*' magaceedu waa *qaad*. Maan-dooriyahaasi waa musiibada weyn ee meel hunga ah ka dhigaysa maal iyo maskax wixii yaraa ee Soomaali u harsanaa. Sida aboorku waraaqaha u cuno ayuu u sii cirib tirayaa hantidii yarayd ee ay nafta ku ilaashan lahayd hambada ka hadhay ummaddan halligantay. Tan ka daran, wuxuu halaag-wadahani hawlgab ka dhigay maskaxdii awelba dayaysnayd lagana quuddarraynayey in ay dawo u raadiso darxumada taagan. Tan ugu sii daran waa sida cudur-sidahani u kidfayo ama u gucun-jarayo duntii bulshadu ka samaysnayd, duntaas oo gucunka ay ka unkantaa yahay qoyska, iyo xawliga argagaxa leh ee ay aafadani ugu fidayso ubadkii soo kacayey, kuwaas oo, intay facii ka da' weynaa ka tilmaan qaateen suntan ugu daatay sida uu dabka ugu daato duulaha itaalka daran ee loo yaqaan baalkaa-biyo.

Gabagabada buugga qoruhu wuxuu soo jeedinayaa talooyinka ay la tahay in looga amba-qaadi karo xal-raadin mira dhasha, asagoo aan u han weynayn natiijada laga fili karo gulufka "dib-u-heshiisiinta" ee hadda lagu walaahoobayo, haddaan la beddelin habka loo dhaqmayo, habowsanaanta loo fekarayo iyo hiddaha la caadaystey in lagula fal-galo arrintan iyada ah. Talooyinkaas gunaanadka tan tiir-dhexaadka u ah waxay tahay in la abuuro *dhaqdhaqaaq waddani* ah oo leh gole hoggaamiya iyo xoghayn joogta ah, noqdana *madal* midaysa jahaysana wax-qabadka inta sida daacadda ah u doonaysa in Soomaaliya dhibaatada laga saaro. Dhaqdhaqaaqani, haddii lagu guulaysto dhaqaajintiisa wuxuu noqonayaa ilays loogu soo hirto hiraal

Soomaaliya cusub; wuxuu noqonayaa *warshad* ay ku dhex samaysmaan kana soo baxaan gar-wadeenka mustaqbalka, gar-wadeen leh karti iyo hufnaan qaran lagu hoggaamiyo.

Gunaanadka tala-bixintu waxay muujinaysaa Soomaalida maanta joogtaa, sababo buuggu qeexayo awgood, in ayan lahayn awood ay keli ahaantood dalkooda ku badbaadiyaan, hadday yeelan lahaayeenna waxaan u oggolaanayn faragalinta dibadda (darisku ugu daran yahay) iyo dabinada dahsoon ee lagu majaxaabinayo tallaabadii loo qaado xagga xal-helidda, sidii loo majaxaabiyey mirihii ka dhalan lahaa dadaalkii taariikhiga ahaa ee Jabuuti, kaas oo ay u-kuurgalayaashu isku wada raaceen in uu ahaa hawlgalkii ugu baaxadda weynaa, ugu daacadsanaa uguna fursad wanaagsanaa geeddi-socodka xal-u-doonka dhibaatada Soomaaliya. Sidaa awgeed, rajada ugu dhow waxay ku jirtaa in la helo gacan dibadeed oo danayn karta in ay noqoto saaxiibka dadka Soomaaliyeed.

Mixnaddaan waxaa laga bixi karaa oo keliya marka la helo *maskax Soomaaliyeed* iyo *muruq dibadeed* – 'muruq dibadeed' waxaan ula jeedaa maal-galin dhaqaale iyo muquunin siyaasadeed oo ay si daacadnimo iyo dadaal dhab ah leh faraha ula soo galaan xoogag dibadeed oo awood leh, kana tala qaadanaya waxgarad Soomaaliyeed oo daacad u ah danta guud. Markaan sidaa leeyahay igama maqna xaqiiqda ah inay dunidan maanta cid waliba daneheeda uun u heellan tahay, ayna jirin cid dar Ilaahay isugu xiijinaysa dano cid kale. Haseyeeshee danaha quruumuhu maanta way isku wada xiran yihiin, dhib iyo dheefba, ifkana kama dhammaan cid wanaagga taakulaysa, waxes loo baahan yahay cid gaadha, la xariirta, xog-ogaal ka dhigta, gacan weydiisata, tusa in

34

ay iyaga qudhooda dani ugu jirto (xilli dhow iyo mid durugsan kay noqotaba) dadaalka loogu baaqayo. Intaas oo dhan cidda ay waajibkeeda tahay waa cidda arrintu khusayso ama gacanta u baahan.

Sidaa awgeed, furaha xalku waa in la helo *dad Soomaaliyeed*, haba tira yaraadeene, *is-urursaday*, *karti* iyo *waxgaradnimo* leh, *daacad* u ah *danta ummadda*, damac shakhsi ahna ka sarreeya, *qorshe badbaado* dejiya, ka dibna hawlgalkooda xoogga saara in ay dunida *dhawaaq dheer* gaarsiiyaan, goobo kala duwan ka hawlgalaan, una ololeeyaan sidii loo heli lahaa *saaxiibbo dibadeed* oo la ololeeya (warfidiyeenno, mudanayaal baarlammaan, axsaab siyaasadeed, dhaqdhaqaaqyada nabadda, haya'daha xallinta colaadaha iwm.) *Isbeddel dhab* ah oo daweeya dhibaatda Soomaaliya, aragtidayda, waxaa lagu gaari karaa oo keliya isbahaysi dhex mara *nabad-jecesha* Soomaaliyeed iyo nabad-jecesha adduunweynaha, is bahaysigaas oo si wada jir ah qorshaysanna ugu ololeeya soo jiidashada dowlado waaweyn iyo quwado awood leh oo *la wareega* xilka, u gurmada dalkaan sii bas beelaya, gurmadkaas oo ku dhisan hab Soomaaliya dhinac ahaanna loogu faa'idaynayo dhanka kalena loogana faa'idaysanayo, ama la isaga ilaalinayo dhibaatada la hubo in ay sii burbursanaanteeda ka soo gaarayso dalal badan oo dibadda ah.

Ololahaan isaga ah waa in xoogga la saaraa dalalka *Midowga Yurub* iyo *Woqooyiga Ameerica*, siiba Maraykanka. Go'aanleyda (decision-makers) hoggaamisa dalalkaas waa in laga dhaadhiciyaa sida dadka Soomaaliyeed uga xun yihiin *ku-fiirsiga* arrinta Soomaaliya faraha looga qaaday dowlado daris ah oo aan xal keeni karin, in ay sii fogeeyaan mooyee. Waa lagama maarmaan xilka badbaadinta Soomaaliya in ay si toos ah ula wareegto beesha caalamka oo ay hoggaamiyaan Maraykan iyo Midowga Yurub, sidii ay ula wareegeen dalalkii nala midka ahaa, sida Bosnia, Kosovo, Liberia ikk. Hadday taa diidaanna waa in ra'yil-caamka dunida loo caddeeyaa in ay iyaga ku talagalkooda ku dhacday in dalkan iyo ummadda ku dhaqan dil lagu xukumo, waana godob taariikhda gali doonta.

Haddii taa la waayo, waa dhalanteed waqti-lumis ah in la isku maaweeliyo xal iyo dowladnimo ay keenaan intii dhibaatada abuurtay, colaadda hurisay, dowladnimadana dumisey, kuwaas oo ah kuwa maganta loogu yahay mayalkana u haya walaahowga Kenya ka socdey muddo laba sano ku sii dhow (waqtiga qoraalka).

> Kuwii daqarka geystaan rabnaa
> inay daweeyaane
> Raggii lacagta doorka ah ku helay
> dowlad li'ideena
> Dambigeenii baa madax noqdoo
> ururro doorteene

> (Cabdullaahi Farey)

Shirkii Kenya ka bilowday Oktoobar 2002, sida keliya ee uu ku dhali karo dib-u-heshiin iyo dhisid dowlad qaran waan in ay hoggaankiisa toos ula wareegaan Midowga Yurub iyo Maraykanka oo hoggaaminaya beesha caalamka, kana tala-qaadanaya nebad-jecesha Soomaaliyeed, halka talada iyo go'aan-samaynta shirkuba muddadii uu socdey oo dhan ay ku koobnayd laba dowladood oo aan daacad ka ahayn, cidda dhanka

36

Soomaalida ay ka tixgaliyaana ay ahayd dagaal-oogayaal nabad-diid ah oo aan dantooda ka dhex arkayn nabad xasisha iyo dhisid dowlad qaran oo loo dhan yahay.

Xagga amba-qaadka iyo habka tabinta, buuggani wuxuu bannaysanayaa waddo ka weecsan tii lagu bartay buugaagtii ka horreysey ee ku saabsanayd arrimaha Soomaaliya ka taagan. Dhawr dhinac oo muhiim ah ayuu buuggani uga weecsan yahay waddadii la caadaystey.

Kow, waxaa la caadaystey in Soomaalida wax *laga* qoro waxse *loo* qorin. Micnaha, dadka Soomaaliya wax ka qora (Soomaali iyo ajnabiba) badiyaaba ku-tala-galkoodu waa in ay bixiyaan xog-warran ay ugu tala-galeen ajnabi ama u xil-saaray ama ay doonayaan in ay ka iibiyaan ama la xog-wadaagaan. Buuggani isagu waa mid loogu tala-galay in *laga* qoro *loona* qoro Soomaalida. Waxa buugga ku qoran cidda koowaad ee lagula xariirayo ama loogu tala galay waa dadka Soomaaliyeed oo ah kuwa ay si toos ah u khuseeyaan waxa meesha ku qoran. (Hubaal ciddii kale ee danaynaysana waa lagu soo dhaweynayaa). Halkaas waxaan qabaa in ayan xaq ahayn Soomaalida in wax uun laga qoro iyagana aan la siin fursad ay kula socdaan waxa laga qoray, iyagoo ah cidda ugu baahida badan wax la aqriyo oo wax ku kordhin kara (ka hadli mayo inta yar ee fara-ku-tiriska ah ee heli karta fahmina karta buugaagta loogu tala galay dunida dibadda.)

Laba, waxaa la caadaystey hab-qoraalka ah xog-tabin uun. Ka-qorayaasha arrimaha Soomaalida badankoodu hannaanka ay raacaan waa sida war-bixiye (*informer*) xog tabinaya badina iska ilaalinaya in uu dareenkiisa cabbiro ama la yimaado bareerayaal ku dhisan hal-abuur cusub oo dadka ka fekersiiya. Qorayaasha ajnabiga ah waa wax la garaysan karo in ay

37

hannaankaas raacaan, waayo waxa ay wax ka qorayaan waa arrimo ay ka yihiin daawade dibad-ka-joog ah (*outside observer*). Laakiin waxaa la yaab leh Soomaalida indhala'aanta isaga gurdan-raacda hab-qoraalkaas ajnabiga. Waxa aan la garaysan karin waa Soomaali wax u qoraya sida wariye qaarad ka fog wax ka indha-indhaynaya, asagoo waxa uu ka hadlayaa yihiin wax ka dhacaya xaafadihii uu ku dhashay toosna u taabanaya nolosha hooyadiis iyo walaalihi.

Buuggani ma aha buug war-bixineed. Waa buug bareere (*innovatively argumentative*). Waa buug isku dayaya in uu akhristaha la fal-galo, dareen gudbiyo, dood cusubna curiyo. Wuxuu u bareerayaa is-dhaliil (*self-criticism*) badan oo qoruhu ugu tala-galay in ay Soomaalidu iimeheeda **iyadu** isla aragto, afkeeda iskula falanqayso, ka dibna isku daydo in ay iska daweyso. (Haddaad aragto dhaliil ku taabanaysa xanaaq ha la soo boodine gar-qaado aragna sida cid walba loo dhaliilayo marka lagu daro qoraaga qudhiisa!)

Saddex, sababahaa kore awgood dadka arrimahaan wax ka qora caada ahaan waxay ku qoraan af ajnabi (inta badan Ingiriis). Dhab ahaan qofkii wax ku qori kara af ka mid ah afafka qoraalka hore ugu maray, sida Ingiriiska, ku-qorista Ingiriiska ayaa in badan uga sahlan af-Soomaaliga oo ah af aan weli qoraal xasilay yeelan, dhib badanna lagala kulmo marka la damco in lagu qoro wax cilmiyaysan. Haseyeeshee maadaama aqristaha koowaad ee buuggan loogu tala galay yahay Soomaaliga caadiga ah, qoruhu wuxuu door biday in uu ku soo gudbiyo af-Soomaali.

Afar, buuggani wuxuu door-biday in uu ka leexdo waddada la caadaystay marka laga faalloonayo waxa Soomaaliya ka taagan, taas oo ah in wax walba lagu

38

saleeyo qabiil-qabiil. Waxaa caado noqotay in laga amba qaado waxa Soomaaliya yaal in ay yihiin uun qabiilooyin hardamaya iyo kooxo hubaysan oo is cunaya. Dooddaani falanqaynta arrimaha Soomaalida waxay ka soo galaysaa albaabbo kaas ka babcan, xaqiiqdana uga dhow.

Ugu dambayn eray ku saabsan hab-raaca (*style*) iyo luqadda qoraalka buugga: in kastoo uu qoraalkani yahay diraasad ka soo baxday u-kuurgal badan iyo cilmibaaris waqti qaadatay, haddana habka loo soo bandhigayaa ma aha mid ku xakamaysan xaydaabka habraaca akadeemiga ah ee qallalan, kaas oo uu qoruhu u arkay mid aan ahayn kan ugu habboon gudbinta dhambaalka buuggani sido iyo gaarsiinta akhristaha caadiga ah (*average reader*) ama Soomaalida intooda badan oo ah kuwa uu ku qallafsan yahay hab-raaca akadeemigu. Soomaalidaas caadiga ah ayaana ah bartilmaameedda koowaad ee qoruhu ku tala galay in uu la beegsado dhambaalka buuggaan. Waa sababta keentay doorashada ku-qorista af-Soomaaliga, sidaan hore u xusay (haddii loo baahdo dib ayaa afaf kale loogu tarjumi karaa, si loogu tallaabo akhritayaasha aan af-Soomaaliga aqoon arrimahaanna danaynaya, ama ay khuseeyaan, ama iyagaaba leh awood ay ku tarjuntaan, Soomaaliduse maanta ma leh awood ay afaf kale wax uga soo tarjuntaan.)

Habka loo door-biday xog-tabinta buuggaan waa mid u janjeera hab-raac-saxaafadeedka dabacsan (*journalistic style*) iyo hannaanka qoraallada suugaanaysan (*literary essays*). Waa hab-raac furan oo adeegsanaya eray-xariir iyo af-shaxanno akhristuhu ku nasto, sida sarbeebta, kajanka, kaftanka, maahmaahda, sawir-afeedka iyo tix-raacyo suugaaneed oo talan-taalli

39

ah. Intuba waa farsamooyin fahamka fududeeya, waa
kaabado isu soo dhaweeya qoraha iyo akhristaha, waa
koosaar ama dufan lagu dabciyo kakanaanta doodaha ku
wajahan arrimaha siyaasadda ee aalaaba qallafsan, isku
sina an loo arag. "Wax nin la toosan baa nin la tuur leh".

M.D. Afrax

CUTUBKA 1aad
(Chapter 1)

I. DAL DADKIISII GABAY

'Soomaalidu way bugtaa
Besteed weeyoo la hubi'
(Cabdi-dhuux Yuusuf)

Soomaalida wuxuu Eebbe ku mannaystay dal hodon ku ah cimiladiisa iyo khayraadkiisa dabiiciga ah, kumase mannaysan dad yeesha xigmad iyo deggani ay si buuxda uga faa'idaystaan. Dalkaan waxaa loogu sed-buriyey xeebta ugu dheer Afrika, kumanaan mayl oo ah bad ay dhex ceegaagaan khayraad aan la dhammayn karin. Waxaa loogu deeqay webiyaal sannadka oo dhan butaacaya iyo dhul-beereed wax kastaa ka bixi karaan. Waxaa loogu roonaaday xoolaha nool oo kadinkii aad ka gashaba dhooban. Waxaa sahammo badan lagu hubiyey in ay dhulkaan hoos jiifto macaadin nooc walba leh oo ay ka mid yihiin batrool fara badan, yuranyomka qaaliga ah iyo gaaska dabiiciga ah. Wuxuu leeyahay cimilo sannadka oo dhan dhexdhexaad ah oo aan lahayn dhaxan iyo kulayl badan midna. Wuxuu ku yaal meel juqraafi ahaan istraatiiji ah, kalkaas oo ay ku yaalliin marinno badeed oo dunida muhiim u ah.

Maxayse kuugu taal, mee dadkii ka faa'idaysan lahaa! Waxaas oo nimca ah ayaa maalin kasta macaluul loogu dul dhintaa. Dalka barwaaqadaasi taal ayaa dadkiisii, carruur iyo cirroolaba ka carareen, carri ayan garanayn u qaxeen, maantana dunida oo dhammi ka cabanaysaa cayrnimada ay kula meehannaabayaan! Cududdii khayraadkaan ka mira-dhalin lahayd waxaa la isugu dhiibay hubka wax gumaada. Waxaa loo hor-kacay in ay is-gubaan. Maskaxdii horumarka ka fekeri lahayd halaajin ayaa loo weeciyey. Waxaa lagu mashquuliyey xintan qabyaaladeed, xukun-doon indhala' iyo u xusul-duub xoolo lagu helo jid xaaraan ah.

Taas ayaa laga dhigtay hab-nololeed lagu tartamo, halkii lagu tartami lahaa hindise caqli ku dhisan iyo horumar tacab-dhalin ku dhisan. Tartanka noocan ah, oo ay horseedeen hoggaanka siyaasaddu, markuu sii socdaba dalku haadaan buu ku sii hoobanayey ilaa uu ku wada dhacay; dadka dadnimadiisuna way sii burburaysey ilaa ay gaadhey heer maanla'aan buuxda maryaha la dhigto, heer dunidu ku war hesho ummad wada-jir u waalatay, hoygii ay ku noolayd dab galisey, ku dhex gubanaysa, kaaga darantana aan dareensanaynba! Kani waa qodobka aan ku falanqayn doonno xubinta soo socota.

A. Ummad dhan ma waalan kartaa?

Ku-xeel-dheeraha cilminafsiga bulshada, Eric Fromm, buuggiisa *'The Sane Society'* (Bulshada Miyirka qabta) wuxuu ku qeexayaa in ay dhici karto bulsho dhan ama ummad idil in ay waalato, sida ay u dhici karto hal qof in uu waasho. Wuxuu tusaale u soo qaadanayaa Yurubtii joogtey Dagaalkii 2aad ee Dunida, taas oo uu ku tilmaamayo mujtamac miyir-gaddoomay (*unsane society*).

Haddaynu qirno waallidu in ay tahay cudur madaxa ku dhufan kara mujtamac dhan, shaki kuma jiro Soomaalida maanta joogtaa in ay tahay **ummad waalatay** ama mujtamac **maan-doorsoomay**. Wadar ahaan iyo waaxid ahaanba sidii aan u dhaqmayney dhawr iyo tobankii sano ee u dambeysey waa si muujinaysa in aan nahay dad is madax-maray, maskaxdoodu hawl gabtay, maankooduna fayoobi ka fog yahay.

Waallidu waa maanka oo doorsooma, ka dib marka maskaxda khalkhal galo ama ay u shaqayn kari weydo si caadi ah, sida ay u shaqayso marka ay fayowdahay. Maskaxdaasi waxay noqon kartaa maskax hal ruux ama maskax wadareed (collective mind). Labada mid walba cudur waa gali karaa. Annaga midina nooma fayooba. Been ma sheegin abwaankii ku heesay "Soomaalidu way bugtaa, Besteed weeyoo la hubi". Tixdu shaki ma galinayso in ay "Soomaalidu bugto" waxayse su'aalo badan ka soo jeedinaysaa xubinta bugtadu asiibtay. Halkan waxaan ku jawaab celinaynaa xubinta bugtaa waa tan ugu muhiimsan jirka, waa midda hadday bukooto aanu jirayn xidid caafimaad qaba: waa *maskaxda,* waxa bukooday waa maanka wadareed ee mujtamaca Soomaaliga ah. Maskaxdii baa khalkhal galay, maankii baa doorsoomay, miyir-qabkii baa dhintay. *Waa sababta aan intaas oo sano u arki kari la'nahay irid looga baxo meehannowga iyo mugdi-ku-dirirka.* Maskaxdii hagi jirtey xididka indhaha wax tusa ayaa shaqadeedii gabtay. "Dunidu maskax bay magan u tahay".

Goormaa u dambeysey maskax Soomaaliyeed oo caadi u shaqaysa, maskax Soomaaliyeed oo ay ka soo baxaan wax lagu diirsado ama loo riyaaqo? Waa taas xaajadii dhaafi weydey "Tashan weydaye waa laguu talin!" Waa taas shisheeye marba 'dhays bakayle' meel hor leh nugu qamaaminayo, min Sodre ilaa Mbagathi. Qofka maskaxda cudur ka galo waxaa lagu yaqaan jar-iska-tuur iyo wax burburin, taas oo khasab ka dhigta in la garba-duubo, ama meel lagu xiro. Wadarta waalataa waa sidoo kale. Waa sababta wixii in dhaweyd maskax Soomaaliyeed ka soo baxaaba u ahaayeen is burburin iyo eedaad uun. Waa astaamaha lagu garto maskaxda bugta.

Haddii ay maskaxdeenu fayoobaan lahayd ma dhacdeen dhawr iyo tobankii sano ee lagu walaahoobayey nabadaynta iyo dib-u-heshiisiinta Soomaaliya in la waayo wax Soomaali ah oo cod wadareed adduunka ugu soo jeediya hindise ama fikrad maskax Soomaaliyeed ka timi oo looga amba-qaado nabadaynta dalka. Markii taa la waayey waa tan marba qolo ajnabi ah ay dusha ka keenayso hindise dhalanteed ah, Soomaalidana loola dhaqmayo sidii xoolo ul lagu xeraynayo ee marba lagu sandullaynayo waraaqdaan saxiixa! "Laxiba shillalkay is dhigtaa lagu qalaa".

Dhawr iyo toban milyan ayaa dhawr iyo toban sano waxaa laga la'yahay, *dhawr qof oo waxgaradnimo iyo daacadnimo isku urursata oo horseed u noqota codkii ummaddaan* ee ku baaqayey badbaadinta dalka, sidii ay dhawr iyo konton sano ka hor yeeleen dhawrkii nin ee dhawr iyo tobanka noqday (13); waxaan u jeedaa

44

raggii dhidibbada u qotomiyey dhaqdhaqaaqii SYL ee Soomaalida gaarsiiyey heer ay noqoto dowlad calan leh.

Miyay dhalma-deysey ummaddii beri dhali jirtey raga caynkaas ah?! Liidnimada ay maanta ku sugan ma aha wax caadi ah. Waa wax lagu tilmaami karo aafo ku habsatey, aafo bilowgiiba maskaxda beegsatay ka dibna aan beer reebin. Waxay naga dhigtay **mas madixii laga dilay**. Aafadani *waxay nabaad-guurisay hal-abuurkii iyo hindisihii firfircoonaa ee Soomaalida lagu aqoon jirey waqtiyadii maskaxdeedu caafimaadka qabtey*.

Qofka waalan caada ahaan isma oga in uu waalan yahay, haddii loo sheegana ma qirtee wuu ka xanaaqaa. Wadarta waalataa waa sidoo kale. Bulsha ahaan waxaan isu haysanaa in aan caadi nahay laakiinse ma nihine waxaan nahay ummad maskaxda cudur ka galay. Marka jirku xanuunsado, jeermiguna xubnaha ku fido ma jirto meel fayow. Taa waxaa la mid ah ummadda uu asiibo cudur bulsho kuma jiro qof bed qaba. Qofba waallidu heer ha u joogtee waxaa la oran karaa ma jiro maanta qof Soomaaliya ku abtirsada oo ay maskaxdiisu boqolkiiba boqol fayowdahay ama u shaqaynayso si caadi ah.

Sababihii cudurkan keenay iyo cidda ka masuulka ah hadda ma galayno, waxaase muhiim ah in la garto jiritaanka bugtada, halka ay fadhidana dawo lala beegsado. "Cudurkaagoo aad garataa waa caafimaad bilowgi". Nasiib wanaag cudurkani waa cudur dunida dadyow badan hore u soo maray wuxuuna ka mid yahay cudurrada la daweyn karo, waase haddii la fahmo lana qirto jiritaankiisa ka dibna lala tacaalo, sida cudurrada kale ee dilaaga ah, haseyeeshee dawada leh. *Dawada*

waallidu waa maanka oo la dhaqan-celiyo, maskaxda oo
tartiib tartiib dareen cusub loogu dabiibo.

B. Gayi gablamay

Haddaan aragnay ummadi in ay waalan karto sida qofku
u waasho, waxaa iyana dhici karta ummadi in ay
gablanto sida qofku u gablamo. Waa wax dhici kara
inaad aragto waddan gablan ah. Af Soomaaliga "gablan"
waxaa lagu tilmaamaa qofka aan ku guulaysan in uu
carruur dhalo, siiba wiilal. Hidde ahaan qofkaas waa loo
damqan jirey weliba laga ducaysan jirey iyadoo loo
arkayey dhibbane aan haysan wehel u ciidamiya ama
daryeela marka tabar-darro ku timaaddo; ama aan haysan
durriyad magiciisa iyo hantidiisa dhaxasha oo ka ilaalisa
dabar-go'a ama dhaxal-wareegga.

Haddaba marka arrintu noqoto ummad ama dal, la
isna weyddiiyo sida waddan u gablami karo, way jirtaa
in aan dal idil laga waayi karin wax dad ah oo ku dhaqan
ama ku nool dushiisa; waxaase laga waayi karaa wax
yeesha waxtarka iyo sifooyinka kor ku taxan, kuwaas oo
ah sifooyinka lagu yaqaan looguna xisho durriyadda
dhabta ah ama dhasha suubban. Micnaha dalka aan
gablanka ahayn waa kan yeesha dad dantiisa u ciidma,
daryeelkiisa u guntan, marka dhibaato soo food-saarto
nafta ag dhiga difaaciisa iyo badbaadintiisa, wada-jir u
ilaashada dhaxalka qaran ama hantida ummaddu
wadaagto. Dalka waaya wax intaas u qabta laguma
tilmaami karo **dal dad leh** waxaa lagu tilmaami karaa
'D*al Dad Waayey*', sida buuggan magiciisa ka muuqata -
dhab ahaan waa dal maqaaddiirtu dajisey **ummad**

46

gablan ah, *ummad ka gablantay in ay dhasho gar-wadeen waddo toosan mariya iyo waxgarad u heellan ilaalinta danta ummadda.* Markaan leeyahay 'dal dad waayey' waxaan u jeedaa dal waayey hormuud suubban ama gar-wadeen hagaagsan oo ummadda u hoggaamiya halka danteedu jirto.

Waa tan qalladda ku habsatay Soomaaliya. Waa dal waayey **hormuud** damiir iyo karti u yeesha gudashada waajibaadka kor ku sheeggan, sidaa ayuu baylah ugu noqday burburinta nacab iyo maan-gaab is-garabsaday, gude iyo dibadba.

In aadan waxba dhalin ayaa dhaanta in aad dhasho habaar-qabe hanaqa ku gooya hantidaadana dhaca iyo hooge doqon ah oo halkii uu habaar-qabaha reerka ka qaban lahaa oohin iyo arag-xumo kula ag yuurursada dadkuna ku maadsado. Soomaaliya dadkeedii labadaa ayay noqdeen. Kan hore (wiilka habaaran) waa damiir-laawayaashii gacanta ku dhigay awoodda siyaasadeed iyo tan dhaqaale ee dalka dhawr iyo soddonkii sanoo ee u dambeysey, awooddaas oo ay si aan xishood lahayn ugu adeegsadeen dano shakhsi ah oo aan waarayn kuna burburiyeen danihii ummadda ee ay kitaabka u mareen ilaalintooda. Hoggaamiyeyaasha noocan ah ee Soomaaliya halligay (laga soo bilaabo marxuumkii Maxamed Siyaad ilaa hoggaamiye-kooxeedyada weli u haliilaya kuraas dhalanteed ah oo dhulkii la dhigi lahaa ay iyagu gubeen) waxay ka indhala' yihiin in ayan qudhoodu ka badbaadi doonin burburka iyo halaagga ay dalka u hor seedayaan ama ku hor-joogaan.

Qolada labaad (wiilka doqonka ah) waa shacbiga caadiga ah oo garan kari waayey in ay meel uga soo wada jeestaan, iska qabtaan ama ugu yaraan ka daba haraan kuwaas ubadkooda aaya tiraya.

Waxaa lagu sakhraamiyey beer-laxawsi qabiil oo hal nin oo dhagar-qabe ah dantiisa gaaban ku fushanayo waqti kooban, inta kalena ka dhiganayo xaabo uu dabka ku shito, asagoo ku beer-laxawsanaya tolnio aan ka dhab ahayn. "Tolku" isma weydiinayo "maxaan ka dheefaynaa dagaalka ninkani na galinayo iyo dadka uu naga faquuqayo. Waa maxay danta noogu jirta dadka nooga dhimanaya ninkaan kursi-doonkiisa iyo duunyada aan ku beelayno?" Maskax fayow ayaa xisaabtanta, maskaxda Soomaalida maanta jirtaana ma aha mid fayow, sidaan hore u soo micnaynay. Waa *ummad maan-doorsoontay diiraddiina ka luntay*. Waa sidii qof is madax maray oo aan kala garanayn waxa uu doonayo iyo waxa uu diiddan yahay.

C. Magac ba'ay

Magicii beri lagu faani jirey "Soomaali" waxaa la dhaxalsiiyey in uu noqdo wax tusaale loogu soo qaato liidnimada iyo ilbaxnimo-la'aantu heerka ugu hooseeya ee ay gaari karto. Tani waxay ka mid tahay dhibaatooyinka dhacay kuwa ay adag tahay si looga soo kabto. Waa gunnimada heerka ugu hooseeya marka magacaaga iyo muuqaaga laga dhigto wax lagu maadsado ama lagu eego il xaqiraadeed. Sannadahaan dambe sannadba sannadka ka dambeeya waxaa soo kordhaya xaqiraadda aan hore u jiri jirin ee qofka Soomaaliga ah la xaqirayo marka la ogaado in uu Soomaali yahay. Hadday sidaas ku sii socotana waxaa la gaari doonaa heer la isku caayo "Soomaali baad tahay", sida "wasakh baad tahay" ama "ey baad tahay"!

Dhibaatadaan waxaa laga yaabaa in ayan weli dareensanayn dadka aan ka bixin dalka gudihiisa, kuwaas oo erayadaydaan u qaadan kara ka-badbadis iyo bala-sheeg. Haseyeeshee qof kastoo Soomaali ah oo dibadda ku nool ama dunida safarro ku mara waa la hubaa in uu la soo boodayo "waa run", xanuunkii uu arrintaan ka soo maray awgi. An idin siiyo dhawr tusaale oo dadka aan dalka ka bixin ku baaraarujinaya sida magacoodii dibadda ugu ba'ay, sida ay dunida dhexdeeda ugu dhimatay dhegtii magaca "Soomaali" ee qaaliga ahaan jiray.

1. Tusaale 1: Ciddaad tahay ma sheegan kartaa!

Intiina dibadaha socdaalka ku marta waxaad wada ogsoon tihiin in aad naxayso marka dani kugu qabato in aad codsiga viisaha khaanaddiisa "Nationality" ku hor qorato "Somali". Sababtu waxay tahay waxaad ka baqaysaa in codsigaaga la diido marka la aqriyo in aad tahay "Somali". Sidoo kale waxaad ogtihiin mar kasta oo aad isa soo dul taagto sarkaalka fadhiya kadinka laga galo dalka aad u socoto, ee aad u dhiibto baasaboorkaaga, in uu wadnuhu ku boodboodayo adigoo ka baqaya in uu ku celiyo marka uu kuu garto "Soomaali".

Haddaan lagu celina waxaad hubtaa kolley in uu kugu fiirin doono fiiro shaki iyo xaqiraad xambaarsan oo dadka kale kaa duweysa iyo in lagu weydiin doono su'aalo badan oo aan dadka kale la weydiin. Sida badan inta dadkii aad la socotey lagaa faquuqo ayaa lagu oranayaa dhinac isu taag, si laguugu yeero boliis si gaar ah kuu intixaama. Xataa haddaad sidato baasaboor Maraykan ama Yurub ah way adagtahay si aad uga badbaaddo xaqiraadda noocan ah, marba haddii Soomaali laguu garto, muuqaalka Soomaaliduna waa mid sahal loo sinji-sooci karo, waayo cid kale uma ekin.

2. Tusaale 2: Ummad xuma-ka-sheeggeeda lagu shir-tago

Soomaalida waa laga saaray ummadaha laga xishoodo in la sinji-caayo ama la aflagaaddeeyo, maxaa yeelay waxaan jirin cid looga haybaysto, "Reer ba'ow yaa ku leh!". Taas waxaa daliil u ah masuuliin ajnabi ah, oo weliba Soomaalida faa'iido badan ku qaba, sida ay ugu bareeraan in ay fagaarayaal cid walba u furan (public) ka sinji-caayaan Soomaalida ummad ahaan. Dadkaas waxaa ka mid ah ninka lagu magacaabo James Jonah, markii uu ahaa kaaliyaha Xoghayaha Guud ee Qaramada Midoobey u qaabilsan arrimaha siyaasadda. Warbixin rasmi ah oo uu Qaramada Midoobey ka siinayey Soomaaliya erayadii uu ku isticmaalay waxaa ka mid ahaa "Somaalidu waa dad uskagnimadooda, gurracnaantooda iyo jar-iska-xoornimadoodu gaarsiisan tahay heer ayan istaahilin in sida bini-aadamka loola dhaqmo"!

Sinji-cay sidaas si la mid ah u qaawan waxaa Soomaalida ula bareeray, bartamihii sannadkaan (2002), Xildhibaan ku jira baarlamaanka Ingiriiska (House of Commons) ninkaas oo dhalashadiisu Hindi tahay lagana soo doorto degmada Southall ee Galbeedka magaalada London halkaas oo ay Soomaalidu ka mid tahay dadka ugu badan degaanka xaafadda. Ninkaas masuulka ah wuxuu Soomaalida ula bareeray aflagaaddooyin waaweyn oo uu ku faafiyey warbaahinta dalka Ingiriiska oo ah dal sharcigiisu mamnuucayo in qolo la sinji-caayo. Wuxuu Soomaalida ku tilmaamay dad liita, dugaag ah, dalka Britain sharcigiisa ku tumanaya ka dib markay soo burburiyeen dalkoodii hooyo.

Qaybo ka mid ah saxaafadda Britain ayaa in muddo ah siyaalo kala duwan arrintaas u sii wadey. Jariidadda afka dheer ee *Evening Standard*, markay aragtay Soomaalidu in ay tahay masaakiin aan is difaaci karin, waxay canaanatay xildhibaankii Soomaalida weeraray oo ay ku tilmaantay nin aan xilkas ahayn oo ku gardarroonaya dad masaakiin ah oo iyaguba dulman. Haseyeeshee dhanka kale idaacadda la yiraahdo LBC barnaamij ballaaran oo ay dhageystayaasheeda mikrofoonka u furtay, dood ay ka qayb galeen dad fara badan intoodii badnayd waxay ka midaysnaayeen weerar kii Hindiga ka sii kulul oo ay ku muujiyeen xaqiraadda Soomaalida loo hayo. "Waa dad dhega xiran oo aan lagu karin in ay dadka dhex galaan ama afka bartaan"; "waa wax qaab daran oo si fool xun u labbista, keligoodna marba meel is dhooba"; "waa nooc aan la qabsan karin dunida hore u martay"; "Waxaad ku garanaysaan dumar humbaallaynaya oo harwash fool xun hagoogan iyo niman caleen ruugaya oo mar kasta muran ka dhex taagan yahay". Waa kaas sawirka laga haysto Soomaalida, sida ay muujiyeen dadkii ka qayb galay dooddaas iyo kuwo la midka ah ee had iyo jeer laga

51

baahiyo warfaafinta Yurub iyo Woqooyiga Amerika. Dalalka ay ka midka yihiin Denmark, Holland iyo Finland magaca Soomaalida waxaa dhulka loogu jiidaa si ka sii fool xul tusaalaha aan ka soo qaaday dalka Ingiriiska.

3. Tusaaale 3: Ceebteena dibadda taal.

Bishii Abriil ee sannadkan (2002) laanta af Soomaaliga ee BBC-da waxaa laga sii daayey barnaamij uurxumo weyn leh oo aan filayo in ay dhageysteen ama maqleen badi aqristayaashu. Wuxuu ku saabsanaa gabdho Soomaaliyeed, tiradoodu laba boqol kor u dhaaftay, da'dooduna u dhexayso 17-23, kuwaas oo ay boliiska Yemen ka xaaqeen waddooyinka magaalada Cadan, iyagoo ku eedaynaya in ay magaaladooda ku noqdeen dheg-xumo iyo wasakh aan loo dul qaadan karin. Waxaa la sheegay hablahaas yaryar ee qaxootiga ah in ay caadeysteen in ay ka dawarsadaan ama ka tuugsadaan dariiqyada iyo suuqyada Cadmeed, ka dib markay waayeen si kale oo ay u noolaan karaan.

Yemen waa mujtamac carbeed oo muxaafid ah, dumarka aad loo ilaaliyo, ragga iyo haweenkuna kala xiran yihiin. Dadka noocas ah markay arkaan gabdho yaryar oo sidaa u tira badan sidaana ugu soo wada dhar dhigtay dawarsi iyo is-iibinba, waad garan kartaan fikradda ay ka qaadanayaan qoladii ay ka dhasheen hablaha noocas ah; waad malayn kartaan xaqiraadda loo qaadayo magaca ay sitaan "Soomaali". Sidaa awgeed la yaab ma lahayn in ay saxaafadda yemen iyo weliba Carab kaleba in muddo ah buunbuuninayeen arrintaan iyo sida ay muujinayso Soomaalidu in ay tahay dad dhintay oo aan waxba isku falayn. Waad aragtaan halka uu yaal magicii la oran jirey "Soomaali." Yemen anigu waan ku noolaan jirey, qudhoodu way leeyihiin dumar dawarsada iyo qaar jirkooda iibsadaba. Laakiinse waxay ku ceeb-asturan yihiin dalkooda iyo dalladdooda qarannimo, mana jirto cid saxaafad ku faafin karta, maxaa yeelay ceebtoodu dibadda ma taal, sideenna. Waxay huwan yihiin calan ayan cidina u bareeri karin in ay aflagaaddayso.

4. Tusaale 4: Is-dulleeye isla qumman

Waa caadi cid kale in ay ku caydo, gar iyo gardarraba; waxaadse dhimatay marka aad adigu meherad ka dhigato in aad is caydo, is nacladdo, naftaada karahdo. Waxaa nasiib-darro ah in ay soo badanayaan shakhsiyaad Soomaali u dhashay, ajnabi la shaqaysta, sharafna ka daya in ay ummaddii ay ka dhasheen magaceeda dilaan, ujeeddadooduna tahay in ay jalbeebiyaan ama maaweeliyaan ajnabi dhageysanaya, oo ay dano ka leeyihiin. Dhawr jeer ayaan goob-joog ka ahaa fagaare (conference) af Ingiriisi la isugu khudbaynayo oo "barfasoor" soomaali u dhashay intuu mikrofoonka qaato aftahannimo ka raadinayo uskagaynta ama sinji-cayga Soomaalida. Wixii uu codkarnimo hayo wuxuu isugu geynayaa sidii uu dhageysteyaashiisa uga dhaadhicin lahaa Soomaalidu in ay tahay dugaag aan waxba istaahlin. Wuxuu ajnabiga ku guubaabinayaa in ayan waxba ku aaminin wax 'Soomaali' la yiraahdo waxna ku darsan ee ka fogaadaan. Marka uu waxaas ku hadlayo

53

wuxuu is-moodsiinayaa asagu in uusan ka mid ahayn qolada uu ka bixinayo sawirka foosha xun. Wuxuu moogyahay ajnabiga dhageysanayaa in ay hoosta ka leeyihiin 'waan aragnaa waxa xun ee aad tilmaamayso, adiguna wax kale ma ahide waxaad tahay dameer ka mid ah dugaagga aad tilmaamayso!'

Waxaa la yaab leh Soomaalida goob-joogga ah ee dhageysanaysa cayda lagu bahdilayo madaxa ayay wada ruxayaan ama qosol bay ka qaadayaan. Mid waliba wuxuu is-moodsiinayaa in cid kale la sheegayo, ma jiro mid dareemaya in uu isaga ama iyada yahay waxa la caayayo. Halka uu haddii qabiilkiisa wax yar oo dhaliil ah laga sheego ka gubanayo oo dagaal la soo boodayo!

Way fiican tahay in aad iimahaaga ogaato una sheegto naftaada iyo dadkaagaba, si aad cudurkaaga u ogaato isagana daweyso (waa sababta aan qudhaydu u qorayo buuggaan dhaliiluhu ka buuxaan). Laakiin waa dullinimo iyo is-daldalid inaad, adigoo dal shisheeye macallin ka ah, ardaydaada ajnabiga ah iyo dunida inteeda kaleba kula dhex wareegto "waxaan ka dhashay dad dugaag ah". Markaas waxaad sugtaaba sow ma aha in sanka lagaa wada qabsado? *Nigisyadaada waa la wartaa laakiin laguma warto dadka kale albaabbadooda.* Ummadaha kale dadka waxaa caado u ah marka ay joogaan dal kale ama la hadlayaan dad ajnabi ah in ay ammaanaan dalkooda, si iyaga loo ixtiraamo. Dheg xumada dibadda ka sokow, qofka haddii ay dhegihiisa ku bataan wax xun oo laga sheegayo sinjiyaddiisa ama ummadda uu ka dhashay waxaa ka dhinta isku kalsoonidii iyo qabkii dadnimo ee uu horumar ku samayn lahaa. Wuxuu ka gumoobaa

54

niyadda, dad niyadda ka gumoobayna waa dad dhintay. Halkan ayay ku jirtaa halista in dadka laga dilo qabka ummad ahaaneed (*national pride*). Wayna muuqataa in uu si buuxda u dhiman doono qabkii ummadnimo ee Soomaalidu caanka ku ahaan jirtey, imminkana dhaawaca ah, haddii lagu sii wado in ay dhinacna ka dilaan dadka dunida warka ku baahiya dhanka kalena ay ka dilaan wax-iskuma-falayaal Soomaali sheeganaya.

5. Tusaale 5: Dayowgii Eldoret.

Tusaalaha u dambeeya ee muujinaya sida uu u ba'ay magicii "Soomaali" waa ummuur shakhsi ahaan I soo martay. Waxaan dhex fadhiyaa diyaarad yar oo naga qaadday Nairobi, caasimadda Kenya. Waxay noo sii waddaa Eldoret. Waa magaalo ku taal woqooyiga Kenya oo uu waqtigaas ka socdey Shirweynihii 14aad ee "Dib-u-heshiisiinta Soomaalida". Waxaa gadaashayda fadhiya laba nin oo aan Soomaali ahayn laakiinse ka sheekaysanaya Soomaaliya iyo siyaasadeheeda. Hadalkooda waan maqlayaa. Sida muuqata waxay u shaqeeyaan haya'daha caalamiga ah ee faraha kula jira arrimaha Soomaaliya, waxayna u socdaan isla shirka Eldoret ee aan aniguba u socdo. "Shirkaan ma kula tahay in ay heshiis ku gaarayaan?" mid baa kii kale weydiiyey "Caqli ay ku heshiiyaan hadday leeyihiin hore ayay u heshiin lahaayeen" ayuu ku jawaabey "Heshiiskooda iyo heshiisla'aantoodu waa isku mid. Waa dad aan lahayn meel loogu hagaago ma leh".

Markay muddo dheer isu jiibinayeen cay ay Soomaalida ku liidayaan ayaan intaan adkaysan waayey

55

eegmo kulul dib ugu eegay, bal in ay isku xishoodaan. Codkii uun bay hoos u yara dhigeen caydiise ma joojin.

Nasiib-darro, markaan tobaneeye beri dhex joogay dadkii kunka qof ku dhawaa ee la isugu keenay Hotel Sirikwa, Eldoret, waxaa ii soo baxay sawir aan ka fogeyn hadalkii ay ku xantamayeen labadii nin ee aan isku diyaaradda ahayn. Waxaa ii muuqatay maan-gaabnimadii ay sheegayeen. Maadaama aanan ka mid ahayn ergooyinka rasmiga ah balse aan ahaa indha-indheeye madax bannaan, waxaan waqti iyo fursad u helay in aan u fiirsado sawirka guud ee waxa meesha ka socda. Waxaan la fajacay laba arrimood. Tan hore waa kala-daadsanaanta iyo maamul xumada qolada shirka maaraynaysa oo uu hormuud u ahaa nin ka wakiil ah Dowladda Kenya. Tan labaad ee aan la amankaagayna waxay ahayd sida uu u hooseeyo heerka ay ka fekarayaan boqollaalka Soomaalida ah ee loo soo xulay in ay dib u soo nooleeyaan dalkoodii dhintay. Maxaan soo noolaynnaa annagaa u baahan in horta qof qof naloo soo nooleeyo, in maskaxda burburtay dib loo daweeyo, si aan mar kale u noqono dad miyir qaba oo maankoodu shaqaynayo!

Hadda waxaan u dhaqmaynnaa sida dadka waalan: har iyo habeen waa la xiiqsan yahay. Koox koox iyo goobo goobo ayaa geedaha Sirikwa loo hoos fadhiyaa, gudaha hoteelkana loogu buuqayaa. Ha la xiiqsanaadee maxaa lagu xiiqsan yahay? "Annagu ma oggolin in nalaka badsado kuraasta hoteelka ee geedaha hoos taal!" iyo "Aniga yaan la iigu imaan kursiga ugu madax dheer, haddii kale nabadi ma jiri doonto!" War maxaad isugu xagxaganaysaan kuraasta islaameed oo shimbiruhu ku xaarayaan berrina laga wada kici doono, aaway hawshii aad meesha u timaaddeen ee ahayd sidee dib loogu dhisaa qarankii naga dumay?! Ma jiraan wax heerkaas ka hadlayaa. Ummadda xulkeedii iyo madaxdii hoggaamineysey heerkaas taagan yihiin, waa maxay sawirka uu ka qaadanayo qofka ajnabiga ah ee dusha ka daawanaya? Sow ma aha sawir u marag furaya James Jonnah? Sow ummad *maskaxdeedii dhimatay* ma aha? Sow *magac ba'ay* ma aha?

Run ahaan, dadka waxaa ka muuqata niyad-sami qof waliba doonayo in ay wax hagaagaan, (xataa marka lagu daro hoggaamiye-kooxeedyada oo aan qudhoodu u niyad xumayn sida la moodayo, hadday helaan cid qorshe fiican ula tagta); maxayse kuugu taal waxaa laga indhala'yahay iridkii laga bixi lahaa, sidii aan hore u sheegay. Waxaa la garan kari la'yahay jidkii loo mari lahaa natiijo mira dhasha. Indhala'aantaasi waxay keentay in lagu wada daato dabinka ay dhigayaan in yar (oo shisheeye mayalka u hayo) kuwaas oo ka shaqaynaya in uu shirku guul-darraysto Soomaaliyana darxumada ay ku jirto ku waarto.

D. Yaa magaceenna Bi'iyey?

Tusaalayaasha dhacdooyinka kor ku taxan waxay si marag-ma-doonta ah noogu muujiyeen in uu maanta meel xun yaal magicii "Soomaali" ee ay dadkiisu weligood ku faani jireen, kuna caan bexeen in ay yihiin dad aad u qab weyn oo cid walba iskala sarreeya. Waan aragnaa dhegxumada laga yaxyaxo ee laga dhaxlay wajigii Soomaali laga arkay dhawr iyo tobankii sano ee u dambeysey, dhegxumadaas oo haddii ay sii socoto keeni doonta in ay carruurteena ku noqoto cuqdad qayrkood ka hoos Marisa, dareen ahaan iyo nolol ahaanba.

Haddaba su'aashu waxay tahay yaa ka masuul ah dhegxumada heerkaas gaartey, halistaasna soo wadda? Yaa bi'iyey magicii ummaddaan? Yaa halkaa dhigay Soomaaliya? Ma waxaan uga baxnaa hawraarta la caadeystey ee ah "Soomaali iyadaa halkaa is dhigtay!" taas oo micneheedu yahay in uu qof kasta oo Soomaali ah qayb ku leeyahay dambiga iyo masuuliyadda xumihii dhacay? Taas oo micneheedu yahay carruurtii yaryarayd ee ku curyaantay rasaastii dagaalka sokeeye iyo cirroolihii dagaalkaas huriyey hoggaamiyeyna in ay dambiga waadaagaan, waayo labaduba waa "Soomaali"? Taasi xaq ma aha. Waxaa la soo gaarey waqti ay waajib nugu tahay taariikhda in loo diiwaan galiyo sida ay tahay. Ilmaha yar ee la curyaamiyey ama la agoomeeyey ama la mustaqbal tiray dambi labaad ayaa laga galayaa haddaan eedda wixii dhacay lagu koobin intii ka masuulka ahayd.

"Intii ka masuulka ahayd" markaan leeyahay ulama jeedo qabiil, sida dadka qaar ku soo dhici karta – qoralkani wuu ka feejiganyahay in uu ku sidbado dabinka qabiil-ku-salaynta wax walba ee in dhaweyd la caadeystey qofkii Soomaaliya ka hadla iyo kii wax ka qoraba in uu ka dhigto furaha dooddiisa; waa caado marin-habaabinaysa cilmi-baarista arrimaha Soomaalida.

Waa been la buunbuuniyey dhismaha mujtamaca Soomaalidu in uu ka kooban yahay uun qabiilooyin is laaya, wax kastana isku haysta laga soo bilaabo geela ilaa iyo kuraasta Hotel Sirikwa! Ma lihi qabiilooyin ma jiraan ama isma laayaan, waxaanse leeyahay waxaa jira wax ka muhiimsan kana qota dheer oo la iska indha tirayo ama laga indha la'yahay, marka laga hadlayo dunta iyo xubnaha ay ka samaysan tahay bulshada Soomaalidu. Bulshadu mar waxay u qaybsantaa rag iyo dumar, burburintii dalkana ragga ayaa ka masuul ah, dumarku eed weyn kuma leh; mar waxay u qaybsantaa carruur iyo waayeel, dagaalkii sokeeye waayeelkaa dambigiisa leh; mar waxay u qaybsantaa reer miyi iyo reer magaal; xumihii dhacay cidda u qoolan waa reer magaalka. Haddii la sii baaro sidaa ayaa loo helayaa qaybo muhiim ah oo si cilmi ah loogu kala miirmo laamaha mujtamacu ka koobmo. Ha yeeshee qaybinta ugu muhiimsan ee aan jeclahay in aan saaro culayska dooddaan waa midda soo socota. Waa mid ka amba qaadaysa bulshadu in ay u kala baxdo *gar-wadeen iyo la-wadeen*.

1. Gar-wadeen iyo La-wadeen

Dadku wuxuu u kala baxaa *garwadeen* iyo *la-wadeen*. Gar-wadeenku waa inta wax hoggaamisa, la-wadeenkuna waa dadka caadiga ah ee la hoggaamiyo, waa shicbi-weynaha. Gar-wadeenka, oo aan halkaan u isticmaalayno micne u dhigma erayga *'elite'* afka Ingiriiska, wuxuu ka koobmaa saddex qolo:

- Gar-wadeenka siyaasadda (political leadership)
- Gar-wadeenka fekerka (intellectual leadership)
- Gar-wadeenka dhaqaalaha (economic elite)

Dalalka hore u maray saddexdaan qolo iskuma qasna. Qolo waliba waxay leedahay meherad iskeed u taagan iyo meel cad oo loogu soo hagaago. Ha yeeshee dalalka dib u dhacsan ee loo yaqaan dunida saddexaad Soomaaliyana ku abtirsato saddexdaan qolo xuduud kala qeexan ma leh. Sida badan garwadeenka siyaasadda ayaa noqda wax walba; iyaga ayaa dhaqaalaha af duuba maa daama ay noqdaan hantiilayaal waaweyn, hantiilayaasha kalena iyaga ka haybaystaan. Awoodda siyaasadeed ayay ku urursadaan hanti aan xalaal ahayn. Sidoo kale iyaga ayaa saamaynta ugu xooggan ku yeesha fekerka bulsha-weynta. Waa halka murtida carbeed ka tiraahdo "*annaas calaa diini muluukihim*" (dadku waxay qaataan diinta boqorradooda).

Si kastaba ha ahaatee falanqayntaan gaar gaar ayaan mid walba tilmaan kooban uga bixin doonnaa saddexdaan qolo ee uu ka kooban yahay gar-wadeenka Soomaalidu. Qolo kasta gaarkeeda ayaan u tilmaami doonnaa qaybta ay ka qaadatay burburinta qarannimadii Soomaalida. Wadar ahaan **gar-wadeenka ayaa ka masuul ah burburinta Soomaaliya iyo bi'inta magicii Soomaalida,** sida aan dib ka faahfaahin doonno. La-wadeenku (shicibka) in kastoo dabka la galiyey, dariiqa xun ee la mariyeyna ka leexan kari waayey, haddana eed weyn lama saari karo, sida aan arki doono.

2. La-wadeenka

Dunida goor kasta iyo goob kasta shicbi-weynaha waa la hafraa. Waxaa hafra siyaasiyiinta iyo inta la hal-maasha. Ciyaarta siyaasadda iyo aftahammada siyaasiyiinta waxaa lagu celceliyaa oo kor loogu dhawaaqaa erayada 'dimoqraaddiyadda', 'xukunka shicbi-weynaha', 'doorashada dadka' iwm. Waxaa la abaabulaa maharjaanno loo ekaysiinayo 'dadkii' oo go'aanka ay rabaan gaaraya. Waxaanse shaki ku jirin go'aanka soo baxayaa in uu yahay kii gar-wadeenku hore u sargoostay, si aan toos ahayn. Way jirtaa in la is dhaamo oo dalalka qaar, siiba kuwa hore u maray, gar-wadeenku xisaabta ku darsado dareenka dadku u badan yahay, in kastoo 'dareenka dadka' qudhiisu yahay mid ay si dadban u abuureen gar-wadeenku, iyagoo adeegsanaya qalabka war-baahinta iyo farsamooyin kaleba. Shicibka dunida saddexaadna waabuu ka qatan yahay xataa intaas maaweelinta ah, in kastoo ay dhawaan bilaabantay kudayasho yar oo si qaldan loo jilo, sida riwaayadda doorashooyinka guud.

Waxaan u socdaa, marka dhinac la iska dhigo riwaayad-siyaasadeeddaas, ma dhacdo in uu shicbi-weyne fursad iyo awood midna u helo hoggaaminta iyo go'aaminta aayaha dalkiisa. Hawshaasi waxay ku jirtaa gacanta gar-wadeenka, hadday xaq tahay iyo hadday xaq-darro tahayba; hadday gutaan iyo hadday gabaanba; hadday guul keenaan iyo hadday gebi ka tuuraanba. Markay Soomaaliya joogtana arrintu waabey ka sii xag jirtaa. La-wadeenka (shicbi-weynaha) Soomaaliyeed muddo afartan sano ku dhow cidina kalama tashan dalkooda waxa ka dhacaya iyo dariiqa la marinayo. "Dadku" marnaba ma helin fursad yar oo lagu tilmaami karo dimoqraaddiyad ama tala-wadaag. Waxay ahayd mar ay u afduuban yihiin xukun milatari oo uu xabbad la hor fadhiyo generaal kelitaliye ah iyo mar ay la haystayaal cayr ah u yihiin dagaal-ooge aan weligi talo la wadaago maqal iyo dhawr af-miishaar oo uu lufluf u tuuro iyaguna "tolka" intiisa kale caaddifad qabiil ku cabburiya.

La-wadeenka sidaa ayaa mar kasta loo watey, halka loo wadana cidi kalama tashan iyana, in kastoo ay mar walba ka xumaayeen kana xanuunsnayeen, haddana marna awood uma yeelan in ay ka gilgishaan qabqablayaasha qarka ka tuuraya. Taa micneheeda yaan loo qaadan in aan u jeedo in ay shicbi-weynuhu yihiin maan-gaab aan caqli lahayn. Way ku badan yihiin dad caqli iyo aqooni ka buuxdo. Sideedana xigmadda iyo xoogguba waxay jiraan dhanka dadku u badan yahay; haseyeeshee shicbi-weynuhu waa wax aad u kala daadsan, aad u tira badan mararka qaarna jahawareersan, siiba hadduu waayo iftiin uu ku hirto. Taas ayaan u suurta galinayn in ay talo isla helaan ka dibna tallaabo wadajir ah qaadaan.

Marka taasi suurta-gali kartaa waa marka dhaqdhaqaaqa bulshadu ku guulaysto in uu hoggaan samaysto hoggaankaasina u noqdo gar-wadeenka isku xira ama kulmiya wax-qabadkooda. Ummad idil iska daaye xataa labaatan qof oo hoteel wada deggan hadday dhibaato soo foodsaarto xal kama gaari karaan ilaa ay yeeshaan cod mid ah iyo hoggaan ka wakiil ah oo magacooda ku hadla. Ka soo qaad haddii qolalka laga nadiifin waayo ama korontada laga goosto marka ay midmid u socdaan waxaa ka adag maamulaha hoteelka, laakiin marka ay guddi samaystaan guddigaasi maamulka hoteelka waa ka adag yahay marka ay cod midaysan ku yiraahdaan "oday ama arrinta imminkadaan wax ka qabo ama hoteelka waa laguu cidlaynayaa waanu kaa xirmi doonaa!" Waa tan waddada dadku uga bixi karaan xaaladda xun ee ay ku sugan yihiin: waa in ay codkooda mideeyaan samaystaanna *'gar-wadeen'* magacooda ku hadla, baahidooda ka tarjuma, danta ay wadaagaanna ku hoggaamiya.

Tusaalaha aan soo qaadanay, bulshadaan kooban (degganayaasha hoteelka) jidka ay u mareen ka-bixidda dhibaatadii korontala'aanta waa codkoodii oo ay ku mideeyeen hoggaan dantooda guud u hawl-gala. Sidoo kale bulshada ballaaran (ummad-weynta) *jidka ay dhibaatada qaran uga bixi kartaa waa iyadoo ku midowda **xisbi waddani** ah oo leh hoggaan karti iyo daacadnimo leh.* Inta taasi maqan tahay waxba laguma qaban karo laab-la-kac, teelteel iyo *tiih* ama walaahow.

Inta uu maqan yahay **gar-wadeen waddani** ah, shicbi-weynuhuna la mid yahay *wax aan jirin*, maadaama uu u kala qoqoban yahay qabiil-biil, jilib-jilib iyo jifi-jifi, waxba iskama baddali doonaan xaaladda maanta taagan. Sidaa ayaa loogu jiri doonaa **garba-duubka** qabqablayaal iyagu is caleema-saaray dan ummadeedna aan ka shaqaynayn fahmina Karin, sidaa ayuuna dalkani baylah ugu sii ahaan doonaa inta ka shaqaynaysa burburkiisa.

a). Sifooyinka Soomaaliga caadiga ah

Dhab ahaan Soomaaliga caadiga ah waa qof niyad wanaagsan, aad u maskax furan aadna u firfircoon, sida ay wada qirayaan xeel-dheerayaal qalaad. Waa qof haba curis yaraadee fahma badan ama wixii la tuso dhakhso u

63

fahma dhakhsana u qaata waxa cusub. Tusaala ahaan, qaxii Soomaalida ka dib dadka waddammada aan dariska nahay waxaa la-yaab ku noqotay firfircoonida dheeraadka ah ee ay Soomaalidu dadkaa uga dheereeyaan xagga dhaqdhaqaaqa ganacsiga.

Ma jirto ummad aan cillado lahayn, Soomaaliduna cillado kama fayooba kumase jirto kuwa ugu cilladaha badan. Cilladdeeda ugu weyn ee loogu dow galay ama ay u dhimatay waa cudurka qabiilka oo ku noqday dilaa aan dawo lahayn iyo *dabin cid waliba si fudud ugu shir-qooli karto.* Cilladaha kale ee Soomaalida waxaa ka mid ah laab-la-kac caaddifaddu hoggaamiso halkii ay ahayd in uu caqli lago socdo. Waxaa kaloo ka mid ah waxaan nahay ummmad maalin-la-nool ah oo aan dib u xasuusan ama ku cibra qaadan wixii la soo maray, waxa soo socdana aan sii arag oo ka tabaabushaysan. Waxaan nahay indha-ku-garaadle aan lahayn miyir iyo deggenaan ay qorshe ugu samaystaan mustaqbalka soo socda, sida Gaarriye ku cabbirayo jiiftadaan:

Degganaanna uma dhalan
Dubbaha igu soo maqan, lagu sii dareemoo
Jeer daqarku igu dhaco, kama sii digniin helo.

Soomaaligu waa hanfade hadba meel ku booda oo aan samir iyo dulqaad u yeelan wax joogtaysan. Cilladaha cusub ee in dhaweyd sida daacuunka u faafayey waxaa ka mid ah been aan laga xishoon, danaysi indhala' iyo xiqdi lagu fayla-gooyo qofkii isku daya in uu wax qabto ama u xusul-duubo daryeelka danta guud.

b. *Ummad dhalma-deysey*

Intaas oo dhan (sifooyinka aan soo taxnay) la yaab ma leh, waa sifooyin bini'aadmigu leeyahay, waa cillado ay nala wadaagaan ummado kale oo dunida ku dhaqan. Midda aan caadiga ahayn ee dhab ahaan la-yaabka leh, cid nala wadaagtaana yartahay (haddayba jirto), ahna dhaawaca loo dhintay, waa tan: waxaan noqonay **ummad ku guuldarraysatay in ay dhasho *hormuud* ama gar-wadeen leh karti iyo daacadnimo dal lagu hoggaamiyo**.

Wixii ka dambeeyey raggii (iyo dumarkii) SYL iyo SNL waxaa muuqata Soomaaliya in ay **ka dhalma-deysey** hanaddo u qalma hoggaamin ummadeed hankooduna gaarsiisan yahay heerka ah in ay qaran dhisaan taariikhdana galaan, sida qayrkood yeelo, in ay ku camal-falaan murtida tiraahda 'waari mayside war ha kaa haro'.

Hoggaamiyeyaal tilmaantaas leh kama dhalan saddexdii fac ee ugu dambeysey siyaasiyiinta Soomaaliya. Hadday dhasheena uma soo bixin fagaaraha muuqda. Malaha way siqiireen!

Waxaa la oran karaa raggii noocaas ahaa wax ka harsani hadday jiraan waa qofqofka weli ka sii nool facii hore ee Leegada, sida Aadan Cabdulle Cismaan, oo ah madaxweynihii ugu hufnaa ama ugu sumcadda wanaagsanaa ee soo mara dalkaan, iyo Cabdirisaaq Xaaji Xuseen oo sida Aadan-cadde mar hore go'aansaday in uu ka fariisto shaqo siyaasadeed, haseyeeshee bulsha-weyntu ku abaal-marisay xushmaynta ugu badan ee loo hayo siyaasi ruug-caddaa ah oo maanta nool.

Axmed Faarax Cali Idaajaa, oo ka mid ah dadka Cabdirisaaq iyo faciisii Leegada (SYL) u haya qaddarinta noocan ah, eray uu soo tuuray wuxuu leeyahay "Leego cidi kama dambeyn", taas oo uu ula jeedo siyaasiyiin Soomaaliyeed oo leh "karti iyo hufnaan" iyo dareen waddaninimo waxaa ugu dambeeyey facii koowaad ee Leegada. Hawraartan, oo aan qudhaydu ku raacsanahay, wuxuu Idaajaa ku qoray hordhac uu u sameeyey tarjumaadda qoraal uu jeclaystay dareenka uu xambaarsan yahay iyo indheer-garadnimada uu malaha in dhaweyd Soomaali ka waayey awgeed. Waa dhambaalkii dhiirranaa ee Cabdirisaaq Xaaji Xuseen internet-ka ku faafiyey horraantii sannadka 2002, ugana digayey halista Soomaaliya uga soo socota qorshaha uu maleegayo Meles Zenaawi iyo xukuumaddiisa ka talisa Itoobiya. Tarjumaddu waxay ku soo baxday wargeyska K*asmo*, taariikh 3 August 2002.

Haddaan mar kale hoosta ka xarriiqo, *way caddahay Soomaaliya in ay ka dhalma-deysey hoggaamiye siyaasadeed oo kasmo iyo kartiba u leh in uu dalkiisa dariiq toosan ku hoggaamiyo dantiisa shakhsiga ah ee maalintaasna ka sara mariyo danta ummadda iyo diiwaanka taariikhda.*

Shacbiga Soomaaliyeed hadduu heli lahaa hoggaan daacad ah oo waddo toosan mariya waa la hubaa in uu raaci lahaa waxna qabsan lahaa. Runtii waa shacbi laab furan, caaddifi ah, isbeddelkana aad ugu dhega nugul, hadduu gar-wadeen helo. Tani waa xaqiiq ay muujiyeen tijaabooyin la soo maray taariikh ahaan. Niyad wanaagga Soomaalida caadiga ah waxaa marag u ah sida ay ugu dhega nugushahay una raacdo marka ay aragto hormuud siyaasadeed oo wanaag ugu baaqaya. Saddex tusaale oo waaweyn waxaa ah taageeradii si aan kala har lahayn shicibku u wada raacay (1) Xisbigii SYL waqtigii isticmaarka; (2) inqilaabkii Maxamed Siyaad Barre sannadihiisii hore; iyo (3) baaqii Ismaaciil Cumar Geelle ama gurmadkii Jabuuti, 2000. Saddexdaas hawl-galba dadka Soomaaliyeed markay daacadnimo ka dareemeen ayay hagarla'aan isu barbar-taageen, naf iyo maal waxay hayeenna u hureen.

3. Gar-wadeenkeedaa gablanka baday

'Kuwii dararta maandeeq dhamaa dilay dhegteediiye'
(Shube)

Doodda kore haddaan Soomaaliya ku tilmaannay "Gayi gablan ah" waxa dalkani ka gablamay ma aha dad oo dhan. Waxa uu ka gablamay *gar-wadeen khayr qaba*. Wuxuu waayey hoggaan daacad u ah aqoonna leh. Waxaa god ku ridey kuwii lagu aaminay ama iyagu boobay hoggaankiisa siyaasadeed, kuwa hadda jooga iyo kuwii ka horreeyeyba. Waxaa gabay kuwii magiciisa wax ku bartay iyo kuwii maalkiisa bursaday ee ku hodmay. Waa saddexdaa qolo, ee aan wadaajiyay magaca "*gar-wadeen*" waxa wadajir ahaan iyo kala jir ahaanba ka masuulka ah musiibada Soomaali ku dhacday (dhanka gudaha).

Waa iyaga waxa qaarkood (siyaasiyiintu ugu dambi culus yihiin) qarankii dhisnaa qabriga ku rideen, qaar kalena (tacliinleyda iyo hantileyda) ay gabeen kaalintii laga filayey ee ahayd in ay dhibaatadaas ka

67

hortagaan, dadka uga digaan, ama hadday dhacday xil wadajir ah iska saaraan xal-u-raadinteeda. Waxaa la oran karaa *Inta burburisay qarannimadii Soomaaliya waa intii ku qabtey faa'iidada gaarka ah* haseyeeshee garan weydey in ayan iska daadin barwaaqada ay daaqayaan. Waa halka abwaanku ka leeyahay: "Kuwii dararta maandeeq dhamaa dilay dhegteediiye."

Halka dalkani ka dhintay waa kaalintii ay ku beegnaayeen qoladaas loo yaqaan *'elite'* af Soomaaligana aan ku magacaabayno 'gar-wadeen' ama **'horyaal'**, kuwaasoo ka kooban hoggaamiyeyaasha siyaasadda (ahna kuwa ugu daran); hantiilayaasha dhaqaalaha; iyo hormuudka fekerka ama tacliinleyda. Qolyahaas, oo ah kuwa Soomaaliya asaaggeed ka reebay, Waa qolyaha dalalka kale dowladnimada ilaaliya. Qaarkood waxay u ilaaliyaan damiirkooda waddaninimo awgi, qaar kalena waxay u ilaaliyaan dareen garasho oo ay dareensan yihiin danta gaar ahaaneed ee ay dowladnimada ku qabaan, dantaas oo ka lumaysa hadday qarannimadu burburto ama sharcigu curyaamo.

Soomaaliya saddexdaan qolo, siiba labada hore (siyaasad-wadeenka iyo hantileyda) waa kuwii keligood ku raaxaysanayey sed-bursiga "dararta maandeeq", (mirihii dowladnimada) ay ahaydna in ay difaacdaan dhismaha qarannimo iyo haybadda dowladnimo ee ahaa aaladdii ay u adeegsanayeen sed-bursiga ka sara mariyey dadka intiisa kale (shicibka caadiga ah).

Sed-bursiga noocan ah waa sababta ugu weyn ee dunida kale aalaaba gar-wadeenku u ilaaliyo dhismaha qarannimada iyo sharciga uguna horseedo xasilloonida iyo horumarka guud. Waa sababta caalimkii Adam Smith u yiri "*enlightened self-interest would promote the general good*" (danaysiga indheergaradnimo hoggaaminayso wuu daryeelaa danta guud.)

Nasiib-darro, danaysiga madaxda iyo maal-qabeenka Soomaaliyeed waa mid "indheer-garadnimo" ka dheer tahay. Waa mid ku sifoobey maan-gaabnimo aan lagu arag dunida inteeda kale. Waxay noqdeen qoon aan wax ka arki karin meel ka shishaysa luflufka maalintaas la kala boobayo berrina laga arradan yahay! Waxay noqdeen *garan-waa;* ama an iraahdo *maalin-la-nool* indha-ku-garaadle ah. Waxaa laga la'yahay *maskax-ku-garaadle.* Waxay ka arradan yihiin gabi ahaanba shanta sifo ee uu Dr. Xasan Cali Mire ku tilmaamay in ay yihiin sifooyinka lagama maarka u ah in uu yeesho hoggaamiyaha siyaasadda dal kasta, la'aantoodna aan laga yaabin in uu xilkiisa si wanaagsan u guto. Shantaa sifo waxay kala yihiin (sida Xasan u kala hormarinayo: (1) waddaninimo; (2) tacliin (aan ka yarayn heer jaamacadeed); (3) hufnaan ama xuma-ka-dhawrsi (*integrity*); (4) karti badan; iyo (5) bisayl siyaasadeed. Dr. Xasan been ma sheegin marka uu leeyahay hoggaamiye siyaasadeed oo ka arradan shantaa sifo lagama fili karo in uu ummad u horseedo horumar iyo barwaaqo; in uu waddan gebi ahaanba buruburay god ka soo saarana hadalkeed daa. Dr. Xasan Cali Mire, oo ah aqoonyahan iyo siyaasi ruug-caddaa ah, siyaasadda Soomaalidase ka fariistay, wuxuu dooddan ku qeexay diraasad uu halkudheggeedu ahaa 'Can Somalia be Saved?' ama 'Soomaaliya ma la badbaadin karaa?' taas oo uu ugu tala galay Shirweynihii Carta, 2000. Xasan wuxuu diraasaddiisan carrabka ku adkaynayaa, anna aan la qabaa, *sababta* dalkan (Soomaaliya) burburisay, lana dhismi la'yahay in ay tahay **hoggaan-xumo**. Sababaha kale oo dhan waa wax laga kaban lahaa. Sababta laabaad ee aan Xasan ugu darayaa waa gancanta ajnabiga ee ay is garabsadeen hoggaankaas xun, ku hore iyo ku hadda joogaba. (Qodobkan markhaatiyada caddaynaya waxaan ku soo bandhigi doonnaa Cutubka labaad).

Saboolnimada maskaxeed ee ay sifooyinkaas ka maran yihiin awgeed, "hoggaamiyeyaasha" siyaasadda Soomaalidu ma laha hiraal qaranimo (*national vision*), mana sii oddorosi karaan waxa berri dhici doona. Ma is weydiin karaan su'aasha ah "dheef dhalanteed ah (kursi ama hanti dhalanteed ah oo aan waari karin) oo aad maanta waddo aan toosnayn ku hesho intee bay ku wadi kartaa, xaggeese adigu ku badbaadi doontaa hadduu dalku burburo ama bas beelo". Haddaan maanta is weydiino waxa ay ku sugan yihiin ama dhaxalka ay haystaan siyaasiyiintii iyo maal-qabeenkii labaatanka sano ku tartamayey booka wixii qarankani lahaa, hanti iyo awoodba, waxaan u jeedaa gar-wadeenkii hor boodayey siyaasadda iyo dhaqaalaha Soomaaliya labaatankii sano ee u dambeeyey xukunkii Maxamed Siyaad Barre, maxay ka dheefeen oo ay ka hayaan, maxayse maanta ku sugan yihiin? Sow ma aha wax silic ugu dhintay meel aan la garanayn (uu kow ka yahay marxuum Maxamed Siyaad naf ahaantiisii) iyo wax *gorof cayreed dibadda la meehannaabaya* oo subax kasta u kallaha in ay saf ceebeed u galaan san-dareertada lagu sadaqaysto qaxooytiga Yurub iyo Woqooyiga Ameerika?! Casharkaas ku cibra-qaadan mayaan qabqablayaasha maanta ee weli u haliilaya bililiqaysiga lagu bururinayo jiritaanka ummadda!

Ayaan-darradaas haddaan Soomali nahay nagaga dhacday wixii gar-wadeenka noo ahaa waxay kula sii foolxumaanaysaa marka aad barbar dhigto sida ay u dhaqmaan gar-wadeenka ummadaha kale intooda badan. Dhab ahaan ummad kasta waxa asaaggeed ama ka reeba ama la sima amaba ka kormariya waa hoggaankeeda ama gar-wadeenkeeda. Tusaale ahaan, xadaaradda reer galbeedku dunida inteeda kale uga hormareen maantana ku hoggaamiyaan ciddii u horseedday waxay ahayd gar-wadeenkii aqoonta iyo kuwa dhaqaalaha ee u kacay saddexdii qarni ee u dambeysey, laga soo bilaabo Newton, Adam Smith iyo culimadii jidka u ifisay kacaankii Faransiiska ilaa iyo Bill Gate-ka maanta jooga weliba dhallinyarada ah.

Xagga hoggaanka siyaasadda, tusaale wanaagsan kii ugu dambeeyey waxaa na tusay hoggaamiye u dhashay dunida saddexaad ee aan ka tirsannahay. Hoggaamiye dadaalkiisa oo dhan ku jeediya horumarinta dalkiisa (halka ay qaar kale ku jeediyeen kursi-ilaashi iyo lacag-urursi) waxaa ugu dambeeyey Dr. Mahathir Mohamad, ra'iisulwasaarihii Malaysia ee xukunka si sharaf leh isaga wareejiyey dhawaan (Oktoobar 2003). Toddobaadyadii la soo dhafaay qalabka war-baahinta dunidu wuxuu aad ugu dheeraaday tilmaamidda sifooyinka sharafta leh ee uu Mahathir hoggaamiye ahaan muujiyey iyo horumarka aan caadiga ahayn ee uu gaarsiiyey dalkiisa muddadii 22ka sano ahayd ee uu hoggaaminayey. Xataa warbaahinta ka dhanka ah mowqofka siyaasadeed ee Mahatir, sida Newsweek, way

71

ka aamusi kari waayeen guulaha uu dalkiisa gaarsiiyey, dhaxal ahaanna uga tagey. Labaatankii sano ee Soomaaliya xawliga badan hoos ugu sii hoobanaysey Malaysia waxay nasiib u yeelatay in ay xawli kaas weydaarsan kor ugu socoto.

Markii uu Mahathir mayalka u qabtay, sannadkii 1981kii, Malaysia waxay ku jirtay khaanadda dowladaha aad saboolka u ah, halka uu 20 sano gudohood Mahathir ku gaarsiiyey in ay ka mid noqoto 20ka dowladood ee safka u horreeya kaga jira ganacsiga dunida iyo in ay noqoto dowladda saddexaad ee dadkeedu ugu hodansanyihiin qaaradda Aasiya. Sidaa awgeed waxay dunida ka mutaysatay in la siiyo magaca ah "Libaaxii dhaqaalaha Aasiya" (Newsweek, November 3 2003). Qoysaska reer Malysia ee heerkooda dhaqaale ka sarreeyo khadka saboolnimada waxay gaareen 94% (boqolkii sagaashan iyo shan) sannadkii 2000, halkii markuu Mahathir talada qabtay boqolkiiba konton ay ka hooseeyeen khadka faqriga. Xagga sumcadda wuxuu ka dhigay dal dunida si weyn looga bartay loogana xushmeeyo oo laga dambeeyo halkii uu ahaan jirey dal aan muuqan ama cidiba aqoon. Dadka reer Malaysia warbaahinta dibaddu waxay ku tilmaantaa dad ay ka muuqato maqsuudnimo, taas oo ay u sabab tahay horumarka dhaqaale iyo siyaasadeed, nabad-ku-wada-noolaanta iyo tala-wadaagga ay gaareen muddadii uu hoggaanka u hayey Mahathir Mohamad.

Tusaalahaas waxaan uga dan lahaa muujinta sida horumarka iyo dib-u-dhaca dal kasta ay u tahay arrin in badan ku xiran nooca hoggaanka dalkaasi nasiibka u yeesho, iyo sida hoggaamiyaha dalkiisa sharaf u horseedaa u dhaxlo sharaf waarta oo uu taariikhda ku galo, dhanka kalena kan ummaddiisa sharaf-darro iyo dib-u-dhac u soo jiida, hunguri-xumo awgeed, ama aqoon-xumo iyo karti-xumo awgood, sida uu ugu dhaco khashin-qubka taariikhda.

a). Gar-wadeenka siyaasadda

Marka aan leeyahay 'gar-wadeenka siyaasadda' ulama jeedo oo keliya hoggaamiyeyaasha dalka (marka dowladi jirto) ama cidda mayalka u haysa siyaasadda rasmiga ah ee waddanka. Hubaal qoladaasi waxay galayaan meesha koowaad. Qolada labaad ee la wadaagta gar-wadeennimada siyaasadda waa siyaasiyiinta aalaaba ka soo hor-jeeda hoggaanka rasmiga ah. Ama an iraahdo waa mucaaradka ku jira loollanka siyaasadda una jira qaab ururro siyaasadeed ama axsaab ahaan. Marmarna waa noqon karaan shakhsiyaad siyaasiyiin ah oo miisaankooda leh.

i. *Gar-wadeenkii dabayaaqadii 1960nada*

Soomaaliya wixii ka dambeeyey facii koowaad ee Leegada, xilligii ay ku jireen gobanima-doonka, marba marka ka dambaysa waxaa soo xumaanaysey tayada iyo waddaniyadda siyaasiyiinta, kuwo xukun haya iyo qaar ka hor-jeedaba. Dabayaaqadii 1960nada siyaasiyiintii dalka hoggaaminayey ee dhaxlay SYL marba marka ka dambeeya waxay hoos ugu sii socdeen bullaacad ka samaysan qabyaalad, musuqmaasuq iyo danaysi, haseyeeshee badankooda waxaa weli ku jirey dareen waddaniyadeed. Intooda badan waxaan weli maskaxdooda ka dhamaan qiyamkii qaran-doonka ee laga dhaxlay dhaqdhaqaaqii waddaniga ahaa ee ay badi ku soo dhex barbaareen, waxaase ka maqnayd kartidii iyo farsamayaqaanimadii ay ku dabooli lahaayeen dhaliilohooda kor ku tilmaaman. Gar-wadeenkii axsaabta mucaaradka ah qudhoodu waxba kama duwanayn duwanayn kuwa Dowladda. Waxaa la oran karaa xukunka uun baa lagu loollamayey lamase kala fogayn.

ii. Gar-wadeenkii Taliskii Maxamed Siyaad

Madaxdii ciidammada ee talada dalka xoogga ku qabsatay 1969kii uuna hormuudka u noqday General Maxamed Siyaad Barre bilowgii waxay muujiyeen waji loo qaatay gar-wadeen kuwii hore ka fiican, hoggaan ummadda ku hor-kacaya waddadii ay ku gaari lahayd himilooyinkii ay ku riyoonaysey. Dadku waxay dareemeen in uu u beryey waa cusub. Waxaa madaxa keentay fursaddii ugu weyneyd ee ummadda Soomaaliyeed weligeed u heshay in ay dhisto qaranimo tiirar adag ku taagan oo dibudhaca ka gudba. Waxaa muuqatay dowlad dhexe oo awood badan iyo dhiirranaan badan leh ummaddana ugu baaqaysa in ay burburiso caqabadihii horumarkeeda hakinayey (sida qabyaaladda, jahliga, musuqmaasuqa iwm) kuna tallaabsato hirgalinta himilooyinkii ay ku taamaysey. Intaas oo dhan waxaa si cad firfircoonna loogu qeexay labadii bayaan ee lagu kala magacaabay 'Xaashidii Koowaad' iyo 'Xaashidii Laaad' ee Tawradda. Bayaannadaasi waxay dadka dareensiiyeen gar-wadeenkkooda cusub in ay yihiin rag ku hubaysan hiraal cad oo qaran-dhis ah (*clear vision of nation-building*). Sababtaa awgeed ayuu shicbi-weynuhu u siiyey taageero aan loo kala harin, taageero yar iyo weynba wax kasta loo huray in loo guntado dhismaha Soomaaliya cusub. Saddexdii sano ee u horreysey tallaabooyin waaweyn ayaa loo qaaday dhanka horumarka caynkaa ah. Tallaabooyinkaa waxaa ka mid ahaa qoristii af-Soomaaliga (dhaxal ma-guuraan ah), ballaarintii saldhigga tacliinta asaasiga ah, mashaariicdii dhismaha ee ku caan baxday 'iskaa wax u qaso', iyo magicii Soomaaliya ku yeelatay Afrika iyo dunida kaleba.

Nasiibdarro, gar-wadeenkii askarta ahaa awooddii ay ku xoogeysteen taageerada ummad-weynta waxay ka dhigteen aalad loo isticmaalo kobcinta awoodda qofeed ee General Maxamed Siyaad ilaa uu noqday keli-taliye aan laga daba hadli Karin, xataa hadduu dab galinayo dalka iyo dad wixii ku nool. Wax mucaaradnimo la yiraahdo wuxuu ka dhigay dambi qaran, ka dib markuu baabi'iyey baarlamaankii, axsaabtii iyo ururro madax bannaan wixii hore u jirey, qofkii talo tiisa ka duwn laga maqlana madaxa ka gooyey, xataa hadduu ka mid yahay dhawrka masuul ee, magic ahaan, ugu sarraysa talada dalka, minaha "Golaha Saree Kacaanka". Madax-goynta caykan ah wuxuu ku bilaabay generaalladii afgambiga la hirgaliyey, Salaad Gabayre, Maxamed Caynaanshe iyo Cabdulqaadir Dheel oo saddexduba kula jirey Golaha Sare ee Kacaanka, weliba midkood (Gabayre) ahaa ku-xigeenkiisa.

Keli-taliye Maxamed Siyaad markuu miciyaystay waa kii ka bayray waddadii taliskiisu ku bilowday kuna guulaystay. Waa kii noqday "awrkii reeryadiisa cunay". Eebbe ma solonsiin, ama garaadkiisu ma gaarsiin in uu is yiraahdo 'ku sii wad wixii dadku kugu raacay, si laguu sii raacsanaado', waxaas oo ahaa: (1) la-dagaallanka xumihii jirey (oo ay ugu weynaayeen qabyaaladda iyo musuqmaasuqa) iyo (2) higsiga himilooyinka qaran-dhiska. Waa kii dhanka kale isu rogay. Sida ka dhacda dunida oo dhan meel kasta oo uu ka jiro keli-talis, baqdintii xad-dhaafka ahayd ee dadku ka baqayey keli-taliyaha iyo ciidamadiisa waxay noqotay gaashaan ay ku hoos-gabbadaan danaysteyaasha iyo xuma-falayaasha xarfaanta ku ah sida la isugu qariyo qiiq iyo boor. Intii ku firfircoonayd afmiishaarnimada, qabyaaladda iyo danaha hoose ee halista ku ah horumarka guud ayaa waxay ku dadaashay kuna guulaysatey in ay kelitaliyaha ag xoonsanaato, daacad isaga dhigto, dadkii fiicnaa ka xigsato, saxiixiisa ku disho, sidaana dalkii uga weeciso waddadii horumarka ee lagu heshiiyey, bilowgii horena lagu hawl galay. Sidaa ayaa lagu bakhtiiyey birmadkii qaran-dhiska. Taliskii "kacaanku" sidaa ayuu in-yar-in-yar ugu dhacay bullaacaddii ugu xumayd musuqmaasuqii markii hore la weeraray. Sidaa ayuu keli-taliyuhu ku bilaabay in uu dib u xoqo boogihii qabyaaladda si uu ugu kala qaybiyo dadweynaha bilaabay guuxa niya-jabka. Si uu iyaga isugu jeediyo wuxuu ku guulaystey in uu ummadda isaga hor keeno jilib-jilib iyo jibsin-jibsin, asagoo ka tilmaan-qaadanaya siyaasaddii isticmaarkii hore ee ahayd 'qaybi si aad u xukunto'. Guushii uu is lahaa taa waad ku guulaysatey ayaa dhab ahaan noqotay guuldarradii ugu weyneyd ee aakhirkii godka ku riddey. Halkaa ayuu ka bilowday halaaggii uu ku dambeeyey iyo haadaantii uu dalka ka tuurayba. Sidaa ayay taariikhdu noo bartay hadimmada gar-wadeenku halaagga ay ummad dhan u horseedi karto, si kastoo ummaddaasi dadaal isugu daydo.

Gar-wadeenkii siyaassadda ee ku daba tukanayey Maxamed Siyaadkii xilligaas (wixii ka dambeeyey bartamihii toddobaatannada), waxay noqdeen barayaal ummadda ku barbaariya burburinta ummadnimadeeda. Taliskaasi wuxuu noqday dugsi soo saara fac dhan oo ah siyaasiyiin ku tartama dugaagnimada iyo dal-burburinta. Waxaa dadkii la aaminsiiyey in loo kala raganimo badan yahay sida loogu kala dheereeyo boobka, beenta, boolida iyo burburinta wixii hortaada soo mara. Waa dugsiga ay ka qalin-jabiyeen gar-wadeenka siyaasadda Soomaalida maanta hor-boodaya, meel ay joogaanba. Waxaas oo jab dhacay, qabqablayaasha maanta waxay weli siyaasadda u fahamsan yihiin in ay tahay been, booli, kursi-boob iyo beelo la isku diro, si tii aad ka dhalatay kuugu noqoto gaashaan aad kula hoos gabbato gabood-falkaaga iyo gurashada lacag xaaraan ah. Dhaqan-siyaasadeedkaas soo-galeenka ah wuxuu siyaasiyiinta Soomaalida si indhala' u aamminsiiyey saddexdii aafo ee saldhigga u ahaa xumihii siyaasadeed ee xukunkii keli-taliska: waa **qori, qabiil** iyo **kursi-marooqsi** aan lahayn indho wax arka iyo dhego wax maqla.

Jeermigii saddexdaas cudur ayay indha la'aan cabbeen Itoobiyana ula carraabeen gar-wadeenkii mucaaradkii hubaysnaa ee u tafa-xaytey in ay talada kala wareegaan taliskii Maxamed Siyaad. Dabinkii duqu la rabey ayay dalaq yiraahdeen. Gar-wadeenka mucaaradkii noocan ahaa, ee ay jid-bixiyeenka u ahayd SSDF ka dibna ka dab-qaateen ama ka daba dhasheen SNM, USC iyo SPM kama waantoobin cawaaqib xumada laga dhaxli karo isticmaalka isla saddexdii aaladood ee uu macallinka ku ahaa keli-taliyihii ay ka soo horjeesteen, saddexdaas oo ah kuwa kor ku xusan.

iii. Gar-wadeen-xumadii galaafatay mucaaradkii aan hubaysnayn

Inta aynaan sii faahfaahin hoggaanka jabhadihii caloosha ka buuxsadey casharkii sumaysnaa ee siyaasadda xukun-askareedka, aan ka hor marino xusidda xoogag mucaarad ahaa oo taariikh ahaan ka horreeyey, tijaabo ahaanna ka duwanaa, kuwaas oo la moodo in uu dadku moogyahay ama aan danayn weyn la siin marka laga taariikhaynayo marxaladdaas iyada ah. Waxay ahaayeen mucaarad aan qori qaadan qabiilna ku tiirsan haseyeeshee aan karti u yeelan in ay kaalin muuqata ciyaaraan, hoggaan-xumo awgeed. Mucaaradka noocan ah wuxuu ka koobnaa ururro qarsoodi ah oo dabayaaqadii toddobaatanada abaabul aydyolojiyadeed isku urursaday iyo odayaal 1990kii Magaalada Xamar ka holliyey dhaqdhaqaaq siyaasadeed, markii dambena ku caan-baxay 'Kooxda Maanafest'. An ku hor-marro qolada hore.

Markii ay bilaabaneysey in la dhibsado lagana hor-yimaado siyaasaddii xukunka Maxamed Siyaad, ka dib dagaalkii la eeday ee lala galay Itoobiya, waxay ku bilaabatay dhaqdhaqaaqyo qarsoodi ah oo ay samaysteen kooxo bilowgii isku urursaday xag aydyolojiyadeed, midig iyo bidix u kala jeedda. Waxaa hoos-hoos u samaysmay ururro Islaami ah iyo kuwo bidix ah oo iyagu bilowgii gudaha ka abuurmay markii dambena dibadda u baxay, jabhadihii qabiilka ku dhex lumay iskana bakhtiyey. Labadan dhaqdhaqaaq, in kastoo ay kala higsanayeen laba adyolojiyadood oo midig iyo bidix u kala fog, haddana Waxaa jirey saddex qodob oo ay iska shabbeheen, ugana duwanaayeen mucaaradkii hubka qaatay, iyo laba qodob oo ay kala mid ahaayeen jabhadaha hubaysan. Saddexda ay uga duwanaayeen waxay kala yihiin: (i) qori ma qaadan; (ii) qabiil kuma tiirsan; (iii) qubane ma ahayn aan aragti midaysaa jirin. Labada ay jabhadaha ka shabbeheen: (i) gar-wadeen xumo; (ii) la'aanta hiraal qaran (*national vision*) oo ku qeexan barnaamij qoran oo ummadda loo bandhigay laguna soo jiitey.

Qodobbadaas oo dhan midka aan halka kala baxayno ama sida gaarka ah hoosta uga xarriiqayno waa kan ah **gar-wadeen xumo.** Sababta aan ugala bxaynaana way caddahay: waa qodobka saldhigga u ah doodda buuggani soo bandhigayo. Sidii aan soo tilmaamay, '*Dal Dad Waayey*' marka aan leeyahay dulucdu waxay u dhacaysaa 'dal hoggaan khayr qaba waayey". Xubintanina waxay muujinaysaa sida 'hoggaan-waagaasi uga muuqdo dhinac kasta oo aad ka eegto dhinacyadii lugta la soo galay ama weli kula jira arrimaha siyaasadda Soomaalida.

Labadan dhaqdhaqaaq ee aan hadda ka hadlayno midkoodna lama eedayn karin xubnihiisa caadiga ah. Ururradii bidixda (oo iyagu aan si muuqataba u soo bixin) iyo kuwa Islaamiyiinta ee ka muuqaalka dheeraa labadaba waxaa ku soo yaacay dhallinyaro aad u niyad san, ku jahawareertay niyad-jabka guud, una baahatay meel ay ku hirato. Ka dibna qolana waxaa jiidatey caaddifad diineed qolada kalena waxay hiyi-raacday halku-dhegyadii lagu hawaawinayey hantiwadaagga iyo caddaalad-u-dirirka. Labada qolaba waxaa niyadsamidoodaas ka faa'idaystey, dadaalkoodiina marinhabaabiyey hoggaamiyeyaashii hor booday, sidii ay dadaalkii dhallinyarada jabhadaha u marin habaabiyeen haadaanna uga tureen hoggaamiyeyaashoodii u xuubsiibtey dagaal-oogayaal dantooda ka dhex arkay inay wax dumiyaan. Hoggaankii ururradaas, oo ahaa kuwii ugu horreeyey gar-wadeen siyaasadeed oo mucaarad ah (ka dib tirtiriddii axsaabta 1969kii) waxay aakhirkii isugu biyashubteen wax aan dhaamin gar-wadeenkii siyaasadda rasmiga, iyo kuwii dambee jabhadaha, maxaa yeelay saddexda qolo (marka laga reebo Islaamiyiinta) hal meel ayay ka soo wada jeedeen. Hoggaamiyeyaasha jabhadaha hubaysan iyo kooxaha bidixda wax kale ma ahayne waxay ahaayeen rag ka mid ahaa madaxdii taliska Maxamed Siyaad oo kii jago laga qaado ama in la xiro ka baqa ama jagada uu hayo mid ka weyn u hanqal taagaaba uu u tafa xaydanayey sidii uu ku noqon lahaa hoggaamiye mucaarad, asagoon wax cusub la imanayn ee ku shaqaynaya isla aragtidii iyo hab-dhaqankii siyaasadeed ee taliskii uu ku dhex barbaaray.

Labada dhaqdhaqaaq ee aan uga hadlayno xubintan waxaa sii dhaliil badnaa hor dhintayna ururradii yaryaraa ee isku magacaabay axsaabta bidixda ah (Shuuci, Shaqiila, Daliica, iwm), kuwaas oo sannado aan badnayn ka dib iska bas beelay halka dhaqdhaqaaqyadii Islaamiga ururro ka soo jeedaa ilaa maanta noolyihiin. Labada qolaba taariikhdu waxay muujisay garwadeenkoodu, si kastoo ay aydyolojiyad u sheegtaan, waxa ugu weyn ee maskaxdooda hoggaamiyaa in ay ahayd qabyaalad hoosta ka nool iyo dan shakhsi ah oo wax kasta laga sarraysiiyo. Waxaa weheliyey jahli, karti-darro iyo lacag-doon ay xoogga saaraan la-xirashada dowlado ajnabi ah (Ruush ama USSR, Sacuudi Caraabiya iwm) iyo ururro dibadeed, halkii ay ahayd in ay xoogga saaraan ku-xirmidda shacbigooda iyo raadinta taageeradiisa. Waa sababta ay iskood ugu dabar go'een ururradii bidixdu, ka dib markay xubnohoodii arkeen madaxda hor-boodaysaa in ay yihiin laba-wajiileyaal afka wax ka sheeganaya uurkana wax kale ka ah.

Isla cudurkaas ayaa ah midka ay meel fog la gaari kari waayeen, qaarkood u dhinteen, qaar kalena u il daran yihiin ururrada Islaamiga ah ee siyaasadaysan, ama siyaasadda ku jahaysan. Kii ugu weynaa ama waqti aan fogayn ugu xoogga badnaa, oo ah 'Al-Itixaad', waa kan imminka la il daran qaladaadkii waaweynaa ee ay galiyeen gar-wadeenkiisu. Cudurrada curyaamiyey ururradaas waqtiyada qaar aadka u cadcaddaa waxaa la oran karaa waxaa ugu weyn daacuunkii qoriga iyo qabiilka oo qandhadiisii mar dhexe soo ridatey halkii ay ka fayoobaayeen beryihii bilowga. Halaaggoodu wuxuu bilowday markay hubka qaadeen, dhexdoodana qabiil-qabiil isu wada qaniineen.

Dhaqdhaqaaqyada Islaamiga ah cawaaqib-xumada noocaas ah waxaa ka badbaadi doona uun ururkii ku cibra-qaata casharradaas la soo maray, ka leexda jidkaas lagu jabay, ka waantooba xagjirnimo iyo mintid indhala' oo garma-qaatenio ah, ka fogaada *qori, qabiil* iyo *kursi-u-qooq*; ku jeesta in ay ummadda u qabtaan wax la

81

taaban karo oo lagu taageero laguna difaaco, muujiya
xurmayn dadka ka aragtida duwan ama dulqaad
dimoqraaddinimo. Waad mooddaa dhab ahaan in ay
muuqdaan qolo taariikhda waaya-aragnimo ku filan ka
heshay kuna dadaalaysa in ay beegsadaan bar-
tilmaameedyadaas kor ku xusan. Waaya-aragnimada
dheeraadka ah ka sokow waxaa caawinaya saldhigga
aqooneed ee aqlabiyaddooda, taas oo ay ka muuqato
aragi-dheeri iyo deggenaan.

Isla aafadaas gar-wadeen-xumada ayaa ah tii
dhicisaysay dhaqdhaqaaqii loo yiqiin 'Maanafesto' ee
mar dhegaha loo wada taagey sannadkii 1990kii.
'Manafesto', oo magaca ka keentay baaq ay wada
saxiixeen rag u badnaa siyaasiyiin ruug-caddaa ah oo
qabaai'l kala duwan ka soo kala jeedey, waxay ku
dhisnayd fikradda ah in dalka laga sameeyo isbeddel
siyaasadeed oo aan dhiig ku daadan, isbeddel looga hor-
tago dagaal sokeeye iyo dalka oo burbura. Hindisaha
odayaashaas wuxuu ahaa in keli-taliye Maxaamed
Siyaad iyo kooxaha mucaaradka hubaysan labadaba lagu
qanciyo in la isugu yimaado miiska wada-hadalka lagana
wada xaajoodo sidii xukunka dalka loogu wareejin lahaa
xukuumad badbaadin karta. Nasiibdarro labada dhinac
midna ma lahayn dul-qaad siyaasadeed iyo dareen
waddaniyadeed oo uu ku oggolaado hindise noocaas ah.
Siyaad Bare waxaa ka xoog badnaa dhaqan-
siyaasadeedkiisii keli-talyenimo; talo uu ka qaato daaye
xabsi ayuu u taxaabay intii uu is yiri waa hormuudka
kooxda. Gar-wadeenka jabhadaha hubaysanna iyana
waxay la dawakhsanaayeen saddexdii cudur ee ay Siyaad
kaga daydeen: qori-caabud, qabiil-abaabul iyo kursi-u-

qooq. Waxaa u laacayey kursi ay xoog ku marooqsadaan cid la wadaagtaana jirin. Waxay reer Manafesto u arkeen qolo kaga dheeraynaysa ama ka carqaladaynaysa kursigii xukunka ee ay dhawaan ku dangiigsan lahaayeen.

Reer Maanafesto waxay holliyeen fikrad loo baahnaa ama qarannimada lagu badbaadin kari lahaa. Laakiin waxay noqotay fikrad dhicisowday, saddex sababood awgood: macangagnimada askartii qoriga isu haysatey, talis iyo mucaaradba; abaabul-xumo iyo gar-wadeen la'aan haysatey reer Maanafest; iyo waqtiga oo ku beegnaa goor xeero iyo fandhaal kala dhaceen oo dagaalkii sokeeye durba ku bilowday Xamar iyo Hargeysaba.

Waxaan qabaa dagaalkii sokeeye ee dalka burburiyey in laga hor-tagi lahaa, dowladnimadana la badbaadin lahaa haddii waqtigaas (siddeetannadii) la heli lahaa hormuud siyaasadeed oo u bisil sidii hormuudkii Leegada. Haddii ay mucaaradka rayidka ah ee Maanafesto ugu dambeysey karti u yeelan lahaayeen in ay ummadda ugu baaqaan in ay ku midowdo xisbi ama jabhad siyaasi ah, waddani ah, jabhad qabiil ahayn ee lagu dhan yahay, qori isticmaalayn, dalka dibadda uga bixin, dadkana soo hor-dhiga barnaamij cad oo ku wajahan badbaadinta qaranka. Ummaddu arrinta noocaas ah aad ayay diyaar ugu ahayd, adduunkuna waa taageeri lahaa, Maxamed Siyaadna wuu ku khasbanaan lahaa in uu ama talada wareejiyo ama tubta loo badan yahay u hoggaansamo. Waxa keliya ee la waayey waa hormuudkii keeni lahaa hindisaha noocaas ah, yeelanna lahaa karti lagu hoggaamiyo.

iv. Gar-wadeenka Kooxaha Hubaysan: Dagaal-oogayaasha

Qolada loo yaqaan kooxaha hubaysan ama "jabhadaha" iyo dagaal-oogayaasha hoggaamiya, halkan kuma dheeraanayo faahfaahin badan oo ku saabsan. Faahfaahinta dhinacyada kala duwan ee kaalinta qabqablayaashaasi ku leeyihiin dhibaatada dalkaan taal waa arrin u baahan diraasado u gaar ah. Dhanka kalena qodobka khuseeya moduuca aan ka hadlayno ee ah gar-wadeen xumada Soomaalida godka ku riddey, qof kasta way u caddahay, wax badanna waa laga hadlay dagaal-oogayaasha weli ka muuqda safka hore ee siyaasadda Soomaalida sida ay u yihiin mixnadda ugu weyn ee sababta u ah in ay Soomaalidu ka bixi kari weydo musiibada ku habsatey. Waxaa nasiibdarro ah muddo labaatan sano ku sii dhow in ay weli raggaas oo qura yihiin cidda keli ahaan ka muuqata fagaaraha siyaasadeed. Halkii ay ahayd in ay soo baxaan fac cusub oo dhiig cusub iyo aragti cusub leh waxaa sii tarmaya uun facii dagaal-oogayaasha ka soo jeeda dugsigii keli-taliska askarta. Waxa keliyee ku soo biiray waa kuwa lagu tilmaami karo nuqullo iyaga ka sii farcamay, ama dagaal-oogayaal yaryar oo kuwa waaweyn si joogta ah uga sii farcamaya, kuna qabsanaya qoriga iyo quudka uu ku haysto qoobadda yar. Waxay noqotay hab-dhaqan cusub oo la isaga daydo in uu kii kursi caashaqa ama ku ay isku reer yihiin ma masayraaba qoryo urursado, calan qabiil geed surto, wiilal ay isku qolo yihiinna qoryo u dhiibto. Qoonkaas iyaga ah dhab ahaan laguma tilmaami karo 'gar-wadeen siyaasadeed'; waxaa lagu tilmaami karaa gar-wadeenka xabbadda iyo xumaha siyaasadda ee xad walba dhaafay.

Qoladaas loogu yeero 'hoggaamiye-kooxeedyada' waxaa fagaaraha ku weheliya (waqtiga buuggani daabacaadda galayo) laba qolo oo kale, kuwaas oo kala ah gar-wadeenka dowladdii KMG ee lagu soo dhisay Carta, 2000 iyo gar-wadeenka gobollada gaarka isu taagey, Somaliland iyo Puntland. DKMG iyo gar-wadeenkeeda waxaan ku faahfaahin doonnaa Cutub u gaar ah, Cutubka afraad, waxaanse halkan hoose tilmaan kooban uga bixin doonnaa labada qolo oo kale. Iyaga qudhooda halka aan ka abbaaraynaa ma aha gorfayn guud oo lagu sameeyo gobolladaas iyo maamulladooda, taas oo ah arrin aan halkan looga bogan karin, balse waxa aan tilmaanta kooban ka bixinaynaa waa sida ay dhibaatada *gar-wadeenku* uga jirto dhinac kasta oo ka mid ah dhinacyada kala duwan ee siyaasadda Soomaalida iyo goob kasta oo ka mid ah goobaha dalku u kala qoqoban yahay.

v. Gar-wadeenka gobollada gaarka u taagan

Gar-wadeenka labadan maamul waxaa jira qodob ay uga duwan yihiin kuwa aan soo falanqaynay iyo mid ay kala mid yihiin. Qodobka ay uga duwan yihiin kuwa kale (marka laga reebo DKMG) waxaa weeye hoggaamiyenimadooda waxaa lagu ansixiyey doorashooyin ay ka qayb galeen in badan oo ka mid ah dadka gobollada ay u yihiin hoggaamiyeyaasha. Doorashooyinkaasi dulduleello kasta ha lagu dhaliilee

85

heerka Soomaalida waxay ahayd tallaabo horumar ah in ay siyaasiyiintu oggolaadaan in uu dadku shirweyne isugu yimaado oo wax doorto, ama in dadka cod-bixin loo sameeyo. Heerka aan maanta joogno lama fili karo in ay wax waliba u dhacaan si ay ku jirto caddaalad buuxda iyo faragalin la'aan. Marka taa lagu xisaabtamo wixii dhacay waxay ahaayeen wax aad uga sarreeya heerkii xukun-marooqsiga bareerka ah. Qodobka ay la wadaagaan kuwa kale waa cudurkii aan soo tilmaannay ee hoggaamin xumada iyo is-hortaagga xorriyadda fekerka iyo waxqabadka madaxa bannaan.

Ambaqaadkii tala-wadaagga ee loo maray dhismaha golayaal iyo haya'do hoggaamineed horumarkii lagu gaari lahaa waxaa turunturro ku noqday madaxdii kala duwaneyd ee loo dhiibay xilalka ugu sarreeya, kuwaas oo noqday kuwo fekerkooda iyo hab-dhaqankooda siyaasadeed yahay mid ay ku dhan yihiin astaamihii hoggaamin-xumada iyo cabburinta ee aan ku soo tilmaannay gar-wadeenka dhinacyada kale. Taasi ma aha wax lala yaabo marka lagu xisaabtamo xaqiiqda ah in ay waxa oo dhammi yihiin rag hal fac ka wada tirsan hal dugsina ku wada abtirsada, dugsigaasina waa kii xukun-askareedkii Maxamed Siyaad iyo jabhadihii hubaysnaa ee burburka soo dadajiyey. Sababtaa awgeed kii hoggaamiye laga dhigtaaba awooddiisa oo dhan wuxuu isugu geeyey, hantidii ummaddana u adeegsadey sidii uu isagu kursiga isugu adkayn lahaa. Wax dadaal ah ma galiyaan waajibkii xilka loogu dhiibay ee ahaa horumarinta dalka iyo wax-ka-qabadka dhibaatooyinka haysta ummadda xilka ku aammintay.

Dhaqan-siyaasadeedkaa ku dhisan kursi-ilaashiga xad-gudubka ah dhibaatooyinkiisa waxaa ka mid ah cabburinta fekerka bulshada, sida xorriyadda saxaafadda. Cabburinta xorriyadda ra'yiga waddanka way ka wada jirtaa waxayse uga jirtaa qaabab kala duwan. Meel qofka naftiisa oo dhammiba daqiiqad kasta ku sugan tahay halis iyo baqdin iyada lagaba hadli mayo. Laakiin meelaha xagga nabadgelyada iska ladan ayaa laga filayey inay bilaabaan in dadka la dareensiiyo neecaw xornimo oo ay uga raystaan cadaadiskii iyo cabsidii ra'yiga xorta ah lala cabsan jirey waagii kelitaliska. Taasi ilaa imminka ma dhicin. Sida lala wada socdo Somaliland iyo Puntland labadaba saxaafadda iyo ra'yiga madaxa bannaan maamulladu weli way u diiddan yihiin neecawdaas xornimo, si kastoo loogu qoro xeerarka dhigan.

Suxufiyiinta kuma koobna dadka fekerkooda loo xiraa balse waxaa lagu tuntaa xurmadii ay mudnaayeen hoggaamiye-dhaqameeddada iyo biri-ma-geydada kale, kuwaas oo aan laga xishoon in markii la doono xabsiga loo taxaabo, iyadoo lagu ciqaabayo sidee dadka ugu gudbin kartaa fikrado aannaan raalli ka ahayn, maamul ahaan. Waa astaamaha sida cad u muujinaya sida dhaqan-siyaasadeedka masuuliintaasi u yahay isla kii keli-taliskii askarta xilligii Maxamed Siyaad. Waa isla siyaasaddii dalka burburisay ee ahayd "ama aniga ii sacbi ama khasab ayaan kugu aamusin!"

Marka dhinac la iska dhigo dhibaatada gar-wadeenka, halkan waxaa in la xuso mudan tallaabo ay Somaliland kaga horrayso inta kale oo dhan, oo ay ku jirto Puntland. Waa tallaabada ay u qaadeen xagga dhismayaasha siyaasadeed ee ka sara maray heerkii qabiil qabiilka qaawan ee laga dhigtay waddada qura ee loo maro awood-qaybsiga ama awood-u-tartanka siyaasadeed. Somaliland heerkaas way ka kortay, waxayna u gudubtay heer la isu habeeyo axsaab siyaasadeed oo xukunka ugu baratanta tartan ilbaxnimo ka muuqato, sida dunida kale. Dhab ahaan waa heer qoqob-siyaasadeeddada kale ee Soomaalida dhammaantood aad uga horreeya, in ay ku daydaanna mudan heerka Somaliland ee gaarey doorashooyin dadweyne oo axsaabi ku loollamayso iyo madaxweyne ka soo baxa doorashooyin noocaas ah. Waxaa kaloo bogaadin leh aqbalaadda axsaabtii laga guulaystey ay aqbashay natiijadii doorashooyinkii 2003. In kastoo uu markii hore xisbiga Kulmiye dhaliilay habkii doorashada loo maamulay, diidayna in laga guulaystey, haddana markay dib isugu noqdeen waxay u tanaasuleen danta guud iyo deggenaanta dalka awgeed. Taasi waa tallaabo kale oo muujinaysa bisayl iyo horumar aan weli lagu hayn meelaha kale ee weli ku dheggan dhaqan-siyaasadeedkii gar-ma-qaatenimada. Tayada gar-wadeeku siday doonto ha noqotee tijaabada guud ee hab-dhaqanka siyaasadeed ee Somaliland ka bilowday waa mid ay dhab ahaan ka muuqato saxansaxo is beddel ku iman kara maskaxda siyaasadeed ee Soomaalida maanta, waana waajib in loo hambalyeeyo, lana dhiirrigaliyo ciddii tallaabo hore u qaadda, halkii lagu jiri lahaa uun xintankii riqiiska ahaa ee halkaa na dhigay.

Tan kale ee reer Somaliland ku mudan yihiin hambalyada iyo bogaadinta waa nabadgelyada ay

88

xasiliyeed iyo soo celinta adeegyadii nolosha caadiga ah ee ku burburtay dagaalladii sokeeye. In kastoo ay weli sidii u taagan yihiin dhibaatooyinkii saboolnimada iyo hormumarin la'aanta, adeegyada aan xusayna laga cawdo in ay ku koobanyihiin caasimadda iyo meelo aan badnayn.

Dhanka kale, dhinacyadaa aan bogaadiyey micneheedu ma aha inaan bogaadinayo inta u ololaynaysa sharaysiga Soomaalida inteeda kale iyo kala googoynta waddanka, waqti uu dhibaatadii ugu xumayd ku jiro. Ma bogaadin karno inta u guntan in dagaal afeed iyo mid diblomaasiyadeed lagu curyaamiyo dadaalka la isku dayayo nabadaynta gobollada koofure iyo dib-u-baadigoobka dowladnimo Soomaaliyeed. Qolyaha dagaalkaas ku jira waxay iska dhaadhiciyeen, dadkana ka dhaadhiciyaan in uu aqoonsiga Soomaaliland ku xiran yahay fashalka lagu fashilo xallinta dhibaatada Soomaalida inteeda kale, taasina waa ayaan-darro iyo aragti-gaabni. Dhibaatada Soomaaliya sii jiitankeedu, Somaliland iska daaye waxay waxyeelladeedu gaaraysaa dalalka Afrikada Bari ee aan dariska nahay. Horumarkii Soomaaliya ka hir galaana dhanka kale dan ayuu u yahay dalalka dariska, sida horumarkoodu Soomaalida dan ugu yahay. Soomaalina meel ay joogtaba nolosheedu way isku wada xiran tahay dhib iyo dheefba, meel ay kala tagaysaana ma jirto, hadday hal calan ku midowdo iyo hadday toban dowladood kala hoos joogtaba. "Haddad hawd halo ku raacdo, haddaad hirir-waale joogto, anuun baa hooyadaa ah!"

Arrinta Somaliland aragtida aan ka qabo waa mid ka wada duwan sida ay u hadlaan dhammaan inta ka hadasha ee codkooda la maqlo: kuwa goosashada u ololeeya, koofur oo dhanna u sawira in ay tahay waraabe ay iska yuraynayaan, iyo kuwa la yooyootama ama gaashaanka u daruura ee isku daya inay si indhala' sanka uga galiyaan wax la yiraahdo "muqaddas" ama midnimo lama-taabtaan ah. Labada qolaba waxaa hoggaaminaysa caaddifad ama laab-la-kac aan loo meel dayin, miisaanna la saarin. Marka hore waxaan qabaa in ay tahay wax laga garaabo dhibaatadii loo geystey dadka ku dhaqan Somaliland. Waa wax laga giliilyoodo xaqdarradii lagu sameeyey iyo xanuunkii la taabsiiyey ee gaarsiiyey heerkaas ay la baydadeen. Waa gabood-falkii iyo xad-gudubkii uu u geystey xukunkii Siyaad Barre. Marka la isku daro xanuunkaas, burburkii iyo jahawareekii Soomaali oo dhan ku dhacay iyo xammaasaddii ay labadaa arrimood kaga faai'deysteen dad awelba midnimo-diid ahaa oo la soo booday olole goosasho, intaa marka la isku daro wax lala yaabo iyo wax la sharaysto midna ma aha in uu dadka gobolladaa ku dhaqan ka dhex hana qaaday halku-dhegga ah "koofur dambe ha igu soo hadal qaadin!".

Sax ma aha in dhibaato loo arko wixii dadaal gaar ahaaneed ah oo ay dadka gobolladaasi ugu hawl galeen in ay noloshooda dib u dhistaan, nabadgelyadooda xasiliyaan arrimohooda gaarka ahna u samaystaan ismaamul lagaga baxo fowdadii jirtey. Ismaamulkaasi in uu noqdo "waddan" gaar u taagan oo aan shuqul ku lahayn Soomaali inteeda kale iyo in uu noqdo mid ka qayb gala oo waliba qaybta hormuudnimo ka qaata sidii dib loogu dhisi lahaa qaran Soomaaliyeed oo ku dhisan caddaalad kana fog xad-gudubyadii kala cararka keenay, waa arrin dood u furan una taal dadka iyo geeddi-socodka taariikhda. Labadaa kala doorasho midka dhab ahaan iyo isteraatiiji ahaan *dan* u ah *dadka* reer Somaliland waxaa laga kala qabaa aragtiyo iska horjeeda, waxayna mar walba ku xiran tahay aayaha uu ku dambeeyo dalka intiisa kale, taas oo waqtiga xaadirka ah mugdi weyni ku gaafan yahay. Koofur iyo Woqooyi uun arrintu maba taagnee waddankii oo idil ayaa qurub qurub u kala googo'an, sida ka muuqata khariidadda ku sawiran buugga galkiisa.

Labada kala doorasho (midnimo iyo kala go'), waa arrin u taal dadka iyo taariikhda. Waa dood aanu waqtigaan buuggan koobani murankeeda ku xiiqayn. Dhab ahaan waa arrin ay jiraan arrimo ka sokeeya oo ka degdegsan ama ay tahay in horta la maareeyo inta aan loo gudbin taa iyada ah. Arrintu maanta ma taagna halka la is-moodsiinayo. Waxay taagan tahay geeri iyo nolol – waxay taagan tahay magicii "Soomaali" la oran jirey ma jiri doonaa mise wuu tirmi doonaa. Waxaa nuuqda waxyaalo qofkii garaad ku filan lihi ka dhex arki karo in uu magacuba gabi ahaan tirmi doono, hadday sidaa ku sii socdaan waxa maanta taagan. Arrinta ugu degdegsan uguna mudan danaynta waa in horta la badbaadiyo dad iyo dal wixii weli harsan. Wixii wadajir loo badbaadin karo iyo wixii kala jir loo badbaadin karo bal horta cid waliba ha badbaadiso inta uu ka saaran yahay xilka tooska ah. Ka dib ayaa wixii soo dooga ay tahay in ay si miyir iyo kala garqaadaasho leh uga wada xaajoodaan maxaa inoo dan ah.

Inta ka horraysa, ee ah xilligaa qallafsan ee lagu jiro kala baxnaaninta geerida iyo nolosha, waxaa habboon in aan waxba la is xag xagan, la isna majaxaabin ee lagu shaqeeyo xigmaddii ahayd "waa la doogine yaan la dacaroon!". Taa micneheedu waxaa weeye laba arrimood oo labada dhinac midba midi ku habboon tahay. Qolada leh "lama kala go'i karo" waxaa ku habboon in ay wixii ay tabar hayaan ku jeediyaan sidii ay bal horta iyagu u badbaadin lahaayeen inta khusaysa, ama ka tala qaadata. Tan labaad inay ka waantoobaan sii fogaynta maan-gaabnimada ah ama hadallada middi middi-ku-taagga ah ee ay ku sii fogaanayaan qolada ay leeyihiin dalka ha kala goynina. Ma jirto cid la kkasbi karo haddaan la is qancin, la isuna garaabin; mana jiraan wax wanaagsan oo lagu gaari karo khasab iyo yooyootan. Wixii khayr ku jirana Ilaah uun baa og. Ma jiraan wax middi lagu goyn karo ama la oran karo sidaan anigu u arko uun baa ah tii saxa ahayd. Haddaan Soomaali nahay waxa nugu dhacay waxay na barayaan inaan wax walba dib u miisaanno. Waxaa jira dad ku dooda lagaba yaabe inay faa'ido ku jirto dhawr dowladood oo walaala ah, oo haddii midi burburto ama shaqayn kari weydo ay jirto mid kale oo loo baxsado; ama haddii mid dadka lagu cabburiyo ama lagu cadaadiyo tan kale loo cararo! Haseyeeshee taariikhda dunidu waxay na baraysaa wax wadajir lagu gaari kari waayey inaan lagu gaarin tafaraaruq iyo teelteel. Sidaa awgeed ma dhiirri galinayo tafaraaruq, waxaanse qabaa in la soo gaarey waqti loo baahan yahay in lagu shaqeeyo maskax furan iyo miyir garaaba. Miftaaxa xalku waa garnaqsi deggen iyo maskax garowda, maskax u furan fikradaha dhinaca kale, maskax ixtiraamta ra'yiga dadka qaba feker kaaga khilaafsan. Horaa loo yiri 'marba sidii loo jabo ayaa loo dhutiyaa'.

Dhanka kale haddaan u leexano, dadka u guntan goi'taanka Somaliland, iyagana markooda ayaan leeyahay "waa la doogine yaan la dacaroon!". Cid kastaa xor ayay u tahay fekerkeeda iyo majaraha siyaasadeed ee la habboonaada. Midnimo iyo kala go' midna in lagu sharaysto ma aha cidda aamminsan, horaan u iri sida roon Allaa og. waxaase habboon inaan lagu taraarixin caaddifadaha abuuraya utun aan la mahdin doonin cawaaqibkeeda dambe, marka berri la miyirsado. Ololaha gooni-isu-tagga Somaliland dadka ku hawllan waxaa habboonaan lahayd inay u maraan waddo ka hufan saddexda hab-dhaqan ee hadda socda, kuwaas oo kala ah: (1) sinji-cayga Soomaalida koofure, kuwaas oo carruurta iyo cid kastaba loogu sawiro inay yihiin dad dun xun ka samaysan kana hooseeya reer woqooyiga;

(2) sharaysiga iyo majaxaabinta dibuheshiisiinta Soomaalida kale iyo maamulkii ka soo baxa; iyo, waa tan ugu darane (3) beerista nacayb loo qaado Soomaalida kale "koonfurta", nacayb-beeristaas oo gaadhey heer la gubay calankii astaanta u ahaa ummadnimada Soomaalida, ciddii u horreysey ee dhalisayna ahayd reer Somaliland. Markaan leeyahay 'waxaa ugu daran' tan dambe, waxaan ka werwersanahay cawaaqib-xumada laga dhaxli karo cudurka saykolojiga ah ee ku beermi kara carruurta lagu ababinayo "nacayb" berri cuqdad ku noqon doona. Waxaa ka sii daran marka cidda nacaybkaas loogu beerayaa noqoto sinjigii ay ku abtirsanayeen (Soomaali) iyo sokeeyihii dad ugu dhawaa.

93

Ummadaha hore u maray, colaadahana ku ilbaxay kana ilbaxay waxay xoogga saaraan in carruurta laga ilaaliyo colaad-aamminka, laguna barbaariyo jacayl, takoor-diid, xurmayn dadyowga kale, ceebayn ciddii sinji kale wax ka sheegta iwm. Taa cidda koowaad ee loogu danaynayaa ma aha cidda la xaq dhawrayo ee waa carruurta la barayo xaq-dhawrka iyo is-jacaylka, taas oo uu ku jiro koritaankooda caafimaadka qaba. Halka ummadaha kale sidaa ka yeelaan haddii aynu carruurteenna waagii beryaba farta ugu fiiqno taallooyin godobeed oo dhiig ka tifqayo, kuna guubaabino inay farta dhexda ka qaniinaan ee Soomaalida kale fallaar la gaadaan waxaan ka galaynaa dambi aad u culus, oo nala fool xumaan doona marka berri miyirku nugu soo noqdo. Waa run in dadkan loo geystey gumaad iyo gabood-fal badan, haseyeeshee waxaas iyo wax ka daran ayaa Soomaali ku wada dhacay, waana tan dalkiiba gabi ahaan galaafatay. Waxay ka mid tahay dambiyada ay galeen gar-wadeenkii guuldarrada ee aan meelo badan ku soo gorfaynay. Dadka kale maxay galabsadeen? Carruurta nolosha cusub u baahanse maxay galabsadeen oo loo galaafanayaa? Maxaan u qaadsiinaynaa cudurrada na curyaamiyey? Maxaan uga sumaynaynaa casharrada ay ka baranayaan dugsiyada yaryar ee dib loo yagleelay? Qaddiyadda Somaliland qudheeda dan ma u tahay in loo maro dariiqyadaas cawaaqib xumada leh?

Haddaan halkaa ku hakino gorfayntii gar-wadeenka siyaasadda Soomaalida iyo guuldarrooyinkii ay dalka dhaxalsiiyeen, an u gudubno labada qolo ee ku wehelisa saddexankii *gar-wadeenka lagu gablamay*.

b) Gar-wadeenka dhaqaalaha

Qolada aan ku magacawnay 'gar-wadeenka dhaqaalaha ama maal-qabeenka waaweyn iyo kuwa dhexe waxaa laga filayey, sida qayrkood yeelo, in ay dantooda ka dhex arkaan daafaca qarannimada iyo sharciga, si ay hantidoodu ugu nabad gasho beec-mushtarkuna ugu socdo. Markii uu bilaabanayey burburka dalku waxay ahayd in ay sii gartaan dagaalka iyo sharci-darrada waxa u horreeya ee ku burburi doonaa in ay yihiin hantida, ciddii hanti leh ayaana ku dhib qabta. Markay taa gartaan waxay ahayd in ay xakameeyaan gar-wadeenka siyaasadda ee ay gacan-saarka la lahaayeen. Waxay ahayd, iyagoo isticmaalaya awooddooda dhaqaale, in ay u caqli-celiyaan qoladii xukunka haysey iyo kuwii xabbadda kala hor-yimi labadaba, in ay u horseedaan sidii dhibaatada siyaasadeed loogu heli lahaa xal ku dhisan nabad iyo wada-hadal.

Bisaylkaas iyo garashadaas ma yeelan. Waxay batrool ku sii shubeen dabkii dagaalka sokeeye. Waxay ku kala biireen oo weliba hor-boodeen askarihii la isu soo hubaystay. Waxay dan moodeen in ay dadka qabiil qabiil isugu diraan hantidoodiina ku iibshaan hub la isku gumaado, iyagoo mid waliba is lahaa qabiilkaaga hoggaan siyaasadeed ka bislayso. Way garan waayeen hoggaanka dhaqaaluhu in uu ka muhiimsan yahay kana sharaf iyo nabadgelyo badan yahay kan siyaasadda.

Dhaxalkii wuxuu noqday khasaare aan laga soo waaqsan. Hantileydii haybadda lahaan jirey, ama tujaartii soo-jireenka ahayd ee la yiqiin waxaa xaaqay daadkii dagaalka sokeeye. Hantidoodii waxay raacday

95

burburkii iyo bililiqadii. Hantida yar ee maanta dalka taal inta haysata badi waa dagaal-ku-taajir dib-ka-naax ah oo ka arradan haybaddii hantileyda soo-jireenka ah, habrasho dareen qarannimana hadalkeed daa. Qoonka noocaas ah, ahna kuwa ka dhex-muuqda dhaqaalaha dhiiqaysan ee dhulkan burburay, lama siin karo sifada ah '*gar-wadeen*'. Sifada loogu magac-bixin karaa waa '*raq-ku-nool*'. Waxay ku xiiqsan yihiin sidii ay uga taajiri lahaayeen raqda qaranka burburay iyagoo sii dabargoynaya wixii weli harsan. Falalka ay ku sii dabargoynayaan waxaa ka mid ah gubidda dhirtii nolosha asaaska u ahayd, dhoofinta wixii ka haray ugaadha iyo xoolaha dhaddigga ah, qiima-tirka shilinkii nafta lagu ilaalinayey oo ay si joogta ah ugu qiima-tiraan soo dajin lacag been-abuur ah iwm. Dhibaatooyinka kale ee lacag-doonka damiir-la'aanta ah iyo sharci la'aanta waxaa ka mid ah dadkii oo lagu sumaynayo dawooyin dhacay iyo cunto markeedii horena liidatey waqtigii loogu tala galayna mar hore la soo dhaafay oo ay ahayd in la daadiyo.

Haddaba inta raq-ku-noosha ah ee ku taajirtey bililiqada iyo sharci-la'aanta waxay la tahay in ay dantoodu ku jirto dowladla'aanta iyo dal ay keligood hantiileyaal ka yihiin, cidday doonaanna iibsan karaan. Waa sababta qaarkood uga shaqaynayaan fidmada iyo ka-hortagga dowladnimo soo noqota, iyagoo adeegsanaya hantidii ay xaaraanta ku heleen.

Dabcan way jiraan dad iyana haysta wax hanti ah oo ay ku tabcadeen dadaal xalaal ah. Waxay u badan yihiin dad markii hore dibadaha u yaacay ka dibna intay fara-qabsi heleen shirkado iyo dhaqdhaqaaq ganacsi ku abuuray, dadaalkoodiina ku guulaystay.

Labadan dariiq kuu doonaba ha ku helee ninka maanta hanti haysta dantiisu waxay ku jirtaa in la helo dowladnimo iyo sharci. Waa sida keliya ee uu ku heli karo nabadgelyo ay ku badbaadaan isaga iyo hantidiisu iyo xornimo uu uga ganacsado halkii uu doono. Waa jaahilnimo ama maan-gaabnimo ganacsadaha u qaata in ay u faa'iido badan tahay cashuurla'aanta ay keentay sharcila'aantu ama dowladla'aantu. Intii uu ku bixin lahaa cashuur ammaankiisa lagu sugo adeegyo kalena loogu qabto in ka badan ayuu maanta ku bixiyaa kiraysiga ciidammo ilaaliya asaga iyo hantidiisa iyo hub ay ku ilaaliyaan. Intaa waxaa dheer asagoo dableydaas u af-duuban, goor kasta argagaxsan. kuma raaxaysan karo hantida uu haysto.

Intaa waxaa dheer, waxa laga tabci karaa way yaryihiin dal burbursan, dowladla'aan ah dunidana ka faquuqan. Marka dalkaagu ku sugan yahay xaaladda noocan ah wuu kaa xiran yahay dariiqii aad u mari lahayd saynsaabka ganacsiga dunida, cid kastaana kaa adag. Si fudud ayaa laguu dhici karaa ama waddoyinka lagaaga xiri karaa.

Sababahaas oo dhan awgood, ganacsatada Soomaaliyeed intii garasho ku filan leh talada ugu wanaagsan ee ay ku jirto dantooda gaarka ah iyo tan guud ee dalkuba waxay noqon lahayd in ay mashruuca ugu weyn ee ay maal-gashanayaan ka dhigtaan sidii dalka loogu soo celin lahaa dowladnimo iyo nidaam sugan. Wax kasta oo uga baxa mashruuca noocaan ah waa la hubaa in ay dib ka mahdin lahaayeen oo faa'iido badan ay ka macaashi lahaayeen, waase hadday ka sara mari karaan indha-ku-garaadlenimada ee yeelan karaan fiira-dheeri ay ku sii arkaan faa'iidada mustaqbalka.

c) Gar-wadeenka fekerka

Kooxaha gar-wadeenka qolada saddexaad ee aan ku magacaabayno 'gar-wadeenka fekerka' ama tacliinleyda kama dhaliil yara labada kooxood ee aan kor ku soo falanqaynay. Haddaan sii qeexo, qoladani waa dadka sita shahaadooyinka tacliinta sare. Caado ahaan dadku waxay ku magacaabaan "aqoonyahan" iyagoon u kala aaba yeelin kooda aqoonta dhabta ah leh iyo kan shahaadada iska sita nuxur ahaanse jaahilka ah.

Sidaa awgeed qoraalkan waan ka gaabsanayaa isticmaalka erayga 'aqoonyahan' oo ah eray aad loo fara xumeeyey, micnaha si xun loo isticmaalay, sida loo fara xumeeyey darajooyinka 'barfasoor', datoor - doctor', 'hoggaamiye-dhaqameed', 'shiikh' iwm. Darajooyinkaas oo dhan waxay qiima beeleen markii dhugdhugle kastaa yiri ha la iigu yeero looguna yeeray. Waa astaan muujinaysa heerka jahliga ama aqoon-burburka Soomaalida maanta.

'Aqoonyahan' waxaa lagu tilmaami karaa oo keliya ruuxa ficil ku muujiya in uu yahay indheer-garad maskaxdiisu cilmi iyo awoodba u leedahay in ay curiso fikrado ummadda u gudba aqoonna ku kordhiya. Waa qalad qof kastoo shahaado sita in uu isku magacaabo ama isu qaato "aqoonyahan". Dadka jaamacadaha soo maray marka duuduub ahaan looga hadlayo waxaan ku magacaabi karnaa 'shaahaado-xambaar.' Qaarkood shahaadooyinka way iska xambaarsan yhihiin madaxooduna ka maran yahay, sida wixii quraanku ku tilmaamay "sida dameer kutub waaweyn lagu raray", qaar aqoon lehna way ku jiraan. Ilaa la arko shahaadada qofku maskaxda ku sito tan uu gacanta ku sito lagama qiyaas qaadan karo. Wada-jirka labada nooc ee 'shahaada-xambaarka' an isaga magawno 'tacliinley'. Gorfayntaan qaybeheeda soo socda waxaan isticmaali doonnaa eraygan 'tacliinley' marka aan tilmaamayno dadka soo maray xarumaha tacliinta sare. Waa eray aan ku hawl-yaraysanayno si uu noogu fududaado isla-fahamka dooddu.

Soomaaliya way jirtaa tacliinley, haseyeeshee ma jirto cid lagu magacaabi karo 'gar-wadeenka fekerka' lehna jiritaan muuqda. Ma hayno maskax-maal indheer-garad ah oo hoggaamiya habka ay u fekerto bulsha-weynta Soomaaliyeed. Tacliinleyda ayaa ah kooxdii laga filayey in ay kaalintaas buuxiso, haseyeeshee way ka gaabisay. Koox ahaan iyo qof-qof ahaanba way yeelan kari weydey karti iyo bisayl ay ku noqoto gar-wadeen shicbi-weynaha wacyigiisa hoggaamiya, waddada toosan u tilmaama, khataraha uga diga, mustaqbalka sii saadiya, gar-wadeenka siyaasadda la dooda, qudhooda wacyi-galiya ama wax bara, marin-habowga uga diga. Dunida guud ahaan arrimahaan oo dhan waa kaalinta lagu yaqaan in ay ciyaaraan gar-wadeenka fekerka oo tacliinleydu hormuud u tahay. Annagu haddaan nahay tacliinleyda Soomaaliyeed waa nalaku hungoobay. Waxaan safka hore kaga jirnaa inta ummaddani ka gablantay. *Kaalintaas aan bannaynay ayaa u suurta-galisay qabqablayaasha siyaasadda iyo qabyaalad-*

wadeenka in ay ku keliyaystaan hoggaaminta habka bulshadu u fekerto; in ay ku guulaystaan beerista dhaqan-siyaasadeed sumaysan; in ay maan-dooriyaan wacyiga dadka, taasina keento in la marin-habaabo oo middiyaha la isu afaysto halkii laga shaqayn lahaa horumar looga qayb galo tartanka quruumaha dunida qarniga 21ad.

Dal dhibaato way ku timaaddaa; dagaal sokeeye wuu dhacaa; danayste iimaanla' iyo dumiye bulsho-diid ah dal kasta waa jiraan. Intaas midna layaab ma leh. Waxaa kaloon layaab lahayn in la qaldo dadka caadiga ah; in dadka la kala qaybiyo oo qolo qolo la isaga hor keeno waa caadi. Waxa aan caadiga ahayn ee aan dunida kale ka dhicin waa waddan dhan oo afartan sano dowlad ahaa in laga waayo waxgarad is-urursada oo isu taaga daryeelka danta ummadda, ha noqoto in ay is hortaagaan burburintii qarannimada sannadihii siddeetannada ama burburku markuu dhacay in ay u horseedaan sidii calanka dhulka looga qaadi lahaa ama dhiig-baxa ummadda loo joojin lahaa.

Arrintani in kastoo ay tahay waajib saaran waxgarad oo dhan haddana qolada sida gaarka ah loogu han weynaa laguna hungoobey waa tacliinleyda. Iyaga ayaa la is lahaa, iyagoo kaashanaya wixii ay barteen kana tilmaan qaadanaya asaaggooda ay ku soo arkeen dunida kale, waxay horseed u noqon doonaan cod wax badbaadiya. Nasiibdarro waxay noqotay afartii isu timaadda ama urur wada samaysataaba in ay dhexdooda is qabsadaan, is xagxagtaan ka dibna ku kala tagaan ama burburiyaan. Ma yarayn muddadii marba qaar isugu imanayeen magacyo kala duwan (bulshada rayidka ah,

100

xirfadleyaal, aqoonyahanno, xisbi iwm.) Waxaase
nasiibdarro noqotay wixii la isku dayaaba in ay u
burburaan khilaafaad ku salaysan dan shakhsi ah oo la
huwinayo magac qabiil. Waa wax laga yaxyaxo dad isku
sheegaya "mutacalliniin", isugu yimid in la badbaadiyo
dal burburay iyo magac ba'ay, in ay iskula dhacaan
bullaacad qabyaaladeed ka dibna ku wada bakhtiyaan.
Waa astaan kale oo ka marag furaysa in aan nahay
mujtamac maskaxda ka jirran.

Marka si kale loo dhigo, dalkani dhinacyada uu ka
gablamay kuwa ugu daran waxaa ka mid ah dhanka
koox-bulsheedda aan aniga qudhaydu ku abtirsado, waa
qoladan aan ku magacawnay 'tacliinleyda', waa
kuwayagii hantida iyo magaca ummadda wax ku bartay
ee la is lahaa waa loo baxsan doonaa. Horseed loo aayo
in ay noqdaan daaye habaabinta ummadda iyo halaagga
qabyaaladda inta hor boodaysa waxaa ka buuxa kuwo
shahaadooyin waaweyn jaamacado ka sita.

Waxaad arkaysaa nin jaakado weyn oo ku mintida
in uu magiciisa ku hor qorto "barfasoor hebel", "Dr ...",
"injineer..." dadkuna sidaa ugu yeero, laakiin marka aad
dhageysato heerka uu ka hadlayo ama u fiirsato sida uu u
dhaqmayo ma arkaysid haba yaraatee wax uu uga duwan
yahay suuq-joogta iyo jaad-walayaasha aan magacooda
qori aqoon. Keliya wuxuu uga duwan yahay in uu ka
naxli iyo khiyaano badan yahay dadkana ka qaldi
ogyahay. Wuxuu ka maran yahay xikmadda iyo
haybadda aqoonleyda lagu garto. Wuxuu ka arradan
yahay xishoodka ama xuma-ka maagga ay keento
aqoonta runta ah. Wuxuu ka xishoon waayaa in uu shaqo
ka dhigto af-miishaarnimo iyo in uu jilib-jilib iyo jibsin-

jibsin isaga hor keeno dad waalaala ah. Waa musiibada la tusay abwaankii yiri: "Cilmigana wax doorshaa candhuuftooda lagu daray" (Cabdiwali F. Qambi.)

Laakiin dhanka kale waxaa xusid mudan kuwaas aan soo tilmaannay in ay yihiin qayb ka mid ah tacliinleyda. Yaynaan illaawin in ay jiraan qaar kale (haba laga badnaadee) oo muujiya haybad iyo dhaqan aqoonyahanimo, qaar yayba wax weyn qabane aqoon leh aqoontooduna ku caawiso in ay ka xishoodaan waxa kuwa kale dheefta moodaan. Qoladaas xaq ma aha in lagula galgasho dheg-xumada ay soo jiideen kuwa dhiiqada u dhar-dhigtay dhaqankoodana jahligu ka muuqdo. Waxaase xaq ah in lagu canaanto kartila'aanta ay ka badin waayeen in ay meelahaas ka yuusaan, wax la taaban karana qaban kari waayaan.

Waxaa asna jira cudur ka mid ah cudurro-bulsheedka (social ills) halista ah ee Soomaalida ku dhex faafay horumarkana u diiday. Waa cudur sii xoojiyey muuqasha la'aanta kaalinta aqoonyahannada iyo waxgaradka dadaala. Cudurkaasi waa xintan iyo xasad lagu curyaamiyo qofkii isku daya dadaal dheeraad ah oo waxtar u leh danta guud. Halka ummadaha kale dhiirri-galin iyo taakulayn, siiyaan magacoodana soo saaraan dadkooda u horseeda fikradaha cusub iyo dadaalka dheeraadka ah, nasiib-darro Soomaalida waxaa caado u noqotay in lugta la jiido, sumcaddana laga dilo qofkii dadaala, iyadoo lagula dirirayo xintan qabiil ama xasad qofeed oo inta badan ku dhisan masayr ama hinnaase aan xilkas ahayn. Xintanka iyo hinnaasaha noocaas ah ayaa ka sara mara qaddarintii ay ahayd in la siiyo waxtarka iyo sharafta ummadu ka faa'idi karto dadkaas sameeyey dadaalka dheeraadka ah.

i. Hal-abuurkaa noo ceeb-asturay

Hore waxaan u iri Soomaaliya ma jiro gar-wadeen aqooneed oo qaabeeya hoggaamiyana habka bulshadu u fekerto. Markaan sidaa lahaa waxaan u jeedey qolada caado ahaan lagu yaqaan gudashada xilkan ama buuxinta kaalintan, qoladaas oo ah aqoonyahanka iyo fekeraaga tacliinta sare leh qalinkana adeegsada. Sidaan soo aragnay mujtamaca Soomaalida qoladaasi ilaa imminka kuma yeelan kaalin muuqata. Waxay ka mid yihiin qolyaha wax-qabad-la'aantooda ummaddu u naafowdey.

Haseyeeshee waxaa noo soo baxday qolo Alle noogu cawil celiyey, qolo si doqoni-ma-garata ah u dabooshay kaalintii ay ka baaqsatay qolada weli la la'yahay. Qolada la mahdiyey waa hal-abuurka dhaqanka iyo suugaanta. Haddaan hore u niri "tacliinleyda Soomaaliyeed asaaggood way ka hareen, ama qayrkood way ka gaabiyeen" waxaa la oran karaa, welibana lagu faani karaa "hal-abuurka dhaqanka iyo suugaanta Soomaaliyeed asaaggood way ka firfircoonaadeen, qayrkood way ka dheereeyeen". Qoladaan, oo ay ku yaryihiin inta ku abtirsata tacliinleyda, waxay dhabarka u riteen xil aan looga baran hal-abuurka noocooda ah dalalka kale. Waxay xambaarsadeen xilkii gar-wadeenimada ama hoggaaminta fekerka bulshada, xilkaas oo ah kii aan annagu gabnay, haddaan nahay tacliinleyda. Tani waa xaqiiq jirta oo qof kasta la taabsiin karo.

Waa in aan qirnaa in ay duulkani noo ceeb-astureen. Tacliinleyda uun uma ceeb-qarine waxay u ceeb-astureen bulshada Soomaaliyeed guud ahaan. **Waxay abuureen waxa qura ee adduun-weynuhu Soomaalida ku ammaano.** Bal aqri buug kasta oo Soomaali laga qoray. Marka Soomaalida ceebeheeda farta lagu fiiqo, kuwa xagga siyaasaddu ha ugu fool xumaadeene, had iyo jeer waxaa xagga dambe laga raaciyaa "laakiin waa dad hodon ku ah xagga hal-abuurka dhaqanka, waxay leeyihiin suugaan la-yaab leh oo la tartami karta kuwa adduunka ugu heer sarreeya".

Sida ay u badan yihiin suugaanleyda dunida kale, hal-abuurka Soomaalidu iskuma koobaan uun dhanka maaweelada iyo farshaxanka. Balse waxay xooggooda saaraan dhanka wacyi-galinta iyo wax-baridda bulsha-weynta. Hidde ahaan gabayaaga ayaa Soomaalidii hore u ahaan jirey hormuudka gar-wadeenka fekerka. Fikradaha ay gabayada ku soo ban-dhigaan ayaa dadka u noqon jirey hal-hays laga tilmaan-qaato, lagu soo celceliyo lagu saleeyo majaraha fekerka guud, laga dhigto hal-beegga xumaha iyo samaha. Xilligii Soomaalidu u sara kacday xornimo-doonkii iyo qaran-raadintii ay hoggaaminayeen axsaabta waddaniga ah, SYL iyo SNL, hal-abuurka suugaanta iyo fanka ayaa ahaa hormuudka ololaha wacyi-galinta. Suugaanta ayaa ahayd aaladda ugu weyn ee maskaxda Soomaalidii waagaas ku bislaysay dareenka qabyaaladda ka sarreeya ee qowminimada ku dhisan; wuxuu ahaa dareen midka maanta qaalika ah aad uga sarreeya, dareen higsanaya sidii Soomaalidu ku noqon lahayd qaran quruumaha la tartama. Run badan ayaa ku jirta tixdii Hadraawi lahaa:

Xamar iyo Hargeysaba
Dhagax iyo hangool iyo
Heellaa Xoraysoo
Wallee hoobalkoon jirin
Libi sooma hoyateen.

In kastoo aan xigmaddooda loogu dhaqmin sidii loogu dhaqmi jirey tii raggii hore, haddana hal-abuurka hadda jiraa weli waxay dhabarka ku sitaan waajibkii ay ka dhaxleen awoowayaashii hal-abuurka Soomaalida, kaas oo ahaa in ay iska xil-saaraan wacyi-galinta dadka iyo sahminta waddada toosan. "Kama daalo khayr-sheeg dadkuna igama qaataane" (Bacadle)

Dadaalkaas "sama-sheegga" ah hadday abwaannadii hore u adeegsan jireen gabay uun, kuwa hadda joogaa waxay kaloo u adeegsadaan masraxa ama riwaayadaha, heesaha, muusigga, sheekooyinka iwm. Sawirka ugu qeexan ee laga bixin karo kaalinta ay hoggaaminta fekerka bulshada kaga jiraan hal-abuurka fanka iyo suugaantu waxaa bixinaysa tixda hoos ku qoran ee uu afartameeye sano ka hor curiyey abwaanka caanka ah, Xasan Shiikh Muumin. Waa tixdii noqotay muusigga astaanta u ah furitaanka riwaayadaha Soomaalida, siiba kuwii Waaberi. Waa tix ay had iyo jeer fannaaniintu wada jir ugu dhawaaqaan sida ay uga go'an tahay in ay naftooda u huraan, har iyo habeenna u soo jeedaan "hanuuninta" dadkooda iyo "haasaawintiisaba". Waa kan tuduc ka mid ah:

Habeen iyo dharaar, hadalladaan dhisnaa,
. . . .
Hilinka toosan baan barbaarta u hor-gallaa
Taariikhda hiddeheennaan
Hhabaaska ka tirnaa
Hannaankii aan ku soo dhaqmeyney baan
u hiillinaa
*Hurdadaan guyaal ka haayirnaa, **Naftayadaan***
hurnaa.
Ma hagranee waan u hawl gallaa
Murtidaan hurinaa, Kala hufnaa
Haqab tirnaa u handannaa
*Dadweynahaan hanuuninaa, haasaawinaa, **Danta***
u hagnaa.

Gunaanadka qodobkaan waxaa la oran karaa, haddiiba
ay Soomaaliyi leedahay **gar-wadeen feker** oo "danta u
haga" waa hal-abuurka dhaqanka iyo suugaanta. **Hadday
jiraan wax Soomaali ah oo ummaddooda magac u soo
hooyeyna waa iyaga uun.** Haseyeeshee nasiibdarro,
maanta way itaal daran yihiin, kala daadsan yihiin,
daryeel la'yihiin, daafaha dunida ku dayacan yihiin.
Haddana iyagoo daryeel la'aantaas ku sugan intaas
dadaal bay wadaan tabari meel ay dhigtaba; maxayse
kuugu taal, aaway dadkii wax ka qaadan lahaa ama
murtidooda iyo guubaabadooda ku waana-qaadan lahaa!
Digniinta ay har iyo habeen ka bixinayaan dagaalka
sokeeye iyo cirib-xumada qabyaaladda haddii wax uun
laga qaadan lahaa mar hore ayaa xal loo heli lahaa
musiibada dhammaan weydey.

" Anuun baa u damqanayee dheguhu uma daloolaane"
(Timacadde)

4. Dar-xumada Dabaqadda Dhexe

Sidii aan soo xusnay, dunida dal kastaa waa leeyahay
dugaag wax booba, dambiile wax dumiya iyo dammane
marin-habaaba intaba. Caado ahaan waxaa jirta in yar oo
awoodda dalka haysata kuna xad-gudubta iyo inta badan
(shicbi-weynaha) oo ay ku dhacdo dhibaatada xad-
gudubkaasi. Labadaa qolo dhexdooda waxaa ku jirta
qolo saddexaad oo kaalintoodu ay tahay mid aad u
muhiim ah.

Qoladaas   aalaaba   waxaa   lagu   magacaabaa
'dabaqadda dhexe'. Waa kooxda u dhaxaysa caamada
baahsan iyo calooshi-la-ciyaarka awoodda sare ku takri-
falaya, tu siyaasadeed iyo tu dhaqaale kay noqotaba.
Waa qolo lagu tala-galo in ay aqoon ahaan iyo awood
ahaan ka sarreeyaan dabaqadda hoose, damac ahaan iyo
damiir ahaanna ka hufan yihiin dabaqadda sare.

Dabaqadda dhexe aalaaba waxaa hormuud u ah
maskax-maalka iyo waxgaradka. Waxaa ka tirsan
xirfadleyda iyo saraakiisha kala socodsiisa hawlaha
dowladda iyo kuwa madaxa bannaanba. Waxaa kaloo ku
jira ganacsatada dhexe iyo hawlwadeenka bulshada
rayidka ah. Soomaaliya dabaqadda dhexe waxay ka mid
tahay kooxaha kaalintoodii gabay, kartila'aantoodana
dalku u dhintay. Waxay noqdeen wax aan jirin oo lagu
hungoobay, sidii aan ku soo sifaynay tacliinleyda.

Qof qof ahaan qoladani way jiraan ama an iraahdo
way jireen burburka ka hor, waxayse karti iyo kasmo u

107

yeelan kari waayeen in ay is urursadaan, wadajir iyo kala-jirba, ama in ay yeeshaan cod wadareed oo ay danohooda ku ilaashadaan, danta ummadda daryeelkeedana kaga qayb qaataan ama u horseedaan, sida qayrkood yeelo; maxaa yeelay burburka qaranka qolada u horraysa ee ku burburaysa / ku burburtay waa iyaga. Halkii ay burburka ka hor dabaqad dhexe ka ahaayeen dhulka ayay ku soo dheceen. Maanta waxay galgalanayaan sagxaddii ay tiil dabaqadda bulshada ugu hoosaysa. Injineerkii warshaddiisa burburka ka ceshan kari waayey iyo ganacsadihii bakhaarradiisa la bililiqaystay waxay maanta magan u yihiin oo halkiisii ugu tageen geel-jirihii miyiga joogey. Geel-jiraha ayaa maanta ka sarreeya ama ka sed roon, waayo isagu hawshiisii caadiga ahyd uun buu wataa, qarannimana awelba waxba kuma haysen ama looma oggolaan fursaddii uu xaqa u lahaa in uu ka faa'idaysto. Waa tala-xumayaashaas tagoogta ka jabay kuwa sii galgalan doona sagxaddaas darxumada ee ay ku soo dhaceen ilaa inta ay maqan tahay qarannimadii ay wax ku ahaan jireen. Sidii ay ku soo noqon lahaydna jidkeedii ma hayaan (waa wiilkii doqonka ahaaye darxumada iyo calaacalka la yuururey halkii uu reerka difaaci lahaa).

Siyaasaddii "qaybi oo xukun" ee keli-taliye Maxamed Siyaad ayaa kaalinta ugu weyn ka ciyaartay kala daadsanaanta la-yaabka leh iyo curyaanimada ay wax aan jirin la noqotay koox-bulsheeddaan iyada ah. Alice B. Hashim buuggeeda lagu magacaabo *The Fallen State* ... waxay ku qeexaysaa sidii Siyaad Barre ugu guulaystay ka hor-tagga iyo xididda-siibka dabaqad dhexe oo samaysanta. Si awooddiisa keli-taliyenimo u noqoto waxa keliya ee jira wuxuu dhuuxa ka siibey socodsiiyeyaashii hawlaha qaranka (state bureaucracy). Wuxuu ka weeciyey jidkii ay ku noqon lahaayeen quwad kobocda, is aqoonsata, yeelatana jiritaan wadareed oo dareensiiya in ay xil iska saaraan daryeelka danaha qaran. Hubka uu burburintaas u adeegsaday wuxuu ahaa qabyaalad uu ku kala qaybiyey kuna mashquuliyey oo shaqo uga dhigay, iyaguna ku qamaameen.

Dr. Hashim waxay qabtaa, runna ah, burburka qarannimada Soomaaliya waxaa u gogol-xaarey burburka iyo fadhiidnimada koox-bulsheeddaan muhiimka ah – dabaqadda dhexe. Markii Siyaad Barre iyo qarankiiba burbureenna si buuxda ayuu qoladaan daadku u qaaday uguna shubay *qoqobyo qabiil oo ay ku qaraabtaan qabqablayaal dagaal*. Sidaa ayay si buuxda ugu noqdeen wax aan jirin. Kaalintaa ay cidleeyeenna waxay ka mid tahay dhibaatooyinka ugu waaweyn ee muddo hor taagnaan doona dib u dhiska mujtamac Soomaaliyeed oo casri ah, siiba marka xisaabta lagu daro facii soo kori lahaa ee kaalintaas mustaqbalka buuxin lahaa oo asna dhexda ka baxay, qax iyo tacliin la'aan awgood.

5. *Dhul Dhallinyaro beelay*

Kooxda kale ee kaalinteedii gabtay waa dhallinyarada. Waayeelku caada ahaan waa iska qunyar-socod daallan maskaxdiisuna ku qufulantahay wixii uu ku soo barbaaray. Faca dhallinta yar ayaa lagu yaqaan in ay la yimaadaan dhiig cusub, maskax cusub iyo firfircooni ay kaga dhiidhiyaan xumaha taagan. Maadaama

109

dhallinyaradu yihiin kuwa leh mustaqbalka, ayaga ayaa caado ahaan waayeelka uga dheereeya sidii loo tiigsan lahaa mustaqbal dhaama xaaladda taagan.

Dhallinyarada Soomaalidu asaaggood ayay kala mid ahaan jireen gudashada waajibkaas isaga ah intii ka horraysey aafada ummaddaan ku habsatey. Dhab ahaan dhallinyarada ayay ahaayeen facii u horseeday Soomaaliya in ay gumeysi ka baxdo noqotana qaran dowlad leh oo tiigsada nolol casri ah. Isbeddalladii ilbaxnimo ee gayiga Soomaaliyeed ka dhacay intii u dhaxaysey afartannadii ilaa lixdannadii qarnigii tagey waxaa hoggaaminayey dhallinyaro ka hawl galaysey laba aag oo waaweyn. Qolada koowaad waxay ahaayeen hormuud siyaasadeed. Waa horseedkii abuuray hoggaamiyeyna Naadigii Dhallinyarada Soomaaliyeed ee markii dambe ku caan-baxay SYL iyo kuwii dhanka woqooyiga ka dhisay xisbigii SNL, labadaa xisbi oo ahaa kuwii u horseeday in ay dhalato dowlad Soomaaliyeed oo madax bannaan.

Dhinaca labaad ee ay dhallinyaradii waagaas ku noqdeen jid-bixiyeenka ilbaxnimada cusub wuxuu ahaa dhinaca hal-abuurka iyo hindisaha maskaxda. Muddadii u dhexaysey dagaalkii labaad ee dunida ilaa bartamihii kontonnada nolosha Soomaalida waxay dhallinyaradu ku soo kordhisay noocyo cusub oo loo qaabeeyo hal-abuurka dhaqanka Soomaaliyeed. Noocyadaas waxaa ka mid ahaa masraxa magaalada iyo maansadii ama gabaygii oo u xuub siibtey habab cusub oo la jaan qaadaya isbeddelka waqtiga iyo mujtamaca magaalada, siida heesaha iyo majaajillada masraxa. Noocyadaas

110

cusub ee hal-abuurku waxay noqdeen aalad loo adeegsado wacyi-galinta dadka.

Taariikh ahaan, hal-abuur dhallinyara ah oo ay ugu horreeyeen macallimiinta dugsiyada ayay ahaayeen wixii dadka maskaxdooda ku bisleeyay hummaagga qarannimada iyo qiirada Soomaalinimada, iyagoo adeegsanaya farshaxanka ay ka midka yihiin gabayada, riwaayadaha, heesaha iwm. Gabayadii Cali Xuseen iyo Timacadde; muusiggii Cabdillaahi Qarshe iyo Qaasim Hilowle iyo riwaayadihii Xuseen Aw Faarax iyo Ilka-case ee ay dadka ku guubaabin jireen Walaala Hargeysa iyo Hay Sheegsheegin waxay dadka u fureen albaab cusub oo ay ka galaan dunida casriga ah iyo dowladnimo Soomaaliyeed.

Dalkii sidaa ahaan jirey maxaa u dambeeyey? Waxaa ayaan-darro ah dhawr iyo tobankii sano ee burburka in la waayo wax dhallinyaro ah oo is urursada oo codkooda dunida maqashiiya, wax dhaqdhaqaaq dhallinyaro ah oo ka dhiidhiya darxumada iyo mustaqbalka madow; ama xataa shakhsiyaad da' yar oo maskax cusub muujiya una soo baxa in ay hoggaaminta ummadda kula tartamaan, marka dambena kala wareegaan odayaasha ka haray facii dalka burburiyey.

Si haddii loo fiirsho la-yaab ma leh in la waayo dhallinyaro dhaqdhaqaaqaysa, maxaa yeelay da'yartii dalku waxay noqdeen wax iyagoon weli qaan-gaarin qoryo la isugu dhiibey ee laga dhigtay xaabo lagu shito dagaalka sokeeye iyo wax dibadda loola qaxay oo weli ku dhakafaarsan waxa ku dhacay, cidda ay u dhasheen iyo waxa la gudboon ee ay samayn karaan. *Laba fac oo idil ayaa sidaa ku lumay!* Kuwii ku sii xigeyna

111

maskaxdoodu waxay la dawakhsan tahay suntii qabyaaladda ee ahayd waxa keliya ee lagu ababiyey. Maxaad ka sugtaa maxaadse kula yaabtaa. Waa *durriyad damiirlaawe u qoonsaday in ay dad noqdaan!*

Markii dhallinyaro la waayey waa kuwaas weli kubbadda siyaasadda isku cayr-cayrsanaya cirroolihii caqli-xumadoodu cawaaqib-xumadaan keentay. Waa kuwaas fagaaraha ku keliyeystey isla kuwii tobannaanka sano na hor-taagnaa ee tagoog walba na jabiyey. Isla iyagii uun baa weli ku tartamaya "anaa madax noqonaya" iyo "aniga haddaan la iga dhigin wax dhaqaaqayaa ma jiraan".

Dad baan jirine waxay ahayd in facaas fongoran ummadda laga fariisiyo. In hoggaanka dalka laga mamnuuco intii hoggaamintooda hore loogu halligmay, ha noqdeen wixii ka haray hor-boodayaashii keli-taliska Maxamed Siyaad ama kuwii hoggaaminayey jabhadihii lagu jabay ee dagaalka sokeeye jideeyey, dagaal-oogayaashana dhalay. Way dhici weydey in ay ama iyagu isku xishoodaan oo ummadda ka fariistaan, sida ay dunida kale yeelaan siyaasiyiinta damiirka leh marka siyaasaddooda fashal ku yimaado, ama in la helo ummad miyir qabta, madax cusub la soo bixi karta kuwii meesha xun dhigayna runta u sheegi karta.

CUTUBKA 2aad

II. DIBINDAABYADA DIBADDA

'Nin ku dilay har kuuma jiido'
(maahmaah Soomaaliyeed)

Buuggan waaxdiisii koowaad waxaan ku soo
falanqaynay karti-darrada ay muujiyeen dadka
Soomaaliyeed ee maanta jooga iyo hoggaan-xumada
noqotay aafo ka hari weydey ummaddaan iyada ah.
Waxaan soo aragnay labadaa dhibaato ee kala ah
kartila'aanta iyo hoggaan-xumada sida ay dalkaan u
dhaxalsiiyeen bururka iyo dhibaatada lagu guulaysan
kari la'yahay in la soo af jaro. Ilaa halkan arrinta waxaan
ka eegaynay hal dhinac, dhanka Soomaalida; eedda aan
annaga Soomaalida ah ku leenahay wixii nugu dhacay.
Taasi waa run jirta.

Hase yeeshee waxaa lagama maarmaan ah in la
fahmo in uu jiro dhinac kale, cid labaad oo kaalin weyn
ka gashay burburinta Soomaaliya welina ah sababta ugu
weyn ee ka dambaysa burburk tlalaabo kasta ee l isku
dayo in lagu soo celiyo dowladnimadii Soomaalida. Waa
gacanta shisheeye ama fargalinta dibadda. Cutubkan
labaad wuxuu qeexayaa sababtan labaad ee ka dahsoon
dad badan oo ka mid ah Soomaalida arrintu khusayso.
Wuxuu sawir kooban ka bixinayaa gacanta dibadeed ee
sida dadban uga shaqaynaysa dibindaabyada
Soomaalida, dabinka ay dhigtana kar kasta Soomaalidu
ku daadato. Mugdi-ka-saarka arrintan waxaan u
adeegsanaynaa xaqiiqooyin la taaban karo, annagoo ku

tusaalaynayna dhacdooyin diiwaan-gashan una badan wixii dhacayey dhawr iyo tobankii sano ee u dambeeyey. Dhawr iyo toban sano ayaa la is weydiinayey, welina jawaab sax ah lagama bixin su'aasha weyn ee ah ummaddaan maxaa ku ridey qalladdan la yaabka leh ee aaney jirin qolo kale oo ay ku dhacday. Soomaalidu waxay ku hadaaqdaa, warbaahinta dibadduna aad u buunbuunisaa dadkani in iyagu keli ahaantood isburburiyeen, xalna la gaari la'yihiin liidnimadooda. Dhanka kale qorayaal iyo xeel-dheerayaal badan oo aan Soomaali ahayn waxay qabaan qoraallo badanna ku caddeeyeen masuuliyadda burburinta Soomaaliya iyo guuldarraysiga xal-doonka labadaba cidda ka masuulka ah in ay tahay shisheeyaha dibadda ka soo faragalinaya, ha ahaato Itoobiya ama dalal reer galbeed ah, siiba Talyaaniga.

Xeel-dheerayaasha sidaa qoray waxaa ka mid ah Micheal Maren, Alice Hamish, Walter Clarke, Jeffrey Harbest iyo qaar kaloo badan. Waxaa asna dhawaan arrintaan ka marag kacay Madaxweynihii hore ee Kenya, Daniel Arap Moi, oo, mar uu hadal ka jeedinayey Jaamacadda Gaashaandhigga Maraykanka ee ku taal Washington, caddeeyey sababta loogu guulaysan waayey shirarka dib-u-heshiisiinta Soomaalida in ay tahay dowladaha dariska oo ka baqaya hadday dib Soomaaliya uga dhalato dowlad midnimo qaran oo keenta nabad iyo barwaaqo in ay dowladdaasi soo noolayso sheegashadii gobollo ka tirsan dalalkooda (eeg The Nation, September 19, 2003). Caddayntaas uu bixiyey Moi oo ayan jirin cid arrimahaan uga xog-ogaalsan, micneheedu waxaa weeye in xal-doonka lagu daalay ee arrimaha Soomaalida cidda

114

hortaagan ay tahay Itoobiya iyo Kenya oo ay labada mintidsan tahay Itoobbiya.

Haddaba runtu waxay tahay, labadaan dhinac ee ay eedda midiba mid saarayso (Soomaalida iyo faragalinta shisheeye) labaduba way leeyihiin eedaha lagu tilmaamayo. Waa run annaga Soomaalida ah in aan u dhimanay ducfiga jahliga qabyaaladda iyo hoggaan-xumada heerka xun wada gaarey. Waxaa iyana run ah burburinta dalkaan in uu qaybta libaax ka qaatay ajnabi ka faai'daystey ducfigaas Soomaalida, ka dib markay la noqotay in ay is diidayaan danihiisa gaarka iyo jiritaanka Soomaali qaran ah oo cageheeda ku taagan. Eray kooban, waxaa la oran karaa *burburinta Soomaaliya waxaa isu kaashaday dadnimo-xumada iyo damiirla'aanta siyaasiyiinteeda, dammanaanta shicibkeeda iyo dibindaabyo shisheeye la daba joogey muddo hal qarni ka badan,* maantana maraysa heerkii ugu ba'naa. Sidee wax u dheceen? Waxaan ku arki doonnaa baalasha soo socda.

A. Duni damiir beeshay

Intii ka dambeysey burburkii wixii la oran jirey Midowga Sofyeeti iyo dhammaadkii dagaalka qabow xeel-dheereyaasha madaxa bannaan ee ka faallooda arrimaha dunida waxay walwel soo kordhaya ka muujinayeen halista ka iman karta dunidan ku soo ururtay hal imbiradooriyad oo hal meel looga taliyo. Waqtigii dagaalka qabow dunidu waxay u qaybsanayd laba quwadood oo waaweyn oo loollamaya isna dheelli-tiraya iyo dalalka soo haray oo ay labadaasi kala jiitaan

115

ama ku tartamaan. Kala jiidashadaasi waxay keeni jirtey in waddammada yaryar wax uun tixgalin ah la siiyo ama loo sameeyo wax lagu soo jiito.

Quwadihii loollamayey markii mid laga adkaaday oo ay meesha ka baxday tii soo hartay ee awoodda ku keliyaysatey (reer galbeed Maraykan hoggaamiyo) waxay u bareertay in ay daneheeda si toos ah uga fushato dunida ay xukunto, iyadoon tixgalin siin danaha dalalka yaryar ee aan awoodda lahayn. Waxaa loo bareeray in la isu muquuniyo ama loo kala faa'idaysto sida loo kala awood badan yahay. Waxaa lagu dhaqaaqay olole caalamiyayn (globalization), kaas oo dulucdiisu tahay hodontinimada dalalka hodonka ah oo degdeg cirka loogu sii shareero iyo saboolnimada kuwa saboolka ah oo sagxadda hoose lagu sii jiido.

Qofqof ka mid ah xeel-dheerayaasha uu ku harsan yahay damiir damqada ayaa meelahaas marba ka dhawaajiya qayla-dhaan aan dheg loo jalaq siin oo ay uga digayaan cawaaqib-xumada ka soo socota sad-bursiga xad walba dhaafay ee ay dalalka hodonka ahi cagta hoosteeda ku sii galinayaan kuwa saboolka ah. Waxa keliyee ay danaynayaan waa in ay iyagu degdeg u sii hodmaan, si ka maran damiir u diir-naxa kuwa itaalka daran ee la dhiig-miiranayo, maalin kastana dadkoodu darxumada u dhimanayo. Dhawaaqyadii ugu dambeeyey ee dhiilladaan farta ku fiiqayey waxaa ka mid ahaa hadalkii ay dhawaan jeedisay Eveline Herfkens, Isuduwaha Guud ee Qaramada Midoobey Xagga Himilooyinka Horumarinta Aadminimo ee Qarniga cusub (eeg Daily Nation, December 7 2002).

Herfkens waxay ka qaylisay sida dalalka Yurub iyo Maraykanku macaluul ugu dilaan beeraleyda Afrika, iyagoo suuqyadoodana ka xirta kuwa dalalkoodana inta Afrika ugu yimaadaan ku soo fataha badeecado aan tartan lala gali Karin, maxaa yeelay dowlado waaweyn ayaa lacag fara badan ku kaba. Sidaa ayaa suuqa looga saaraa macaluulna loogu dilaa dadka u dhashay dalalka saboolka ah. Xagga siyaasaddana sidoo kale ayaa loogu silic-dilyeeyaa dalalka soo koraya, iyagoo danohooda loo burburiyo sii kobcinta danaha dalalka xoogga weyn.

Dagaalkii qaboobaa ee dunida jiritaankiisii iyo dhammaadkiisii labaduba laba si oo kala duwan ayay gacan uga geysteen burburinta Soomaalya iyo sii burbursanaanteeda weli socota. Loollankii dagaalka qabow wuxuu sababay in ay Maraykanka iyo dalkii la oran jirey Midowga Sofyeti ku tartamaan hub dalka lagu soo fataho iyo naas-nuujis lagu dhiirri-galiyo keli-taliskii iyo musuqmaasuqii horseeday burburka qarannimada.

Dhanka kale markuu dhammaaday dagaalkii qaboobaa tartankiisiina meesha ka baxay Soomaaliya waxay ka mid noqotay dalalkii yaryaraa ee la iska tuuray loona arkay in ay dhammaatay dantii laga lahaa. Waxaa lagu kaaftoomay in dusha uun laga daawado laguna maadaysto sida ay isugu gumaadayso hubkii arxan-darrada loogu soo daldalay. Maadaama dunida maanta dadka taladeedu ka go'daa marba marka ka dambeeya sii noqonayaan kuwo aan *dan* mooyee *damiir* shuqul ku lahayn, meeshii aan dan laga yeelan cidina daryeelkeeda iskuma hawlayso. "Waa duni damiirkeedii wadnuhu istaagey!" Hadalkaa waxaa yiri Maxamed Saciid oo ah qoraa u dhashay Imaaraadka Carabta, ahna suxufigii

117

telefishinka Abu Dabey ku soo bandhigay filinka
daboolka ka qaadaya sida maafiyada Talyaaniga iyo
siyaasiyiinta gacan-saarka la leh ay xeebaha Soomaalida
uga dhigteen khashin-qub ay si joogta ah uga buuxiyaan
sun keeni doonta dabargo'a noolaha ku uuman
waddankaas noqday reer ba'ow yaa ku leh! (Arrintan
meel dambe ayaan ku faahfaahin doonaa, xubinta ka
hadlaysa fara galinta Talyaaniga). Soo bandhigga filinka
ayuu suxufigu eraydaan ku soo gabagabaynayaa marka
uu ka fajaco sida dunidu isaga indha tirayso dambiga
laga galayo dadka Soomaaliyeed iyo shirqoollada
dalkooda lagu baabi'inayo, iyo weliba sida arxan la'aan
loo khaarajinayo qofkii damiirkiisu damqado ee isku
daya in uu dambiyadaas ka digo, sidii ku dhacday
suxufiyaddii Talyaaniga ahayd, Ilario Alpi ee sababtaas
maafiyadu ugu dishay magaalada Boosaaso,

Intaa waxaa sii dheer, Maraykanka oo dunida
inteeda kale maanta ka amar-qaadato, in uu Soomaalida
u qaaday colaad iyo dareen aar-goosi wixii ka
dambeeyey dhibaatadii marxuum Maxamed Faarax
Caydiid u geystey ciidankii Maraykanka ee hormuudka u
ahaa hawlgalkii UNOSOM.

B. Dubbe Shisheeye iyo daab Soomaaliyeed

'Nin ku dilay har kuuma jiido' waa maahmaah
Soomaaliyeed. Waxay ka tarjumaysaa xaqiiq jirta.
Waxaa u marag furaya wixii Soomaaliya ka dhacayey
dhawr iyo tobankaan sano. Soomaaliya waa la "dilay".
"Ninkii dilay" waa la yaqaan. "Harka ha loo jiido" (ha la

118

badbaadiyo) ayaa lagu buuqayey sannado badan, welina waxay taal qorraxdii lagu gawracay.

Maxaa loogu guulaysan waayey gulufkaan dheeraaday? Jawaabtu waa sahal. Intii horeba u dishay, oo Soomaali iyo ajnabiba leh, ayaa weli gacan sarraysa, gulufka hor ordaysa, kolba marin-habaabinaysa, hoosta ka daloolinaysa doonidii lagu badbaadin lahaa dalka musiibadu ku habsatay.

Nin "dawee" la leeyahay, Dambi uu bar leeyahay
Xalka "doon" la leeyahay, Isagay u darantoo
Inuu daaro ma oggola, deebaanta mililka leh.

(Gaarriye)

Sidii aan hore u sheegnay, Soomaaliya waa *dal u dhintay damiir-xumada hoggaamiyeyaashiisa iyo dibindaabyo shisheeye oo ul iyo diirkeed noqday.* Maadaama ayan siyaasiyiinta Soomaalidu keli ku ahayn abuuridda dhibaatadaan, balse ay si weyn ugu jirtey gacan shisheeye, suurtagal ma aha in ay Soomaalidu keli ahaanteed dhibaatadeeda xallisato, hadday suurta-gal noqon lahaydna loomma daynayo ama fursad looma siinayo ee fara-galin joogta ah ayaa xariggii la xiri damcaba daaha shishadiisa laga furfurayaa. Dunidan manta jirta ee marba marka ka dambeeya sii noqonaysa hal tuulo oo hal horjooge leh ma jiro waddan yar oo u madax bannaan go'aaminta arrimihiisa iyo aayihiisa dambe. Waxtar iyo waxyeellaba waa la isku wada xiran yahay.

Waxaa hubaal ah, dhismihii qarannimada Soomaaliyeed in lagu dumiyey **dubbe shisheeye tumay,**

daab Soomaaliyaysan la galiyey dumiyeyaal Soomaali ahna dadab loogu dhiibay. Haddaan hummaag kale isticmaalo, cagaf-cagafta Soomaaliya lagu burburiyey wixii ka harayna lagu sii dabar-goynayo waxay leedahay summad Soomaaliyeed (**qabyaalad**), darawalka wax ku dumiyey welina ku dabar-goynaya iyo kaaliyeyaashiisuba waa Soomaali; hase yeeshee cidda cagaftan samaysay, batroolka ku shubaysa, lugtii banjartaba tu cusub ugu beddalaysa, darawalka ku mushaar siinaysa shaqada "fiican" ee uu qabanayo waa **ajnabi**.

Xeel-dheerayaal badan oo aan Soomaali ahayn ayaa qoraallo kala duwan ku muujiyey qaybta weyn ee quwadaha dibaddu, siiba dowladaha awoodda badan iyo xulafadooda gobolku (Itoobiya) ay ka qaateen marxaladihii kala duwanaa ee burburinta Soomaaliya. Ka soo bilow kala-qaybintii isticmaarka; ku xiji kula-soo-galgalashadii dagaalka qabow iyo ku-riixiddii dagaalkii Itoobiya lagu qaaday 1977 ee sida dadban loo galiyey dowladdii Maxamed Siyaad Barre haddana looga baxay ee lagu jabiyey, tallaabadaas oo noqotay bilowgii burburka Soomaaliya; ilaa musuqmaasuqii heerka caalami ee sannadihii siddeetannada lagu xididda-siibay hannaankii dowladnimo, laguna micna-tiray dantii guud ee qarannimo (*national interest*), arrintaas oo ay isu kaashadeen kooxdii keli-taliye Siyaad Barre ee taladu gacanteeda ku jirtey iyo ajnabi badan oo haystey shaabbadaha dowlado waaweyn iyo ururro caalami ah kuna tala galay in ay degdeg ugu hodmaan magaca Soomaaliya, iyagoo ogsoon danse aan ka lahayn, in falka noocaas ah laga dhaxli doono burbur uu ku dambeeyo dalka magiciisa lagu qaraabanayo.

Suxufiga caanka ah, Michael Maren, ahna qoraaga buugga caanka ah, *Lords of Poverty* (Ugaasyada Faqriga), oo ka mid ahaa dhallinyaro muddo badan u shaqaynaysey haya'daha "sama-falka" caalamiga ah ee Soomaaliya ka hawlgala, ayaa ka mid ah xeel-dheerayaasha ajnabiga ah ee damiirkoodu u diray in ay daboolka ka qaadaan falalkaas dibindaabyada ah ee horraantii 1980nada ay maleegayeen shisheeye gacan-saar la leh masuuliintii haysey awoodda Soomaaliya. Sida ku cad cinwaanka qoraal dheer oo uu ku magacaabay '*How the Culture of Aid Gave us the Tragedy of Somalia*' (eeg Netnomad), Michael Maren wuxuu qeexayaa *waxa* Soomaaliya burburiyey in ay ahaayeen gacan ajnabi oo ku gabbaneysey siyaasiyiin Soomaaliyeed, *'dubbe shisheeye iyo daab Soomaaliyeed'*.

Wuxuu ka warramayaa horraantii siddeetannada in ay dhallinyaro badan (ajnabi ah) oo u shaqaynayey haya'dahaas shisheeye isaga tageen Soomaaliya taas oo ay ugu wacnayd baqdin ay ka baqeen waxa uu ugu yeerayo "*bigger disaster down the road*" ama musiibo weyn oo soo gurguuranaysa, taas oo ay muuqatey in ay keeni doonaan falalkaas lagu andacoonayey in ay yihiin "cawimaad" ama kaalmayn Soomaaliya iyo qaxootigii joogey. Maren wuxuu intaa raacinayaa dhallinyaradaasi in aaney qaldamin ama ay sax ahaayeen, musiibadii ay ka baqayeenna ay dhab ahaan dhacday toban sano ka dib, '*They were right. The disaster came ten years later'*.

Sidoo kale kaalinta gacanta dibadda ee buruburinta qaranimadii Soomaalida qorayaasha shisheeye ee daboolka ka qaaday waxaa ka mid ah Wolfgang Achtner. Tusaale ahaan eeg qoraalka Achtner ee halkudheggiisu yahay ' *The Italian Connection: How Rome Helped Ruin Somalia*' oo af-Somaali ku noqonaya 'Ku lug lahaanta Talyaaniga: Sidii Roma gacan uga geysatey burburinta Soomaaliya'. Maqaalkaas oo ku soo baxay tirsigii 24 January, 1993 ee Washington Post oo ka mid ah wargeysyada ugu caansan dalka Maraykanka, Achtner wuxuu ku soo bandhgayaa dhacdooyin badan iyo xaqiiqooyin la taaban karo oo muujinaya burburka Soomaaliya wixii keenay in ay ahaayeen iimaan-laawayaal awood sare haystey oo isugu jirey Talyaani iyo Soomaali, asagoo weliba eeddaa badankeeda dusha u saaraya Talyaaniga, eedayntaas oo, Achtner ka hor, ay Talyaaniga ku canaanteen xildhibaanno sare oo uu ka mid ahaa Francseco Rutelli oo ka tirsan aqalka Congress-ka, masuulkaas oo si cad u yiri "Shakila'aan Talyaaniga ayaa kasuul ka ah dagaalka qabaa'ilka iyo is-xasuuqa ka dhacay Soomaaliya."

Waddanka Talyaaniga, siiba magaalada Milano ayaa ahayd xarunta laga maleegayey aafadii dishay Soomaaliya. Isbahaysigaas sharka, dhanka Soomaalida waxaa abaanduule u ahaa Maxamed Siyaad iyo gacanyareyaashiisii heer walba lahaa beelo kala duwanna ka soo jeedey. Dhanka Talyaanigana waxaa hormuud u ahaa Ra'iisulwasaarihii waqtigaas, Bettino Craxi, iyo madaxdii kale ee xisbigii uu hoggaamiyaha ka ahaa, xisbiga Hantiwadaagga. Ragga qorshahaan kaalinta muuqata ka qaatay waxaa ka mid ahaa Craxi seeddigi,

122

paolo Pillitteri oo goddoomiye looga dhigay wixii loo bixiyey Rugta Ganacsiga Talyaaniga iyo Soomaalida, taas oo sannadkii 1978 Milano laga dhisay, ka dibna xuddun u noqotay shabakadda musuqmaasuqa iyo marin-habaabinta mashaariicda.

Shirqoolladii burburinta Soomaaliya iyo musuqmaasuqii xad-dhaafka ahaa ee halkaa laga maleegayey laguna cunayey balaayiin dollar, iyadoo gabbaad laga dhiganayo mashaariic maqaar-saar ah, waxay markii dambe noqotay arrin gaadhey heer fadeexad qaran oo dalka Talyaaniga galisey qalalaase socdey muddo sannado ah. Wolfgang Achtner uun ma ahee, Talyaani badan oo isugu jirey warfidiyeen, qorayaal, mudanayaal baarlamaanka ku jira iyo qaar kale ayaa ka qayla-dhaamiyey foolxumooyinkii socdey iyo cawaaqib-xumadooda ilaa markii dambe laga fursan waayey in uu baarlamaanku u sara kaco, si loo asturo wixii la asturi karo fadeexaddaas weyn ee dhegxumadu ka soo gaadhey magicii Talyaaniga. In ka badan 90 isugu jirey siyaasiyiin iyo ganacsato ayaa xabsiga loo taxaabay. Haseyeeshee dib-isugu noqodkaas Talyaanigu marna ma gaarin, ama weli ma keenin in uu damiirka gar-wadeenka dalkaas ka damqado dibindaabyada ay Soomaalida u geysteen ka dibna ay siyaasaddooda Soomaaliya ku wajahan u beddelaan in ay noqoto mid gacan daacadnimo ka geysata badbaadinta dalkan ay burburintiisa ka qaateen qaybta libaax. Iyaga uun baa isku dayayey in ay aqalkooda nadiifsadaan, laakiin siyaasaddii Talyaaniga ee ku wajahnayd Soomaaliya iyo hab-dhaqankii musuqmaasuqa iyo maafiyanimada midna waxba iskama beddelin.

123

Nasiibdarro gacanta dowladda Talyaanigu Soomaaliya ku leedahay weli waxaa muuqata in ay u foorarto dhankii burburinta, in kastoo afka ay ka leeyiniin, weligoodna ka oran jireen "Soomaali baan caawinaynaa", dowladaha kalena tii wax qaban lahayd iyagu ka xigsadaan ee ku yiraahdaan Soomaali annaga noo daaya annagaa gumeysan jirnay oo idinka naqaane! Waxtarla'aantaas iyo hagardaamada heerkaa gaarsiisan waa mid uu Talyaanigu uga duwan yahay dalalka ay ka midka yihiin Ingiriiska iyo Faransiiska, kuwaas oo ilaa heer isku daya in ay gurmad badbaado u fidiyaan marka uu halis galo dal ka mid ah dalalkii ay iyagu gumeysan jireen, taasi mararka qaar haba iska noqoto si kooban oo waafaqsan danaha ay ka leeyihiine. Nasiibdarrooyinka Soomaaliya haysta ayay ka mid tahay in uu xataa gumeystohoodii hore noqdo mid ka waxtar yar ama ka khayr daran gumeysteyaashii aynigiisa ahaa. Waa halkii Soomaalidu ka oran jireen "Carabkanaguna waa Saalax-Daaxuur!".

Qofkii daawaday filimkii caalamiga ahaa ee laga sameeyey sunta halista ah ee Maafiyada Talyaanigu ku hurgufto xeebaha Soomaalida iyo shirqoolkii lagu dilay suxufiyaddii Talyaaniga ahayd, Ilario Alpi, uma baahna faahfaahin badan oo loogu sii qeexo gacanta Talyaanigu ku leeyahay burburinta Soomaaliya. Waxaa ku filan qoraallada iyo xaqiiqooyinka cadcad ee uu soo bandhigayo filimkaas lagu baahiyey telefishinada caalamiga ah ee uu ka mid yahay Telefishinka Abuu Dabey ee dayaxgacmeedka, kaas oo laga daawaday 19kii Oktooar, 2003, barnaamijka lagu magacaabo FII DIMAT ATAXQIIQ (في ذمة الحقيق).

124

Dad badan oo xog-ogaal ah waxay qabaan, qoraallana ku muujiyeen, in ay Dowladda Maraykanka qudheedu Dowladda Talyaaniga la ogtahay ama raalli uga tahay siyaasaddeedaas aan soo tilmaannay ee ku aaddan Soomaaliya, sida ku tilmaaman, tusaale ahaan, wargeyska afka dheer ee Washington Post, tirsigiisii January 24, 1993, halkaas oo Wolfgang Achtner caddaynayo Dowladda Maraykanku in ay si buuxda ula socotey waxna ka qabin wixii Talyaanigu Soomaaliya ka samaynayey. Xog-ogaalku wuxuu intaa raacinayaa in safiirkii Maraykanka waqtigaas Roma u fadhiyey, Maxwell Rob III, uu caddeeyey sida Dowladda Maraykanku raalli uga tahay siyaasadda Dowladda Talyaaniga ee ku wajahan Geeska Africa, taas oo, dabcan, faragalinta Talyaanigu ugu weyneyd dhanka arrimaha Soomaaliya. Taas micneheedu wuxuu yahay in ayan Dowladda Maraykanka qudheed ka lug baxsanayn burburinta Soomaaliya, ha noqoto taageeradaa ay ku taageeraysey ciddii sida tooska u burburinaysey (Soomaali iyo ajnabi kay noqotaba) ama siyaalo kale oo ay ka mid ahayd hubaynta iyo "cawinaadda" maqaar-saarka ah, oo ah tii uu dhibaatadeeda qeexay Michael Maren.

Maxamed Siyaad Barre markuu ku dhacay godkii uu wax ka qodayay, gaashaan-buurtiisii dibaddu *waxay halkii uu banneeyey ku buuxsadeen, ee qorshihii wada-qaraabashada iyo qaran-duminta la galeen dagaal-oogayaashii dalka tooska u gubayey.* Waa halka ay ka imanayso awoodda layaabka leh ee dagaal-oogayaashu. Waa sababta ummadda inteeda kale uga bixi kari la'dahay nimankaas af-duubkooda muddo hadda sii maraysa dhawr iyo toban sano.

C. Qawda maqashii waxna ha u qaban

Maahmaah carbeed ayaa tiraahda "marka dibigu dhulka ku dhaco middiya-la-yaacu wuu bataa". Soomaaliya markay dhabarka ka jabtay ee dhulka ku dhacday dunida dibaddu way ku soo yaacday. Afka waxaa laga wada lahaa "cawimaad baan ugu socdaa". Arrintuse waxay ahayd ujeedda-badan. In kastoo ay jireen haya'do aan badnayn oo u soo gurmaday sama-fal ka dhab ah, haddana waxaa badnayd inta luggooyada u timid. "Dartay uma soo lug go'in!" (Hadraawi). Waxaa jirey qaar u ordayey in ay qabri ku hubsadaan qarankaan dhiig-baxaya. Qaar kale dantoodu waxay ahayd in ay markabka jabay fagtaan ama musiibada dalkaan heshay maal-urursi uga faa'idaystaan ee yiraahdaan mucaawano ha la iigu dhiibo.

Quruumihii soo tafa xaytey, kumaankunkii ciidan ee soo qamaamay, balaayiintii dollar ee la soo fatahay, dhawr iyo tobankii "Conference" ee dibadda laga abaabulay; waxaas oo awood la dumay ujeeddada dhabta ah ee laga lahaa hadday ahaan lahayd tii afka laga sheegayey ee ahayd "Soomaaliya ayaa lagu soo celinayaa sharcigii iyo nidaamkii dowladnimo" shaki kuma jiro in beri hore la soo af-jari lahaa dhibaatadaan noqotay "daba-dheer." Waxaa loogu guulaysan lahaa si ka fudud sidii loogu guulaystey dalalkii dhibaatadoodu ka qallafsanayd, ka soo bilow Kamboodiya ilaa Bosniya ilaa Afganistaan. Dagaal-oogayaasha Soomaaliyeed iyo taageerayaashoodii marmarsiinyaha laga dhigtay,

126

mugdigana lagula faqi jirey xoog iyo xeel midna kuma ay gaarin Slobodan Milosevic-ka maanta saaran maxkamadda Hague iyo Sirbigiisii birta calashadey. Dagaal-wadeenkii Soomaaliyana gulufkii Maraykan hoggaaminayey ee UNOTAF iyo UNOSOM dal ay ka xoreeyaan daaye iyaga ayaa xoojiyey, xoolo aan xisaab lahayn ku daldalay, una xalaaleeyay ama u sharciyeeyey sii-gubiddii iyo luggooyadii ay ku hayeen dadka Soomaaliyeed. Xaqiiqdaas waxaa buugaag iyo qoraallo kala duwan ku caddeeyey cilmi-baarayaal badan oo aan Soomaali ahayn ayna ka mid yihiin Klarke, Herbst, Bongartz, Lewis iyo Kapteijns. Bilmatal, Klarke iyo Harbest buuggooda magiciisu yahay *Somalia and Humantarian Intervention* waxay ku qoreen "Maraykan iyo gaar ahaan Robert Oakley Soomaali dhammaanteed waxay si cad u tuseen dagaal-oogayaasha in ay tahay in abaal-gud lagu siiyo wixii ay samaynayeen, halkii ay ahayd in lagu ciqaab-mariyo."

Aqoonyahannadaasi dhibaatada Soomaaliya ee dheeraatay eeddeeda waxay saarayaan quwadahaas waaweyn ee Maraykanku hoggaamiyo. Halkaan waxaan ka hadlaynnaa dhiirri-galinta dadban ama yare daboolan ee dibadda laga siinayey dagaal-oogayaashii dalka duminayey. (Ka-hadal ma leh dagaal-galinta qaawan ama bareerka ah ee dowladda Itoobiya sida joogtada ah ugu soo hubayso uguna dhiirri-galiso dagaal-oogayaasha Soomaaliyeed).

Waxaa hubaal ah, gacal soo gurmaday muu ahayn gulufkii Soomaaliya qoobka iyo qaylada la soo galay sannadihii horraanta sagaashanada (xilligii UNOSOM), intii ka dambeyseyna marba qolo soo xayd-xaydaneysey ee lahayd xal baan u wadnaa Soomaalida. Qolada keliya ee u tafa-xaydatey xal-raadin daacad laga yahay waxay ahayd Djibuuti iyo gurmadkeedii 2000, taana waxaan ku gorfayn doonnaa waax gaar u taagan.

D. Godobta Reer-galbeedku goormay dhammaan?

Quwadaha waaweyn ee Reer-galbeedku Soomaalida waxay ka galeen welina ka galayaan godob aan ummad kale laga galin. Gabood-falkaas oo soo taxnaa muddo hal qarni ka badan maalinba waji ayuu lahaa. Halkan hoose waxaan ku soo ban-dhigaynaa shan godobood oo waaweyn, kuwaas oo quwadaha Reer-galbeedku ay ku wiiqeen ummadda Soomaali la yiraahdo. Sababaha ku kallifay in ay sidaa gaarka ah Soomaalida ula dhaqmaan qaar la garan karo iyo qaar aannaan garan karinba way leeyihiin, kumase dheeraanayno ku-faahfaahintooda qoraalkaan guud-marka ah.

1. Kala-qaybintii dhammaadkii qarnigii 19ad shanta qurub loo kala jajabiyey ummad hal qabiil isku ah: isku asal, isku af, isku diin, isku degaan isku dabeecad, isku dookh intaba ah. Sida ay isku raacsanyihiin xeel-dheerayaasha taariikhda, kala-qaybintaas arxan-la'aanta ah ayaa aabbe iyo hooyo u ah ayaan-darrada aan dhammaanayn ee ay la dhismi kari la'dahay ama la xasili kari la'dahay dowladnimo Soomaaliyeed, taas oo ay carqaladda ugu weyn ku tahay dhibaatada Soomaaliya iyo dariskeeda,

Itoobiyaba ha ugu darraatee. Waana dhibaato ay abuureen quwadihii isticmaarku.

2. Soomaaliya markay sii dumeysey, dabayaaqadii siddeetannada, Maraykanka iyo Midowga Yurub oo uu sahan u yahay Talyaanigu way badbaadin kareen hadday damcaan, sidii ay u badbaadiyeen dowladaha kale ee ay ka mid tahay Itoobiya oo la wada ogyahay in ay ahayd reer-galbeedka oo Maraykan hoggaaminayo cidii burburkeeda baajisay xilligii uu dumayey xukunkii keli-taliye Mingistu Hayle Mariam. Soomaaliyana badbaadin daaye baasiin ayaa lagu shubay dabkii ay ku gubatay, sidii aan hore u soo faahfaahinay.

3. Marka saddexaad ee Soomaaliya laga eexday waxay ahayd markii dowladnimadu ka burburtay masuuliyaddeeduna ku soo wareegtay beesha caalamka. Halkii dowladaha kale ee burburay loola gurmadey qorshe daacad laga yahay in dowlad laga dhiso, Soomaaliya waxaa loo diray ciidammo jaha-wareer ah, an la siin xil qeexan, an la farin xataa in ay hubka ka ururiyaan dadkii dagaallamayey, in ay dowlad u dhisaanna iskaba daa. Sidii aan hore u soo caddaynay, gulufkii UNOTAF / UNOSOM wuxuu ahaa uun hoosaasin Soomaalida lagu luggoynayo, sida ku cad buugaagta iyo warqad-cilmiyeedyada faraha badan ee laga qoray. Hoosaasin taa la mid ah waxaa ah shirarka dhalanteedka ah oo marba la leeyahay Soomaali baa dib loo heshiisiinayaa, shirarkaas oo uu ugu dambeeyey kan Kenya ka socda, xilliga qoraalkani madbacadda galayo.

129

4. Fashalkii UNOSOM iyo bixiddii Maraykanka ka dib, sannado badan ayay reer galbeedku go'aansadeen in Soomaaliya laga dhigo wax la iska tuuray oo ayan jirin cid dan ka leh, ilaa ay iskeed u dabar-go'do. Go'aankaas waxaa ka dambeeyey Maraykan oo ummad dhan oo masaakiin ah geeri ku xukumay isagoo uga aar-goosanaya eed uu galay hal nin oo dagaal-ooge ah. Maraykanku waxay weli hibanayaan geerida 18kii askari ee uga dhintay dagaalkii dhex maray General Caydiid iyo ciidankii UNOSOM ee Maraykanku hoggaaminayey, 1993kii. Madaxda Maraykanku waxay ahayd in ay isugu caqli-celiyaan ummadda ay ka aar-goosanayaan in ay tahay ummad dagaal-oogahaas iyo kuwa kaloo la midka ahi ka galeen dambiyo ka waaweyn kan Maraykan laga galay. Miyaaney bini-aadmi ahayd kumaankii kun ee Soomaaliyeed ee dhimatay oo ay ka mid ahaayeen boqollaal lagu dilay isla dagaalkii ay ku dhinteen 18ka Maraykanka ah. Ma jiro dal kale oo markuu burburay dhabarka loogu jeediyey sida Soomaaliya.

5. Ugu dambayn, godobta taariikhiga ah ee Maraykan iyo reer Galbeed ka galayaan shacbiga Soomaaliyeed waa midda imminka socota. Waa ku daawashada lagu daawaanayo xukuumadda Itoobiya ka talisa in ay si bareer ah ugu xad-gudubto madax-bannaanida Soomaaliya, si joogta ah isugu gubto dadka Soomaaliyeed, si cid walba u cadna isu hor-taagto dowladnimo dambe oo u soo noqota ummadda Soomaaliyeed, sida aan dib ka faahfaahin doonno. Maraykan iyo reer Galbeed, iyagoo arrintaas si aan caad saarrayn ugu jeeda ayay haddana iska indha-

130

tirayaan, weliba qaarkood hoosta ka dhiirri-galinayaan. Dunida ma jiro dal kale oo arrimihiisa laga adeejiyo ama loo maro oo looga tala-qaato dal ay ka dhexayso dhibaato xuduud iyo colaad soo-jireen ah.

E. Libaax nin gamay iyo nin galladayba og

1. Taakulayn teel-teel ah

Faragalintii dibadda Soomaaliya kaga timi haddaan soo aragnay dhankeedii dhagarta iyo luggooyada, waxaa la is weydiin karaa ma jiraa dhan kale? Ma jiraan wax "gacalnimo" keentay? Ma la hayaa wax soomaaliya u soo fara galiyey in ay hor Ilaahay gacan ugu siiyaan sidii ay godka uga soo bixi lahayd? Jawaabtu waa haa, waa laga xoog batay wayse jiraan. 'Gacal' soo gurmaday iyo gargaarayaal gacan aadminimo fidiyey intuba way jiraan. Gurmadka sokeeyuhu bal ha noo dambeeyee gargaarayaasha abaalka geystey an wax ka taataabano.

Daafaha dunida dad aan yarayn ayaa muujiyey dadaal waxtar u yeeshay dadkii Soomaaliyeed ee darxumada la baday. Dadaalayaashani waxay isugu jiraan qofaf damiir aadminimo leh, ururro ujeeddooyin wanaagsan leh oo gargaar bini'aadminimo geystey iyo waliba dowlado madaxdoodu dadnimo muujisay. Tusaale ahaan waxaa jira dowlado (yaryar u badan) shanta qaaradoodba ka tirsan oo had iyo jeer fagaarayaasha dunidu ku kulanto, sida Qaramada Midoobay, si diirran ugu dooda in Soomaaliya la badbaadiyo, beesha caalamkana ku canaanta in ay ka

131

seexatay xilkii dalkaan ka saarraa. Isla baaqaas waxaa qalin ku gudbiyey qorayaal quruumo kala duwan u dhashay.

Ururro sama-fal iyo haya'do caalami ah oo ay ka mid yihiin Qamada Midoobey, Midowga Yurub iyo haya'do aan dowli ahayn ayaa gacan ka geystey gurmadyo lagu fidinayey gargaar aadminimo ama wax looga qabanayey nolosha asaasiga ah ee Soomaali tabaalaysan, gaar ahaan dhinacyada cunta-gaarsiinta, caafimaadka, waxbarashada asaasiga ah, daryeelka dhallaanka, iwm. Way jiraan dhaliilo lagu eedeeyo guud ahaan haya'daha gargaarka ayna ugu weyn tahay xaqiiqda ah in ay haya'dahaasi Soomaaliya (iyo dalalka kale ee baahanba) ka dhigtaan food-saar ay lacag uga ururso deeq-bixiyeyaasha, lacagta sidaas lagu siiyana qaddar aad u yar ka gaarsiiyaan dadkii loogu tala galay, inta kalena noqoto wax ay mushaar iyo adeeg u qaataan haya'dahaas iyo hawl-wadeenkooda ajnabiga ah iyo wax musuqmaasuq lagu cuno (aqri *Lords of Poverty*). Xagga mushaarka iyo shaqa-siinta aad ayaa loogu dulmaa dadka waddanka u dhashay. Waxaa lagu naas-nuujiyaa ajnabi dibadda laga keenay oo badi u dhashay dalalka hodonka ah ee deeqda bixiya. Intaas oo dhan iyadoo ay jirto ayaa haddana inta yar ee Soomaalida soo gaartaa ay tahay gargaar la'aanti xaaladdu ka sii liidan lahayd sida ay tahay.

Waxaa kaloo haya'dahaas, ama qaarkood, lagu eedeeyaa in ay hoosta ka curyaamiyaan dadaal kasta oo la isku dayo in dib loogu soo celiyo dowladnimadii Soomaaliya, iyagoo qaba in ay faa'iido ku qabaan dowladla'aanta, maadaama ayan jirin dowlad la xisaabtamaysa ama la gorgortamaysa. Laakiin taa malaha waxaa ka weyn dhibaatada ay ku qabaan nabadgelyo la'aanta aan laga bixi Karin dowlad la'aan. Tusaale ahaan, dhibaatada nabadgelyada awgeed waqtiga xaadirka ah ma jiraan dad aan Soomaali ahayn oo haya'dahaas uga shaqeeya magaalada Muqdisho iyo meelaha la midka ah. Inta yar ee isku boomaysana waa innaga maqalla marba mid la afduubay. Sidaa awgeed, hadday si sax ah u xisaabtamaan ururrada iyo haya'daha caalamiga ah danttoodu waxay ku jirtaa in ay caawiyaan dadaalka nabadaynta iyo dowladnimo doonka, ma aha in ay carqaladeeyaan ama hoosta ka curyaamiyaan.

Xagga siyaasadda, Qarammada Midoobey dhab ahaan kaalin hormuudnimo ayay ka ciyaartay ilaalinta midnimada qarannimo iyo haybadda sohdineed (territorial integrity) ee Soomaaliya. Sidoo kale waxay taageero siyaasadeed muddo dheer la garab-taagnayd geeddi-socodka nabadaynta iyo dib-u-heshiisiinta Soomaalida. Awooddii fulinta ayaa ka maqane af ahaan Soomaaliya waxba kamuu hagran ururka Qaramada Midoobey, hadday ahaan lahayd Golaha Ammaanka, Xafiiska Siyaasadda ee Soomaaliya qaabbilsan (UNPOS) iyo madaxdooda oo uu hormuud u yahay Xoghayaha Guud, Kofi Anan.

Wakiilkii hore ee Xoghayaha Guud xagga arimaha Siyaasadda Soomaaliya, David Stephen (Ingiriis u dhashay) Soomaaliya in ay mar uun soo ceshato sharaf iyo dowladnimo wuxuu u galay dadaal aadminimo oo aad uga badan intii uu farayey waajibkiisa shaqo ahaaneed. Isagoon haba yaraatee wax dan shakhsi ah ka lahayn ayuu wuxuu u bareeray xagxagasho joogta ah iyo

133

colaad ay shakhsi ahaan u qaadeen intii ka horjeeddey geeddi-socodka nabadaynta. Muddo laba sano ah oo aan lahayn is-arag joogta ah waxaan xasuustaa marar uu qadadiisii ku illaaway ama la haleeli waayey hawl-gallo dheeraad ah oo uu iska xil-saarayey taakulaynta siyaasadeed ee Soomaaliya. David waa tusaale cad oo muujinaya shacbiga Soomaaliyeed in uu saaxiibbo ku leeyahay dunida dibadda; in aan nacab loo wada ahayn ee uu "gacal" ku leeyahay xataa "gaalada" dalalka xoogga waaweyn u dhalatay. Sida David, dadaal xusid iyo abaal mudan waxaa asna sameeyey ku-xigeenkiisii xafiiska, Baba Femi Badejo, oo u dhashay dalka Nigeria.

2. Hiilka Soomaalida Kenya

Gunaanadka xubintaan waxaa xusid mudan Soomaalida Kenya dareen-wadaagga ay muujiyeen in ay ka damqanayaan dhibaatada walaalohooda Soomaaliyeed, ka xanuunsanayaan qaran-jabka Soomaaliya, karaankoodna hiil iyo hooba la garab taagan yihiin sidii loo soo celin lahaa qaranimadii iyo sharaftii Soomaalida. Siyaalo kala duwan ayay shucuurtaas u muujiyeen, laga soo bilaabo xaflado iyo bannaanbaxyo lagu taageerayey geeddi-socodka nabadaynta Soomaaliya ilaa iyo ololayn siyaasadeed (political lobbying) madaxda Kenya looga dhaadhicinayo in ay danta labada dal ku jirto in Soomaaliya gacan lagu siiyo nabadayn iyo dib u dhis qaran. Arrintaan dambe waxaa hormuud ka ah, bogaadinna ku mudan siyaasiyiinta dhalashadoodu Soomaalida tahay, kuwaas oo isugu jira rag madaxda dowladda iyo baarlamaankaba ka mid ah iyo qaar

134

mucaarad ah. Intuba waxay ka siman yihiin dareenkaas damqashadu ku dheehan tahay. Sida reer Jabuuti ayaa waxaa muuqata in ay iyagana damaqday ehelnimada iyo aayaha nololeed ee kol walba isku xira dadka Soomaalida ah, calankay doonaan ha hoos joogaane.

F. Gacanta Itoobiya: Gucundhada xal-doonka Soomaaliya

"Geeddi-socodka nabadaynta Soomaaliya waxaa caqabad ku ah
dowladaha dariska oo ka cabsi qaba hadday dib Soomaaliya uga
dhalato dowlad midnimo qaran oo keenta nabad iyo barwaaqo in ay
dowladdaasi soo noolayso sheegashadii gobollo ka tirsan
dalalkooda. Soomaaliya markay qaadatay xornimada waxay
sheeganaysey qaybo ka mid ah Jabuuti, Kenya iyo Itoobiya waxayna
bilowday colaad ay isku dayeysey in ay uga gun-gaadho
riyadeedaas".

(Daniel Arap Moi, September, 2003)

1. Kala dooro duco iyo habaar!

Mar kasta oo laga hadlayo dhibaatada maanta Soomaaliya taal iyo xal-u-raadinteeda waxaa khasab ah qodobbada muhiimka ah ee xisaabta lagu darayo in ay ka mid noqoto kaalinta Dowladda Itoobiya. Quwadaha dibadda Itoobiya maanta waa qolada saamaynta ugu weyn ku leh arrimaha gudaha ee Soomaaliya. Waa dariska xuduudka ugu dheer la leh Soomaaliya. Waa dal dhibaato isticmaar abuuray muddo dheer dhex tiil Soomaaliya, maantana noqday quwadda ugu itaalka roon gobolkaan Geeska, halka Soomaaliya ka noqotay tan ugu itaalka daran maalinka maanta ah (malaha waa nabsiye, dhawr iyo labaatan sano ka horna waxay ahayd is-weydaarka – *cagsiga*) .

Sidaa awgeed dowladda Itoobiya waxay fursad aan cid kale haysan u haysataa laba arrimood kii ay doorato: in ay horseed u noqoto baal cusub oo u furma taariikhda xiriirka labada dal, taas oo ku imaanaysa in ay abaal gashato dadka Soomaaliyeed xilliga dhibaatada, ku kaalmayso nabadda iyo dowladnimada ay doonayaan, taas oo isla markaa dan u ah nabadda Itoobiya iyo gobolkaba; ama in ay is tiraahdo maantaad ka awood roontahaye middi-raaci, ka shaqee in aan dib dambe loo arag Soomaali leh sharaf iyo dowladnimo ay isku soo kaa barbar-taagto.

Bilowgii Burburka Soomaaliya, horraantii sagaashanada, Itoobiya waxay muujisay labada arrimood midda hore (taakulayn walaalnimo), sida Cabdirisaaq Xaaji Xuseen ku qeexayo warqaddii caanka ahayd ee uu u qoray Meles Zenawi Abriil 2002. Ha yeeshee nasiib-darro, tan iyo nuskii dambe ee sagaashannada waxaa muuqata Zenawi iyo xukuumaddiisu in ay u cayn-wareegeen labada doorasho midda labaad (sii burburinta iyo is-hortaagga in ay noolaato ummadda Soomaaliyeed). Sida ay u dhigayso isla warqadda Cabdirisaaq, "tan iyo 1996kii Itoobiyada Zenawi waxay ahayd dhagaxa ay ku dul-burburto tallaabo kasta oo loo qaado xagga dib-u-heshiisiinta qaran ee Soomaaliya."

2. Waji muumin iyo mici abeeso

Sida ay qoreen xog-ogaal badan, waxaa isa soo taraya falal iyo ololayaal Dowladda Itoobiya u tafa xaydatey, kuwaas oo muujinaya Meles Zenawi iyo xukuumaddiisa in ay ka go'an tahay is-hortaagga dowlad midnimo qaran oo ka dhisanta Soomaaliya. Tani waa waxa ay muujinayaan falalka dhacaya, waxa afka laga yiraahdo ama dunida la maqashiiyaase way ka duwan yihiin. Masuuliinta Dowladda Itoobiya oo uu ugu horreeyo Ra'iisul-wasaare Meles Zenawi wararka ay faafiyaan waxay ku celceliyaan in ay dadaal ugu jiraan dib-u-heshiisiinta Soomaalida iyo dib-u-dhiska dowlad masuul ah oo Soomaaliya ku soo celisa nabad iyo xasillooni. Waxay waliba intaas raaciyaan qodob run ah, kaas oo ah in ay Itoobiya iyo nabadgelyadeeda dan u tahay in sidaa la yeelo, in Soomaaliya laga helo dowlad masuul ah oo lagala xisaabtami karo arrimaha nabadgelyada, Itoobiyana xiriir darisnimo oo wanaagsan la leh.

Arrintaan, oo ah midda ay dadka Soomaaliyeed jeclaan lahaayeen in ay dhacdo, ayay ku celceliyaan Zenawi iyo dowladdiisu, Soomaaliduna waxay ka daba yiraahdaan "Ilaahow aqbal in ay ka dhabeeyaan." Laakiin nasiib-darro ilaa imminka ma muuqato in ay ka dhabaynayaan. Ma muuqato in ay daacad ka yihiin waxa ay afka ka leeyihiin: Hubka xad-dhaafka ah oo sida joogtada ah loogu soo daldalayo Soomaaliya, la isuguna dhiibayo dadka Soomaaliyeed; dagaal-oogayaasha lagu boorrinayo fidmada iyo qaska dalka; qabiilooyinka qabqablayaashooda la kala gadanayo si la isugu jabiyo, shirarka dib-u-heshiisiinta ee afka laga leeyahay "waa taageersannahay" hoosna laga fashilinayo, intuba waxay muujinayaan munaafaqnimo ama laba-wajiilayn ay ka muuqato in ay si caddaan ah isu burinayaan waxa madaxda Itoobiya afka kaga dhawaaqayaan iyo waxa ay

137

dhab ahaan samaynayaan. Waa kaaf iyo kala-dheeri hadallada qurxoon ee masuulnimada iyo walaaltinimadu ka muuqato ee uu ku dhawaaqo Meles Zenawi iyo falalka burburinta ah ee ay ku foogan yihiin ciidammada iyo diblomaasiyiinta uu u diro in ay uga hawl-galaan Soomaaliya iyo arrimeheeda.

3. Tartanka Dalalka Gobolka iyo turunturrooyinka Itoobiya

Gobol ahaan, sannadahaan waxaa socdey hab-dhaqan la caadaystay hardan dowlado dano is diiddan leh mid waliba isku daydo in ay iyadu noqoto tan looga dambaynayo arrimaha Soomaaliya, tu kalena jillaafayso, wixii qabsoomay ama qabsoomi lahaana fashiliso. Tartankaas curyaaminta ah waa kii ay Masar ku maja-xaabisay hindisihii Sodre ee Itoobiya hor-kacaysey, 1996/97. Shirkii Qaahira ee 1997kii lagama lahayn Ujeeddo aan ahayn in lagu carqaladeeyo geeddi-socodkii Itoobiya hoggaaminaysey iyo shirweynihii qabanqaabadiisu socotey ee la go'aamiyey in lagu qabto magaalada Boosaaso, kaas oo, haddaan la fashilin, noqon lahaa kii ugu horreeyey ee lagu qabto gudaha Soomaaliya. Waa halkii uu ka bilowday cayn-waraagga Itoobiya.

Halkaas ayuu ka bilowday cayn-wareegga Itoobiya iyo colaadda ay ku maja-xaabinayso dadaalka nabadaynta Soomaaliya. Wixii waqtigaas ka dambeeyey Dowladda Itoobiy Addis Ababa way ka weecatay siyaasaddii taakulaynta Soomaalida. waxay awooddeeda isugu geysey in ay fashiliso tallabo kasta oo dhibaatada

138

Soomaaliya wax looga qabanayo, siiba hadday gobolka ku aragto dowlad aan iyada ahayn oo arrintan kaalin muuqata ka qaadanaysa.

Tusaalayaasha ugu dambeeyey waa curyaamintii xukuumadda Addis Ababa ku majaxaabisay labadii shir ee dib-u-heshiisiinta Soomaaliya ay sannadkii 2001 u abaabushay Dowladda Kenya oo weliba ka mid ah dowladaha gobolka kuwa ay isugu dhow yihiin Itoobiya. Si caddaan ah ayay u diidday in ay ka qayb-gasho ugana hor-joogsatay dagaal-oogayaasha ay gacanta ku hayso, iyadoo ku mashquulisay shir-doceedyo iyo u-hubayn dagaal hor leh Soomaalida dhexdeeda.

a) Riwaayaddii Eldoret

Shirka saddexaad ee Kenya marti-galisay ahna kan weli socda, waqtiga sadarradani qormayaan, ahna shir lagu abaabulay magaca IGAD, Dowladda Itoobiya way oggolaatay in ay ka qayb-gasho wayna keentay hoggaamiye-kooxeeddada ka amar-qaata ama ka tala-qaata.

In kastoo ay martigalinta leedahay dowladda Kenya, shirkana lagu maamulayo magaca Guddiga Farsamada Dalalka Safka hore (Kenya, Itoobiya iyo Jabuuti), haddana cidda awoodda ugu badan ku leh maamulka shirka xoogga ugu weynna saartay mar kasta waxay u muuqatey Dowladda Itoobiya oo halkaas geysatey hawl-wadeenno fara badan oo ka kala socda arrimaha dibadda, ciidammada iyo si gaar ah nabad-sugidda oo iyadu si xad-dhaaf ah Soomaalida ugu dhex jirta. Awood-bursigaa Bowladda Itoobiya waxaa

139

muujinaya aqlabiyadda ballaaran ee ay ka-qayb-galayaasha ku yeesheen kooxaha iyo shakhsiyaadka ku xiran Dowladda Itoobiya.

In kastoo shirku weli socdo (waqtiga qoraalkani daabacmayo) haddana waa lagu raja-xun yahay. Raja-xumada ugu weyn dhanka laga dareensan yahayna waa kaalinta Itoobiya iyo ka-seexashada Kenya xilkeedii ka seexatay beesha caalamkuna iyana iska indha-tirayso in ay masuuliyadda wax ka qaaddo, sidii aan hore u soo faahfaahiyey. Taa waxaa sii dheer dhibaatooyinka ka jira dhanka maamulka shirka, taas oo xog-ogaalka dibaddu ku tilmaameen sabab weyn oo shirka fashilin karta, sida ay caddeeyeen wakiillada beesha caalamka iyo u-kuurgalayaasha wax ka qoray (tusaale ahaan eeg Warbixinta ICG 9 December 2002).

Goob-joogga iyo u-kuurgalayaasha (Soomaali iyo ajnabiba leh) intooda badan waxay aamminsan yihiin hawl-galka dahsoon ee Itoobiya ee ku wajahan shirkan in uu yahay mid loogu tala-galay in ayan shirkaan ka dhalan dowlad Soomaali u dhan tahay oo ka tarjumaysa rabitaanka iyo danaha ummadda Soomaaliyeed.

Haddaan dib u yara noqonno, tallaabooyinka kale ee muujinaya sida Dowladda Meles Zenawi u hor-taagan tahay dib u dhiska dowlad Soomaaliyeed, tusaale kale waxaan u soo qaadan karaynaa ololihii mintidka ahaa ee Addis Ababa muddo laba sano ka badan ugu jirtey burburinta natiijadii laga gaarey dadaalkii Dowladda Jabuuti ku mintidday heshiisiinta ummadda Soomaaliyeed iyo dib u yagleelka haya'dihii astaanta u ahaa qarannimada iyo jiritaanka wadareed ee Soomaalida (*collective existence*). Qodobkaan waxaan

140

ku faahfaahin doonaa cutubka afraad ee ku saabsan
Dowladda Kumeel-gaarka ah.

4. Yididiilo dhicisowdey

Sidaan kor ku soo xusnay, burburka Soomaaliya
sannadihiisii hore Itoobiya waxay muujisay mowqif
wanaagsan oo uu abaal weyn ugu qaaday shacbiga
Soomaaliyeed. Soo dhaweyntii dadkii u qaxay iyo ka-
qaybgalkii xal-raadinta ay Itoobiya bilowgii hore uga
qayb qaadanaysey hab daacadnimo ka muuqato waxaa
ka dhalatay yididiilo ah in ay Itoobiya u horseedday waa
cusub u berya xiriirkii labada ummadood ee ay taariikh
ahaan xumeeyen siyaasiyiintii hore.

Siyaasaddaas masuulnimada ah ee ay waqtigaas ku
dhaqantay dowladda Itoobiya waxay suurta-galisey is-
barasho iyo is-dhexgal ay in badan u oommanaayeen
labada ummadood ee dariska ah muddo dheerna la kala
fogeynayey. Soomaalida faraha badan ee itoobiya u
qaxday waxaa soo weydaartey Itoobiyaan badan oo
iyana degey magaalooyinka Soomaalida, haba u
badnaadeen dhanka woqooyi iyo woqooyi bari. Ka
sokow dadka dowladdu u dirsatay ee shaqooyinka u
haya, waxaa jira dad badan oo iskood u tagey in ay ka
shaqaystaan ka dibna dagey oo qaar badan oo ka mid ah
ay xataa is-guursadeen Soomaalida. Labada qolo mid
waliba waxay ogaatay in ay been ahayd bahalnimadii
qolada kale loogu sawiray. Waxay arkeen dad
walaalohood ah, qalbi furan, wanaag jecel, wax wada-
qabsina diyaar u ah. Waxaa bilaabantay in la haaraamo
siyaasiyiintii dadka kala fogeyn jirtey, ka dib markii la

141

ogaadey dhibaatadu in ay ahayd wax iyaga ku kooban oo
ay abuurayeen dano siyaasadeed awgood. Xataa
dhibaatada xuduudka ee isticmaarka laga dhaxlay
lahankeedu wuu yaraan lahaa ama baabi'i lahaaba
hadday colaaddu meesha ka baxdo labada ummadoodna
yeeshaan iskaashi iyo is dhexgal ay fududaynayaan laba
dowladood oo xiriir saaxiibtinimo leh, sida ka dhacday
meelo badan oo Yurub ah. Tani waa arrin Itoobiya
faa'iido gaar ahaaneed u leh, hadday garanayso
dowladdoodu.

Nasiib-darro, yididiiladaas bidhaantay horraantii
sagaashanada ma noqon mid cimri dheeraata. Waxay
dhicisowdey walaac hor lehna dhashay markii ay cayn-
wareegtay siyaasadda Dowladda uu hoggaamiyo Meles
Zenawi ee ku wajahan Soomaaliya. In kastoo, beeni waa
xaaraane, aan marna la xumayn maatada Soomaaliyeed
ee weli qaxootiga ku ah Itoobiya (taasina tahay
gobanimo Itoobiya uga wanaagsan tahay dalalkii sida
xun ula dhaqmay dadkii u qaxay, kuwaasoo weliba ah
kuwo Soomaalidu moodi jirtey in ay Itoobiya uga
sokeeyaan - Carabta), haddana waxaa *miciyo colaadeed*
iyo ciddiyo miciin-la'aaneed la soo baxday siyaasadda
Meles ee ku wajahan dib-u-dhiska dowlad
Soomaaliyeed.

Waxaa ayaan-darro noqotay xukuumaddani in ay
ka noqoto mowqofkeedii hore ee guud ahaan taakulaynta
ummadda Soomaaliyeed ee dariska ah, gaar ahaanna
taageerada geeddi-socodka nabadaynta ee ay
hoggaaminaysey Jabuuti. Waxaa la-yaab noqotay Addis
Ababa in ay gaashaanka ku dhufato go'aankii ummadda
Soomaaliyeed inteeda badan tala-wadaagga ku gaareen

in ay dalka Jabouti (Carta) isugu tagaan haya'do qaranna dib ugu yagleelaan. Waxaa ayaan-darra ah in ay ku tumato go'aannadii Qaramada Midoobey ee hub-ka-joojinta Soomaaliya. Waxaa filan-waa noqday in ay Addis Ababa keligeed is-hortaagto (si aan toos ahayn) go'aankii ay ku midaysnayd beesha caalamka inteeda kale oo ay matalayeen Qaramada Midoobey, Midowga Yurub, Midowga Afrika, Jaamacadda Carabta, IGAD iwm, kuwaas oo dhammaantood soo dhaweeyey natiijooyinkii ka soo baxay shirweynihii Carta, 2000.

Xukuumadda Zenawi waxay geed dheer iyo geed gaabanba u fuushay in ay meesha ka saarto magaca qarannimo ee dunida oo dhammi soo dhaweysey iyo aqoonsiga in uu dib u soo noolaaday qaran Soomaaliyeed oo mar kale soo dhinac fariisan kara quruumaha dunida.

Sababta caalamku u soo dhaweeyey natiijada shirkii Carta iyo haya'dihii kumeelgaarka ahaa ee lagu dhisay ma ahayn in ay wax waliba ku soo baxeen sidii la doonayey oo biya-kama-dhibcaan ah. Ma jiraan adduunkaan wax ceeb-ka-saliim ah. Dhibaato sidaan u weynna xal buuxa hal shir loogama gaari karo. Waxaase caalamku u dhiirri-galiyey una aqoonsaday in ay tahay *tallaabo hore loo qaaday meel arrinteedu quus joogtey*, **gucun** wax laga dul dhisi karo oo **unkamay**, in la helay meel loogu hagaago magicii qaranka Soomaaliyeed ee sannadaha badan la waayey. Intaa waxaa weheliya iyadoon la hayn wax dhaama ama "wax kale oo lagu doorsado", sida lagu caddeeyey dhawr go'aan oo ka soo baxay Golaha Ammaanka Qaramada Midoobey. Tan

143

kale waxaa lagu dhaqmayey mabda'a ah in ummad kasta lagu tix galiyo go'aanka ay ka gaadho aayeheeda.

Dowladda Zenawi intaas way garawsan kari lahayd, sida dunida inteeda kaleba u garawsatay, haddaaney mabda' ahaan diiddanayn dib u dhalashada dowladnimo Soomaaliyeed. Waa sababta hadda loo wada rumaystay Addis Ababa 'oohinteedu in ay orgiga ka weyn tahay'. Ujeeddadeeda dhabta ahi in ay tahay "maantaa fursad kuugu dhow ee inta ay dhulka taal ka shaqee in ayan ka kicin, inaan dib dambe loo arkin Soomaali dowlad ah oo iskeed u madax bannaan."

5. Maxaa ku kallifaya?

Marka la is weydiiyo maxaa ku kallifaya Itoobiyada Zenawi Siyaasadda noocaan ah, jawaabtu dadka badi waxay iska tustaa in ay jirto *riyo* cusub oo lagu sii amba-qaadayo 'hawshii qabyada ahayd', qorshihii Boqor Minilik ee is-ballaarinta Itoobiya ilaa xeebaha Soomaaliya. Waxaa la tuhunsan yahay Zenawi in uu falkinayo ama maleegayo qorshe dahsoon oo tallaaba tallaaba ah biya-dhiciisuna yahay: si la isaga illaawo arrintii xuduudka labada dal ee aan weli xalka laga gaarin, si ayan mar dambe garab u helin Soomaalida Itoobiya ee weli dulman caraysanna, si aan loo helin Soomaali xoog leh oo is-garabsata; marka hore dalalka dunida u taliya ka dhammayso Soomaaliya in ay noqoto dal Itoobiya looga dambeeyo oo lagu ogyahay ama loo soo maro, isla markaa Soomaalida isku jeedi oo isku jabi adigoo adeegsanaya **qabyaaladda** oo ah qalab si fudud loogu kala furfuri karo. Ha u kala jajabto qoobado yaryar oo qabiil ku salaysan ayna sahlan tahay in midba mid loo adeegsado, mid kastaana uu kuu fuliyo waxa aad *adigu* doonayso. Ugu dambayntana marka ay habboonaato ku ruqaanso oo toos u maamul gayigaas badaha iyo dekedaha badan leh.

Waxaa la tuhmi karaa Meles Zenawi in uu is tusay ama lagula taliyey haddii uu sidaa Soomaaliya ka yeelo in uu heli doono laba faa'iido. Waa mare in uu heli doono yool dibadeed oo uu isaga jeediyo indhaha dadka reer Itoobiya ee ku kacsan dhibaatooyinka waaweyn ee dalkooda yaal awgood. Waa tan labaade in uu magac iyo madaxnimo waarta ku raadsado in uu noqday ninkii fuliyey himilooyinkii faca weynaa ee boqorradii Itoobiya sida Minilik iyo Hayle Salase, himilooyinkaas oo ay ku guul-darraysteen hoggaamiyeyaashii hore.

Gardarro garab og: Waxaa jira saddex arrimood oo laba xagga Soomaalida tahay midina xagga dibadda kuwaas oo Zenawi ku xisaabtamayo in ay u fududaynayaan meel-marinta qorshihiisaas. Tan koowaad waa Soomaalida oo uu ka dhintay wax la yiraahdo dareen waddaninimo. Tan labaadna waa iyaga (Soomaalida) oo imminka ku sakhraansan weligoodna aan laga waayi doonin kala qaybsanaan iyo is-majaxaabin ku dhisan xintan qabiil iyo kursi-doon, taas oo keenaysa in aan marna la waayin qaar dano riqiis ah la hoos gala madaxda Itoobiya.

Arrinta saddexaad ee Zenawi ku xisaabtami karo, xagga dibadda, waa garab uu qorshihiisan uga helo Maraykan oo maanta dunida xukuma, maadaama uu maamulka Bush dhinacna ku weyraxsan yahay 'la-dagaallanka argagixisada' oo ah "la-jiifyaana bannaan"

145

dhinac kalena uu weli hibanayo dekanadii askartii uu toban sano ka hor ka laayey dagaal-oogihii qudhiisa lagu dilay dagaalka sokeeye iyo waji-gabaxii uu u soo jiiday Dowladda Maraykanka. Waxaa jira tuhun weyn oo dadka qaar qabaan in uu maamulka Bush Meles Zenawi u wakiishay ka-aargoosiga Soomaalida, taasina ay sabab u tahay ku-daawashada ayan cidina "ka daaya" oranayn waxyaalaha aan soo tilmaanay ee ay Soomaaliya ka samaynayso xukuumadda Itoobiya ka talisa, kuna hor-taagan tahay in ay Soomaalidu dib u hesho nolol sharaf leh.

6. Dhiillo cusub

Arrintani waxay dhalisay dadweynihii Soomaaliyeed ee sannado yar ka hor meel walba ka lahaa "Itoobiya belaa nugu dirtaye la ogaayoo waxay noqotay walaal jira" in ay mar kale candhuuftooda dib u liqaan. Waa innaga aragna qayla-dhaanta dadkii Soomaaliyeed meel ay joogaanba la dhawaaqayaan. Carada laga mudaaharaadayo hub-isugu-dhiibka Itoobiya iyo xad-gudubka ay ku samaynayso haybaddii madax-bannaanida qarannimo (*national sovereignty*) ee Soomaaliya. Bannaan-baxyada iyo qoraallada muddooyinkaanba Soomaalidu baahinaysey biya-dhacoodu wuxuu ahaa fikradda uu xambaarsan yahay cinwaanka mid ka mid ah maqaalladii bartamihii sannadkan (2002) internetka ku faafayey, kaas oo hal-ku-dheggiisu ahaa "Itoobiya waa kansarka ku dhex jira xididdada siyaasadda Soomaalida maanta."

Haddaan soo qaadanno tusaale tilmaan muran-ma-doonta ah ka bixinaya dhiillada dadka Soomaaliyeed ka qaaday siyaasadda aan soo tilmaannay ee Dowladda Itoobiya, waxaa wax badan noo sheegaysa afti ballaaran oo bartamihii bisha Abriil, 2002, uu aqristayaashiisa ka qaaday hoyga internetka ee Hiiraan Online. Su'aalaha dadka loo bandhigay waxaa ka mid ahayd: dowladaha dariska tee baa ugu neceb ee hortaagan dowlad Soomaaliyeed in ay dib u dhalato cageheedana isku taagto? Dad fara badan oo dunida daafeheeda kala jooga ayaa ka qayb galay aftida Hiiraan Online. Tiradii ugu badnayd (76%) waxay isku raacday "waa Itoobiya". Natiijada aftidaan ayaa caddayn ugu filan wajiga ay dadka Soomaaliyeed ka arkeen madaxda Itoobiya in uu yahay mid si nacabnimo ku jirto Soomaalida la isugu dhiibayo dab ay isku gubaan, ama lagu soo hoggaaminayo shisheeye guba, la iskuna hor-taagayo ciddii isku dayda in ay dab-damis ula soo gurmato.

Hawl-galka noocaan ah ee ay xukuumadda Itoobiya awooddeeda oo dhan ku jeedisey wuxuu aad u xoogaystey muddadii ka dambeysey weerarkii argagixisadu ku qaadday Maraykanka, 11 September 2001. Addis Ababa waxay xooggeeda saartay in ay carada Maraykanka iyo dagaalka caalamiga ahe argagixisada uga faa'idaysato in uu noqdo jid ay ku bannaysato fara-galinta Soomaaliya iyo burburinta natiijooyinkii ka soo baxay shirweynihii Carta. Arrintani waxay gaadhey heer qofkii Soomaali ah ee laga dareemo in uu ka yare walaacsan yahay nooca fara-galinta xukuumadda Zenawi lagu shaabbadeeyo in uu yahay "Al-Itixaad" iyo argagixiso ku xiran *Al-qaacida.* Tani

147

waxay na xasuusinaysaa xilligii xukunkii keli-taliye
Siyaad Barre, markaas oo qofkii la dareemo in aanu
raalli ka ahayn xad-gudubka siyaasadeed ee talisku ku
kacayo lagu shaabbadayn jirey "waa qaran-dumis", taas
oo bannaynaysa in sidii la doono loo ciqaabo. Runta
taariikhduna waxay dib ka caddaysay "qaran-dumiska"
dhabta ahi in uu ahaa taliska qudhiisa. Qaranka wixii
lagu dumiyeyna waxay ahaayeen cabburinta iyo
ciqaabidda dadkiisii sama-doonka ahaa.

7. Maxaa talo ah?

Soomaalida waxaa la gudboon dhawr tallaabo oo ay
suurta-gal tahay in ay yareeyaan baaxadda dhibaatadaan,
siiba cawaaqibka dambe. Tallaabooyinkaas waxaa ka
mid ah:

- In lagu fara adaygo xiriir-wanaaggii iyo is-fahamkii
  u bilowday labada shacab dhawr iyo toban sano ka
  hor. Waxa laga tirsanayo hoggaamiyeyaasha
  siyaasadda ma habboona in aanadooda lagu
  colaadiyo ummad-weynta Itoobiya;
- In la is gaarsiiyo wacyi-galin Soomaalida lagu
  waaninayo in ay iska ilaaliyaan, marka ay war-
  baahinta isticmaalayaan, hadallo laab-la-kac ay
  hoggaaminayso caro aan cilimiyaysnayn, taas oo
  xoqaysa boogihii hore ama soo noolaynaysa
  yooyootankii ku dhisnaa qola-nacaybka (*chauvinism*)
  ee ka jiri jirey labada dhinacba. Borobagandada
  noocaan ah cudur uun bay sii beertaa waxes ma tarto;
  sidaa awgeed waa in laga koraa oo laga il-baxaa,

loogana gudbaa dood cilmiyaysan iyo gar-naqsi. Waa in loo horseedaa in labada dhinac mid kasta la eego waxa uu ku gar leeyahay iyo waxa looga gar daran yahay. Tusaale ahaan waa in si deggen oo dhexdhexaadnimo ah loo dersaa welwelka Itoobiya ka qabto arrinta xuduudaha iyo dagaal dhanka Soomaaliya uga yimaada, hadday soo noolaato Dowlad Soomaaliyeed oo awood leh. Waa in laga shaafiyaaItoobiya in ayan taasi dhici doonin iyo in sida ugu sahlan ee lagu xallin karo arrinta xadka ee isticmaarku abuuray ay tahay in la helo laba dowladood oo uu ka dhexeeyo xiriir saaxiibtinimo, walaalnimo iyo daris-wanaag ku dhisan, labada dalna isu furan yihiin isku qabaan kalsooni buuxda, dadka Soomaaliyeed ee Itoobiya ku dhaqanna haystaan caddaalad iyo xaq dhawr ay si buuxda ula siman yihiin qowmiyadaha kale, xorna u yihiin ismaamulkooda iyo aayohooda sida kuwa kale. Marka intaa loo ballan qaado waa in Dowladda Itoobiya iyadana dhankeeda laga helaa ballan qaad aan afka uun ahayn oo ay ballan qaadayaan in ay carqaladaynta ka daayaan, gacan daacadnimana ka geystaan nabadaynta Soomaaliya iyo dib-u-soo celinta dowlad qaran;

- Itoobiya, maadaama aan la kala maarmin, aayaha Soomaalidana wax badan ku xiran yihiin, dano la waadaagaana jiraan, waa in dowlad ahaan iyo dad ahaanba lala yeeshaa dood-wadaag ku dhisan is-qancin, gorgortan iyo isu caqli-celin joogtaysan, kuwaas oo loo maro waddooyin kala duwan: wada-hadallo diblomaasiyadeed, dhambaallo warfaafineed,

149

diraasado cilmiyeed, wada-xiriir iyo kulano toos u dhex mara labada shacbi oo ay matalayaan ururrada bulshada rayidka ah, waxgaradka iyo xarumaha aqoon-faafinta. Wada-xariirradaas oo dhan waa in ay noqdaan kuwo ku dhisan niyad-wanaag iyo is-faham-doon lagu beddelo kuwa is-hadal haynta imminka labada dhinacba uga jirta hab ka dab-qaadanaya jawi colaadeed ama is-sharaysi iyo is-xamasho lagu sii kala fogaado. Wada-xariirkaas waa in ay Soomaalidu ku dadaashaa in ay fahamto waxa Itoobiya gocanayso iyo waxa ay ka baqayso, ka dibna laga shaafiyaa laguna qanciyaa danta labada dalba in ay ku jirto is-xurmaynta iyo iskaashiga, cid cidda kale tirtiri karta ama gumeysan kartaana ayan jirin; maalinba qolaa itaal roonaanaysa, taariikhduna waa meerto. Sidaa awgeed cidna dani uguma jirto joogtaynta colaadda iyo aanada meertada ah. Waa in la helaa waddooyin xaqiiqdaas loogala doodo ama loogu qanciyo wax-garadka Itoobiya, annagoo aan u muuqan dad laga awood roonaaday oo baqay ee u muuqanna dad bislaaday oo helay waaya-aragnimo ku filan, sidaa awgeed yeeshay maskax ka beddelan tii gabowday ee lagu khasaaray.

- In beesha caalamka laga dhaadhiciyo lalana garabsado in dib-u-heshiisiinta Soomaalida fureheedu uu yahay dib-u-heshiisiin horta loo sameeyo Itoobiya iyo Soomaalida ka baxsan xulufadooda, ama in Itoobiya laga helo damaanad-qaad ficil ahaan la taaban karo oo ay ku damaanad-qaadayso daacad-ka-noqoshada nabadaynta Soomaaliya. Ilaa taa la helo waa in aan la isku daalin ama waqti dambe lagu lumin

'Soomaali baa dib loo heshiisiinayaa'. Sidoo kale waxaa aad loogu baahan yahay in Maraykanka iyo dalalka Midowga Yurub, siiba Ingiriiska, si joogtaysan looga dhaadhiciyo in ay u caqli-celiyaan Dowladda Itoobiya. Waxaa taa ka sii muhiimsan in dalalkaas si joogta ah looga digo cawaaqib-xumada ay cid walba u yeelan doonto haddii lagu sii socdo *siyaasadda dahsoon* ee dulucdeeda dhabta ahi tahay in **ummadda Soomaaliyeed la hoos-galiyo cagta Itoobiya, sabab diineed awgeed.**

CUTUBKA 3aad

III. DAMQASHADA JABUUTI: DADAAL DIIWAAN-GALIN MUDAN

'Gurbaan ama garabkaaga ha kuugu jiro
ama gacalkaa ha kuu hayo'
(Murti Soomaaliyeed)

Cutubkan waxaan ku taataabanaynaa kaalinta ay arrinta Soomaaliya kaga jirto Jamhuuriyadda Jabuuti, taas oo ah kaalin aad u muhiim ah sida ay muhiim u tahay tan Itoobiya ee aan ka soo faalloonay. Sida Itoobiya ayay Jabuuti awood wixii ay haysey u jeedisey xagga Soomaaliya saddexdii sano ee ugu dambeysey. Labada dowladood waxay iska shabbahaan xagga muhiimnimada kaalintooda iyo baaxadda hawl-galka ay ugu guntadeen arrimaha Soomaaliya; waxaase kaaf iyo kala-dheeri ah labada yool ee ay ku kala jahaysan yihiin labadooda hawl-gal. Waxay kala taagan yihiin laba cirif oo cagsi isu ah (is-weydaar ah). Waa sida laba ciyaartoy oo ku loollamaya kubbad midkood yool (shabaq) ku laadayo kan kalena difaac kaga jiro ee dhanka kale u laadayo ama yoolkaas ka duwayo. Kubbaddan oo ah geeddi-socodka dib-u-heshiisiinta Soomaalida *Jabuuti waxay ku mintidaysaa in ay la beegsato yoolka ah soo-celinta qarannimadii luntay ee Soomaaliya, halka Itoobiya u guntan tahay in ay kubbadda ka weeciso ama ka celiso yoolkaas isaga ah,* sidii aan hore u soo faahfaahinay.

Saddexdii sano ee u dambeysey Jabuuti arrinta Soomaaliya waxay ka qaadday tallaabooyin aad u dhiirran aadna u waaweyn, tallaabooyin u muuqda in ay ka weyn yihiin tabarteeda, marka lagu xisaabtamo in ay tahay dowlad aad u yar saboolna ah. Tallaabooyinkaasi waxay raad lama-illaawaan ah ku reebeen taariikhda socota ee Soomaaliya, waxayna keeneen isbeddello dhaxal-reeb ah.

Khudbaddii jid-bixiyeenka ahayd ee uu Madaxweyne Ismaaciil Cumar Geelle ku gilgilay damiirka caalamka 23kii Sebtember 1999kii, markii uu la hadlayey Fadhiga Golaha loo dhan yahay ee Qaramada Midoobey, iyo hawl-galkii Dowladda Jabuuti u guntatay bilihii taariikhdaas ka dambeeyey lana baxay *'Hindisaha Jabuuti'* waxay qaadeen waahabkii quusta ee saarraa ummadda Soomaaliyeed. Waxay nolol ku soo celiyeen isku-kalsoonidii iyo yididiiladii dhimatay ee dadka Soomaaliyeed. Wuxuu Madaxweyne Geelle shicbi-weynaha Soomaaliyeed dareensiiyey adduun-weynahana kula dooday in ay bulsha-weynta Soomaaliyeed tahay tan xaqa u leh in ay ka taliso aayaha dalkeeda ayna qalad tahay in talada dalka ay ku keliyaystaan dagaal-oogayaashii waddanka burburiyey welina sii burburinaya. Hadallada Ismaaciil iyo hindisaha Jabuuti waxay dadka Soomaaliyeed u bidhaamiyeen ilays ay ugu hirtaan dib u dhis qarannimadii ka duntay (nation-building vision). Marka la soo koobo Reer Jabuuti waxay Soomaalida u muujiyeen in ay yihiin gacal u soo gurmaday si ay dhibaatada uga saaraan; fal-celiskii shicbi-weynaha Soomaaliyeedna wuxuu noqday kacdoon farxadeed iyo taageero aan dhiggeed hore loo arag oo la isku barbar-taagey Hindisihii Jabuuti, sidaan arki doonno.

A. Gurmad Gacal iyo guddoon ummadeed

'Gacal' waa eray aad u dhumuc weyn oo aan la gaari karin dulucda uu xambaarsan yahay dacalladeeda durugsan: ehelnimo, u-habrasho, jacayl, dareen-wadaag, naf-qaybsi kwd. Isku soo wada duuboo gacalkaa waa inta kula jecel wax wanaagsan kuguna taakulaysa, hadday awoodaan. Dhanka kale waxaa ka soo jeeda 'nacab'. Waa inta dhibaatada kula jecel ama kuu maleegta. Qof kasta, qolo kasta iyo qaddiyad kastaa waxay leeyihiin 'gacal' iyo nacab ay tahay in la kala garto inta goori goor tahay, si aan goor xeero iyo fandhaal kala dheceen loogu calaacalin:

'Ninkaan ciribta qodaxda uga guray oo gunnada siiyey
Asna waranka ila gaadayaan gacalkay moodaayey'
(Dhoodaan).

Haddaan niri gacal waxaa yeesha qof, qolo ama qaddiyad, waa tan ugu dambaysa (qaddiyad) midda aan halka uga hadlaynnaa. Qaddiyadda ah *dib u soo noolaynta qarannimadii Soomaalida ee la burburiyey* gacalka koowaad ee u soo ban-baxay wuxuu noqday Jamhuuriyadda Jabuuti. Reer Jabuuti waxay u guntadeen gurmad badbaadin ah oo ay dadka Soomaaliyeed ugu muujiyen diir-nax sokeeyenimo.

Tallabadaasi waxay aad u ruxday shucuurta bulsha-weynta Soomaaliyeed. Waxay dadka ku dhalisay lahasho ehelnimo oo aad ugu duxday lafta iyo diirka. Shucuurta caynkaas ah shacbiga Soomaaliyeed wuxuu ku muujiyey bannaanbaxyo taageero ah, qoraallo tala-kordhin ah iyo mowjado suugaan ah oo mar qura ka soo burqatay hal-abuur ay laabtooda ruxday laydha cusub ee yididiilada Jabuuti ka bidhaantay.

Birmadkaas Soomaalidu meel ay joogteyba Jabuuti isku barbar taagtey biya-dhiciisa waxaa hal-ku-dheg u ahaa: "Calool nimiraad ka soo celisee Ismaaciil Cumar Geelle caan noqo!". Tuducaan la wada xasuusto ee uu tixeeyey abwaanka weyn ee waddaniga ah, Cabdulqaadir Xirsi Yamyam, wuxuu ka mid ahaa badweyntii ducada iyo bogaadinta ee ka soo burqatay shacbiga Soomaaliyeed ee dhibaatadu dilootay, iftiin rajo aan la filaynna ka dhex arkay gurmadka ay u tafa xayteen Ismaaciil Cumar, dowladdiisa iyo dadka reer jabuuti oo aan u kala harin.

Jabuuti waxay noqotay cidda keliya ee shacbiga Soomaaliyeed ka kasbata abaal-hayn iyo taageero lala soo bannaan baxo, markii ugu horreysey muddo tobanaan sano ah. Dadkaas ducada iyo bogaadinta la soo birmaday safka hore waxaa kaga jirey dumarka, danyarta dayacan, dadka qaxootiga ah iyo suugaanleyda dareenka nugul. Soomaalidaa tabaalaysan waxay madaxweynaha markaa cusbaa ee Jabuuti u arkeen badbaadiye "gacal" ah oo Ilaah ugu soo diray in uu ka soo saaro "caloosha nimiriga". Suugaan iyo murti fara badan ayaa lagu muujiyey Jabuuti in ay tahay "gacal soo gurmaday", sokeeye "noo damqaday" dan kaloo waddaana jirin.

156

Dareenkaas weli sidii ayay u qabtaa Soomaalida inteeda badan ahna inta u oomman in uu dalkoodu dhibaatada ka baxo.

In kastoo hawl-gal kasta aan laga waayi karin goldaloolooyin, welina aan si buuxda loogu guulaysan himiladii la higsanayey (dowladnimo loo dhan yahay oo dhibaatada soo af-jarta) haddana Soomaalida samadoonka ah ahna aqlabiyadda ballaaran sidii ayay weli u aragtaa Jabuuti in ay tahay sokeeyaha dad ugu dhow dadaalka ugu daacadsanna u galay welina ugu jira in Soomaaliya lagu garab-galo sidii ay uga bixi lahayd silica ay ku jirto, sharafteediina u soo ceshan lahayd. Arrintaas marag cad waxaa maalin aan fogeyn ka furtay aftidii aan hore u xusnay ee Shabakadda Hiiiraan Online dadka faraha badan ka qaadday bishii Abriil, 2002da. Sidii aan hore u sheegnay aftida waxaa ka qayb galay boqollaal Soomaali ah oo ku kala baahsan dalka gudihiisa iyo dibaddiisaba. Ka-qaybgalayaashu markay ka jawaabayeen su'aasha ah "dowladaha dariska waa tuma tan ugu daacadsan ee ugu jecel in dib loo dhiso dowlad Soomaaliyeed oo madax bannaan cageheedana isku taagta" aqlabiyad aad u ballaaran (ku dhawaad 80%) ayaa ku codaysay "waa Jabuuti."

Natiijada aftidaan waxay noo caddaynaysaa in si kastoo la isugu dayay in Jabuuti lagula soo galgasho xasaasiyadaha siyaasadeed iyo xiniftanka kooxaha iyo dhinacyada isku haya siyaasadda Soomaalida, taas oo qabqablayaasha qaarkood dadka ku xoqaan "qolo heblay la jirtaa iyo annaga way naga jirtaa", haddana in aan dadka Soomaaliyeed ee wanaag-doonka ah wax mugdi ahi ka galin dadaalka naf-la-qaybsiga ah ee Jabuuti ku mintidayso badbaadinta Soomaaliya. Aftidu waxay na tustay in ay ummadda Soomaaliyeed u caddahay Jabuuti in ay daacad ka tahay badbaadinta Soomaalida, tabari meel ay gaarsiisaba. Waxay gilgilatay soona gurmatay markay aragtay "gayiga gablanka" noqday iyo "gulufka nacabka" ee gees walba ka soo galay, godkana ku sii aasaya.

Soomaali horaa ku maahmaahday "Gurbaan ama garabkaaga ha kuugu jiro ama gacalkaa ha kuu hayo." Nasiib-darro, Soomaali maanta ma jiro "garab" u fayow oo ay ku qaadato gurbaankeeda. Toban sano ayuu gacan nacab ku jirey gurbaankii loo tumayey "ha la galo arrinta Soomaaliya". Halka loo gurbaan-tumayey iyo hungadii la isku maaweelinayey waa taan hore u soo qeexnay. Tani waxay marag u tahay maahmaahdu in ayan ku qaldanayn digniinta ay ka bixinayso khatarta ay leedahay gurbaankaaga oo ku jira gacan ku lug goynaysa.

Waxay sidaa ahaataba waa kii maalin maalmaha ka mid ah ka dhex kacay ina Cumar Geelle. Waa kii qolxadkiisa la baxay, guutadii dibindaabyada giirka u kiciyey, gurbaankiina ka dhifsaday. "Hooyadiisaa nin dhashay!" waa tay ku mashxaradeen hablaha Soomaaliyeed iyo hooyooyinkood. "Haddaba gurbaankii maantuu gacalkeen gacantiisa soo galaye kaalayoo la hela jaanta iyo jiibka!" ayaa la isugu baaqay. Waa tay sawaxanka yididiilada iyo sawdka taageeradu sannad dhan kala go'i waayeen. Waa tii ka-qayb-galka Shirkii Carta mashriq iyo maqrib laga soo xusul-duubay. Qofkii tikid diyaaradeed iibsan karey wixii uu hayeyba wuu u huray. Kii kalena gaadiidka uu marba heli karo ayuu ku booday. Bad iyo birri meeshuu mari karayey ayuu soo maray. Qaar kaloo badan way iska soo qarda-jeexeen. lugta iyo is-biimayntu ma yarayn, sidii ay yeeli jireen xujeydii qarniyadii hore ee bilaha u qarda-jeexi jiray 'mar uun kacbadii tag'. Waxay noqotay 'Muddo waa Taleex', 'madashu waa Jabuuti'. Iyadoon marti-qaad iyo visa midna laga sugin waa tii sida daadka Carta loogu wada qulqulay, ciddii timaaddana Dowladda Jabuuti waxay ku qaabishay qalbi furan iyo "minanku minankaagii waaye, ku soo dhawow haddaad soo kordhinayso talo wax lagu dhiso!"

Xataa hoggaamiye-kooxeedyadii markii dambe shaarkoodii runta ahaa dib u gashaday, geeddi-socodkana ka hor yimi, markii hore waxay noqdeen wax taageerada bulsha-weynta gurdan-raacay oo jabuuti iska xaadiriyey iyo mid iyo laba muddo gabbaday oo iska aamusay. Marka ay is rogeen ee rasaas-urursiga bilaabeen waa mar dambe oo ay madaxda Itoobiya qorshe cusub la galeen, dhanka kalena Dowladdii kumeelgaarka ahayd ee la dhisay dulduleello badan laga helay dardartii iyo hawl-galladii laga filayeyna laga arki waayey. Is-rogrogayaashaas waxay hal-hays ka dhigteen: "Carta, ama Hindisaha Jabuuti wuu fiicnaa waase la marin-habaabiyey." Micnaha ma jirto cid ku doodday Jabuuti in ay ku qaldanayd ama ayan daacad ka ahayn gurmadka ay ku tallaabsatay. Ilaa maanta haddaad la sheekaysato dadka ugu fog ee ka hor yimid natiijadii ka dhalatay Shir-weynihii Carta (Dowladda KMG ah), qof kastaa wuxuu qirayaa Shir-weynihii Carta in uu ahaa tallaabo taariikhi ah iyo fursad qaali ah, wuxuu raacinayaa "haseyeeshe gabagabadeedii ayaa marin-habow ku dhacay dowladdii ka dhalatayna waa lagu hungoobay."

Marar badan dadka waxaa isaga qaldan Shirkii Carta iyo dowladdii ka dhalatay. Aad ayay muhiim u tahay in *la kala saaro* labadaan arrimood oo ah laba kala duwan, ku kala duwan xagga waqtigii ay socdeen, halkii ay ka socdeen iyo cidda socodsiinaysey ama masuulka ka ahayd intaba. Waa laba ay tahay in midba gaarkiisa loo eego looguna sameeyo qiimaynta uu mudan yahay. Baalasha soo socda waxaan gorfayn kooban ku samaynaynnaa labadan arrimood (Shirkii Carta iyo dowladdii ka dhalatay) midba markeeda, annagoo faallada u badinayna dhanka Shir-weynihii Carta. Labada arrimoodba waxaan ka abbaari doonnaa iftiiminta dhinacyo aaney cidina hore u iftiimin, dhinacyo ay ag maraan dadka ilaa imminka arrimahaan ka faallooday, waana dhinacyo aan u arko in ay yihiin kuwa mudan darsi-ka-qaadashada iyo diiwaan-galinta taariikhda.

B. Shirkii Carta maxaa loogu guulaystay maxaase laga dhaxlay?

Dad badan ayaa is weyddiiya waxa u gaarka ahaa Shir-weynihii Carta ee uu ku noqday kii ugu horreeyey ee guulaysta ka dib ilaa 12 shir dib-u-heshiineed oo wada guul-darraystay. Waxaa kaloo isweyddiin mudan casharrada laga bartay ama laga baran karo farsamooyinkii shirkan lagu hirgaliyey, kuwaas oo mudan in ay ka tilmaan-qaadato ciddii doonaysa in lagu guulaysto shirarka mustaqbalka ee dib-u-heshiisiinta

160

Soomaalida. Isweydiinta saddexaad, Waa maxay waxa Jabuuti muujisay ee hindiseheedii nabadaynta Soomaaliya u soo jiiday taageerada aan dhiggeed hore loo arag ee ay ka heshay bulsha-weynta Soomaaliyeed meel ay joogtaba iyo waliba beesha caalamka, taageeradaas oo aan kor ku soo faahfaahinay? Ummuurahaan oo dhan sababaha suurta galiyey, si cadna u muujiyey Jabuuti in ay tahay sokeeye Soomaaliya cid walba uga dhow, waxaa ka mid ah kuwa hoos ku taxan:

1. *Awood-siinta & la-tashiga bulsha-weynta*

Hindisaha Jabuuti wuxuu bulsha-weynta Soomaaliyeed ka xoreeyey af-duubkii dagaal-oogayaasha ee ay tobanka sano jidaynayeen ama dhiirri-galinayeen quwadaha dibaddu, sidii aan hore u soo tilmaannay. Laga bilaabo erayadii dabka ka caddaa ee khudbadii Madaxweyne Geelle Qaramada Midoobay kaga hor-dhawaaqay furitaanka Geeddi-socdka Nabadaynta Soomaaliya, Jabuuti waxay toos u taabatay dareenka dhabta ah ee shacbiga Somaaliyeed iyadoo si aan af-gobaadsi iyo dul-ka-xaadis lahayn ugu bareertay in ay toos farta ugu fiiqdo furihii xalka ee la iska indha tirayey; kaas oo ahaa ummadda inteeda badan in talada lagu celiyo lagana xoreeyo af-duubka inta yar ee ka beec-mushtaraysa dagaal-hurinta iyo dhiig-daadinta.

Maalintaas laga bilaabo waxaa furmay bog cusub. Waxaa ciidda galay calankii qabqablayaasha dagaalka. Waxaa cagta hoosteeda ka soo baxay calankii bulsha-weynta qaybeheeda kala duwan, sida hoggaamiye-dhaqameedyada, dumarka, ganacsatada, aqoonyahannada, ururrada bulshada rayidka ah iwm. Intaas oo dhan ayaa mar qura hareeraha ka soo fariisatay miiskii lagu gorfaynayey loogana gorgortamayey talada dalka, miiskaas oo muddo dheer u xirraan jirey dagaal-oogayaasha oo qura.

Waxay noqotay taariikh bilaabatay, dunida la aqbalsiiyey, cid dib u celin kartaana jirin. Waa sababta aan maanta u aragno in ay Kenya iyo Itoobiya (oo labaduba aan hore u aqoon cid aan ahayn dagaal-ooge ama hoggaamiye-kooxeed) khasab ku noqotay in ay shirkii dambe ee Kenya lagu qabtay ku casumaan wakiillada dhammaan qaybahaas bulsha-weynta ee aan soo tirinay, ahna kuwii lagu gardaadiyey Shirweynihii Carta. Tani waa midh ka mid ah miraha waari kara ee laga dhaxlay hindisihii Jabuuti.

Arrin kale oo ay Jabuuti curisay, shirka guushiisa caawisay, ahna cashar istaahila in Carta laga barto haseyeeshee ayan ku camal falin maamulayaashii shirka Kenya, waa la-tashigii ballaadhnaa ee ay Dowladda Jabuuti la yeelatay qaybaha kala duwan ee bulsha-weynta Soomaaliyeed iyo siyaasiyiintaba. La-tashigaas saldhigga looga dhigay Shirweynihii Carta wuxuu u dhacay qaabab kala duwan: waxaa la ururiyey talooyin fara badan oo dadka Soomaaliyeed dibad iyo gudaba ku soo gudbiyaan dhambaallo, fakisyo iyo farriimo afeed oo ay keeneen ergooyin aan rasmi ahayn oo iska soo daba dhacayey. Waxaa la diray wufuud soo martay gobollo kala duwan oo ka mid ah Soomaaliya. Waxaa la qabtay aqoon-isweydaarsiyo la-tashi ah oo loo qabtay aqoonyahanada, ganacsatada, hoggaamiye-dhaqameedyada iwm. Waxay ahayd taariikhda markii ugu horreysey ee bulsha-weynta Soomaaliyeed la-tashi gogol-dhig ah lagala yeeshay qabanqaabada shir loo qabanayo dib-u-heshiisiinta ummadda Soomaaliyeed, waxayna noqotay tallaabo kaalmaysay guulaysiga shirka.

2. 'Annaguna gogosha idinkuna go'aanka'

Reer Jabuuti waxay hal-abuureen, kuna shaqeeyeen amba-qaadkii caanka noqday ee ahaa 'annaguna gogoshaan leenahay idinkuna go'aanka'. Waxay ahayd markii ugu horreysey ee bulsha-weynta Soomaaliyeed qaybeheeda kala duwan ay fursad u heleen fagaare dimoqraaddi ah oo ay uga qayb galaan go'aan-ka-gaaridda aayaha dalkooda. Markii ugu horreysey ayaa dadka Soomaaliyeed fursad loo siiyey in inta lagu marti-galiyo dal kale haddana iyaga loo daayo ama xornimo loo siiyo talada shirkooda iyo arrimihiisa. Tan ayay ahayd arrinta ummaddii Soomaaliyeed ee la heshiisiinayeyna deeqday adduun-weynuhuna tixgaliyey ee ku aqoonsaday go'aankii dadka Soomaaliyeed tala-wadaagga ku gaareen.

3. U-babac-dhig waqti aad u dheer

Marti-galinta Shirweynihii Carta Jabuuti waxay u hurtay waqti aad u dheer oo iska furan, annagoo garanayna baaxadda kharashkii maalin kasta ku baxayey kumanaankii qof ee la marti-galinayey. Madaxweynaha iyo Dowladda Jabuuti waxay mar kasta ka-qayb-galayaasha shirka ku kalsooni galinayeen "Waqtigaad doontaanba jooga, laakiin natiijo uun gaadha."

163

Kharashka xad-dhaafka ah ee ku baxayey waa halkiisa, waxayse ahayd arrin waxtar weyn leh kana mid ah arrimihii dhaliyey in natiijo laga gaaro shir ay hor yiilleen arrimo aad u qallafsan aadna xasaasi u ah.

Tani waxay ka mid tahay casharrada cusub ee laga bartay Shirweynihii Carta ayna ka qaateen abaabulayaasha Shirweynihii Kenya.

4. Naf-la-qaybsi iyo isku-tashi

Arrinta ugu cajiibsan ee dunidu rumaysan kari weydey waxay ahayd go'aankii Jabuuti ku gaadhey in ay keligeed dhabarka u ridato kharashkii xad-dhaafka ahaa ee ku baxayey Shirweynihii Carta. Waxaa lala fajacay sida ay suurta-gal ku noqon karto Dowlad yar oo sabool ah in ay iska tiiriso culayska sidaa u weyn, iyadoo awelba laga yaabbanaa sida ay isaga tiirin doonto culayska kale ee maamulka iyo maaraynta shir sidaa u weyn una qallafsan.

Halkii qayrkood quruumo kale xoolo uga doonan jireen dib-u-heshiinta Soomaalida, Jabuuti oo itaalkeeda dhaqaale la ogyahay, waxay ku adkaysatay: "jeebkayagaan u baaraynaa dadkan aan walaalaha nahay, furinkaan la kala jabsanaynaa, gacal isma ciriiryo".

Naf-la-qaybsigaan waxaa loo galay olole qaran oo aan loo kala harin, laga bilaabo madaxweynaha ilaa miyi-joogga meelaha ugu fog geela ku raaca. Muddo sannad ku dhow ayaa qaranka oo idil dhexda marada ku xirtay. Mucjiso dunida ka yaabisa ayay noqotay sida uu dal Jabuuti oo kale ah awood ugu yeeshay marti-galinta ilaa 3000 oo mici-gamaar ah meel kalena aan shilin ka soo galayn muddo lix bilood gaaraysa. Mucjisadan waxaa suurta galiyey is-xilqaanka qof kastoo reer Jabuuti ah asagoo ku faraxsan iska xil-saaray in uu walaalihiisa martida ah furinka (rootiga) la kala jabsado: shaqaaluhu bilowgiiba waxay ku deeqeen bil mushaarkeed; ganacsatadu badeecooyinkooda ayay nooc kasta saareen boqolkiiba qaddar cayiman, xataa islaamaha danyarta ah ee suuqa tamaandhada ku iibiya way ka qay-qaateen qaaraanka; haya'duhu tabarrucaad ayay ku tartameen; xaafadaha oo dhan waxay iska ururiyeen qaaraan dumarku hoggaaminayo; xataa xoola-dhaqatada miyiga ugu fog jooga maalin kasta waxaa Carta imaan jirey qaar wada xoolo nool oo ay u soo hadiyeeyeen in ay ku marti-sooraan ka-qayb-galayaasha shirka. Ma ahayn uun arrin dowladi wadato balse wuxuu ahaa gurmad ummad idil u wada guntatay, olole qaran u gashay, hawlihii dalkeedana hakad u galisay muddo sannad ku dhow! Xafiisyada dalka laga hoggaamiyo oo ay ka mid yihiin Madaxtooyada, Wasaaradda Arrimaha Dibadda iyo Warfaafinta waxaa muddada sidaa u dheer heegan loo wada galiyey hawlaha geeddi-socodka nabadaynta Soomaalida. Wasiirkii u xil-saarraa Arrimaha Dibadda Jamhuuriyadda Jabuuti, Mudane Cali Cabdi Faarax, oo laga dhigay Guddoomiyaha Golaha Qaran ee Nabadaynta Soomaaliya, muddadaas sannadka ku dhow hawsha qura ee uu ku foognaa waxay ahayd hawlaha dib-u-heshiisiinta Soomaalida. Madaxweynuhu kor-meer joogta ah ayuu ku tagi jirey goobta shirku ka socdo, asagoo marar badan habeeno u soo jeeda furdaaminta dhibaatooyinka marba qarxa. Run ahaan waxa Jabuuti samaysay wuxuu ahaa naf-hur ay dhif iyo nadir tahay cid laga heli karo.

6. *Lahasho sokeeyenimo oo lafaha taabatay*

Arrinta shanaad ee lama-illaawaanka ah waa la-dareen-wadaaggii ama shucuurtii ehelnimo ee ay dadka reer Jabuuti u muujiyeen walaalohooda martida u ah. Dadkani rag iyo dumar, miyi iyo magaalaba waxay Soomaalidii shiraysey ku soo dhaweeyeen lahasho kal iyo laab ah. Waxay u muujiyeen damqasho sama-jeclenimo oo aad dariiq kasta kula kulmayso markaad magaalada dhex socoto. Qofkii reer Soomaaliya loo garto marka uu xaafadaha dhex marayo dumarka iyo carruurtu way ku soo wada xoomayeen: "Arrintii ma hagaagtay?" "guulaysta, guulaysta!" "waan ni garab joognaa" "Ilaah haddaad taqaaniin ummaddiinii fara madhnaan ha kula noqonina!". Lama tilmaami karo shucuurtii dadka caadiga ah ee reer Jabuuti ku muujinayeen heesaha, mashxaradda dumarka, hadaaqa dhallaanka, ducada culimada iwm.

Mararka qaar waxay gaari jirtey heer dadku wada ilmeeyo ilaa madaxweynaha. Shucuurtaas reer Jabuuti muujiyeen wax weyn ayay ka tartay guushii shirka laga gaarey. Waxay ka xishoodsiisey Soomaalidii is wada haysatey ee gorgortanka ba'an ku jirtey. Qof kasta iyo qolo kastaa waxay ka xishoodeen in ay sabab u noqdaan tacab-khasaar iyo niya-jab ku dhaca dadka walaalohood ah ee ku marti-galiyey qalbi-wanaagga iyo sama-la-doonka heerkaas gaarsiisan. Cid wax ku siisa waad aragtaa wayse adagtahay si aad ku hesho wax kuu ilmeeya, kuu ooma, kuuna eedooba, sida ay yeeleen reer Jabuuti, dowlad ahaan iyo dad ahaanba. Raad-reebka laga dhaxlay gurmadkii Jabuuti waxaa ka mid ah is barashada labada ummadood iyo kobcinta dareen-wadaagga labada dad ee walaalaha ah.

Dhab ahaan dhinacyada dhaqanka iyo laab-dhaqaaqu (cultural and emotional aspects) waxay ahaayeen tiir qaali ah oo ka mid ah tiirarkii Shirweynihii Carta guushiisa caawiyey. Mana jiro dal kale oo labadaa arrimood laga heli karo ama dadkiisu sidaas ula dareen wadaagi karo dadka Soomaaliyeed. Dowladihii shirarkii hore qabtay (Itoobiya, Kenya, Masar) dadkoodu badi warba uma hayn cid la shirinayo iyo meel wax lagu shirinayo toona, halka reer Jabuuti carruurta Tojorra iyo tuulooyinka Cali-sabiix joogaa la dareen-wadaagayeen una soo ducaynayeen Soomaalida Carta ku shirsan. Halkan waxaa xusid mudan marka aan ka hadlayo sokeeyenimada reer Jabuuti muujiyeen, uma jeedo Soomaalida uun, balse abaalka iyo ehelnimada aan ka taariikhaynayo waa mid ay wada geysteen ummadda reer Jabuuti wadar ahaan, ha ahaadeen Soomaali, Cafar ama Carabba, giddigoodna waa walaalahayo aan dan-wadaag nahay.

Waxaa in hoosta laga xarriiqo mudan xoola-dhaqatadii cafareed ee miyiga Obokh iyo Tojorra kala soo lugaynayey ari ay u qalaan martida Soomaaliyeed ee Carta u fadhida. Marti-soorka iyo taakulaynta walaalka waxay ka mid yihiin dhaqammada ay ka midaysan yihiin Soomaalida iyo Cafartu. Xataa madaxda mucaardka Cafarta marar warfaafinta dibaddu qodqodday mar kasta jawaabtoodu waxay ahayd in ay Dowladdu ku saxsan tahay kuna taageersan yihiin "taakulaynta walaalahanaga Soomaaliyeed." Waa taariikh lama-illaawaan ah oo ay waajib nugu tahay inaan u gudbino ubadkeena soo karaya, si ay u ogaadaan inta abaalka ku leh, si ay uga tusaale-qaataan ehelnimadu in ayan ahayn uun jilibka aabbahaa ka dhashay.

Bal is barbar dhig mar kale xaqiiqdaas iyo shirkii ku caan baxay Eldoret iyo Mbagathi, Kenya. Iska daa Kenyaan kalee xataa dadkii ku noolaa Eldoret oo ah magaalo yar inta la socota in uu ka socdo shir Soomaali lagu heshiisiinayo aad ayay u yarayd, la-dareen-wadaag iyo xoolo-u-ururinna hadalkeedba daa. Kani ma aha hadal aan iska leeyahay uun ee waa xaqiiq aan ku ogaadey baaritaan aan sameeyey intii aan joogey Eldoret. Dad aan yarayn oo noocyo kala duwan ah (shaqaale xafiis, ganacsato, suuq-joog iwm) ayaan weydiiyey waxa ay ka ogyihiin shirka Soomaalida. Qaar waxay yiraahdeen 'waa igu soo duushay qolo Afrikaan ah oo magaalada shir uga socdo, mase hubo qoladii la iigu sheegay: Soomaali? Suudaan? ...' Qaar kale way ka sii fog yihiin. Kuwa ugu dhow way ogyihiin in ay jiraan Soomaali badan oo magaaladooda shir u timid, laakiinse shirku waxa uu yahay fikrad cad kama haystaan, danna kama leh, dabcan marka laga reebo qofqof shaqadiisu la soo gashay, sida darawallada wafdiga loo kireeyey iyo beec-mushtarka shirka ka faa'idaystey, sida hotellada, maqaayadaha iwm.

C. Maxaa Kallifay Jabuuti?

Maxaa ku kallifay Jabuuti in ay Soomaaliya awgeed isu dhibto ilaa xadkaas? Waa su'aal la is weydiin karo. Madaxda Jabuuti marar ay ka jawaabayeen sababta ku kalliftay naf-hurka baaxaddaas leh waxay ku micneeyeen laba qodob: kan hore waa in ay yihiin nasab abaal gudaya. Micnaha laba walaala ah waa xaq in marba kii taag daran la taakuleeyo. 'Soomaaliya iyaba way na taakulaysay markii ay naga taagta roonayd oo aan qarannimada u halgamayney' ayay yiraahdeen. Tan labaadna waxay ahayd aayaha labada dal in ay isku xiran yihiin. Dhibaatada mid ku timaaddaa kan kalena toos ayay u saamaynaysaa, wanaagguna sidoo kale. Sabab saddexaad oo la raacin karaana waa dhiigga ehelnimo oo dhaqaaqay kana dhiidhiyey dhibaatada walaalka waraabayaasha u dayacan. Sabab kale oo caqli-gal ah ayaa jirta, waana mid istaraatiiji ah. Baretanka heer gobol iyo bah-wadaag-doonka dunidu ku dhisan tahay, Jabuuti waa u dan in la helo dowlad Soomaaliyeed oo ay isu noqdaan garab iyo gaashaan, taas oo labada shacbiba faa'ido u ah.

Dhinac kale, faa'iidooyinka laga dhaxlay gurmadkii Jabuuti ee badbaadinta Soomaaliya waxaa ka mid ah, tallaabadaas uu ku dhiirraday Madaxweyne Ismaaciil Cumar Geelle waxay si weyn kor ugu qaadday magicii iyo miisaankii Jamhuuriyadda Jabuuti ku lahayd dunida, heer gobol iyo heer caalamiba. Waxay dunida tustay kartida Jabuuti iyo geesinimadeeda madaxa bannaan. Taasi waxay keentay sumcad ballaaran iyo tix-galin weyn oo dunida iyo gobolkaba laga siiyo

169

Dowladda Jabuuti iyo Madaxweyneheeda waqtigaas cusbaa ee aan hore loo aqoon. Magaca Jabuuti qudhiisa ayaa waxaa laga bartay dunida meelo badan oo aan hore looga aqoon. Xataa waxaa dunida ku caan-baxday magaalada Carta oo aan malaha hore looga maqal meel ka baxsan Jamhuuriyadda Jabuuti. Intaas oo dhan waa faa'iido soo korortay iyo sharaf u soo hoyatey ummadda reer Jabuuti, iyo weliba annaga Soomaalida ah oo ku faani karayna 'karti-darradayada maanta uun ha eeginee kuwaas kartida muujiyeyba waa walaalahayo, annana berri waan muujin doonnaa'!

D. Maxaa ka qaldamay?

Waa lama-huraan in uu dhaliilo yeesho wax-qabad kasta oo wax-ku-ool ah. Hawl-gal sida shirkii Carta u weyn una qallafsanna wuu ka sii xag-jiraa. Dulduleellada arrintaan laga dhex raadin karo waxaa loo kala qaybin karaa saddex marxaladood oo kala duwan: xilligii u-tabaabushaysiga shirka, xilligii shirku socdey iyo xilligii hawl-galka Dowladii kumeelgaarka ahayd ee shirka ka dhalatay. Xilliga ay soo baxeen dhaliilaha ugu badan uguna ba'an waa kan saddexaad ee ugu dambeeya, xaqse ma aha in dhaliilaha Dowladda Kumeelgaarka ah loo aaneeyo hindisihii Jabuuti iyo Shirweynihii Carta ee beri hore waajibkoodii gutey kana fara xashay, xilkiina Soomaalida ku wareejiyey. Xilligaa DKMG iyo dhaliilihii ka soo baaxay dhaawaca weynna u geystey dhaxalkii looga aayi lahaa dadaalkii Jabuuti waxaan ku faahfaahin doonaa Cutubk u gaar ah, Cutubka 4aad.

Xilligii qabanqaabada hore dad ayaa waxay qabaan in ay fiicnayd in dhismaha xagga hoose laga soo bilaabo. Qolyihii ay u dhisnaayeen maamulladu, sida Somaliland iyo Puntland carqaladihii madaxdooda ka yimid sababaha ay ku doodeen waxaa ka mid ahayd in aan wax tix-galin ah la siin saldhiggii ay gobolladooda in muddo ah ka hirgalinayeen xasillooni iyo dhisme haya'do maamul.

Haseyeeshee arrinta aad u muhiimka ah waxaa weeye in ay natiijada shirku intaan ka fiicnaan lahayd haddii waqti dheeraad ah la siin lahaa hawlihii u-tabaabushaysiga iyo qorsha-dajinta. Tusaale ahaan, waqtigii loo qabtay furitaanka shirweynaha wuxuu soo galay iyadoo ay weli qabyo yihiin hawlihii gogol-dhigga ee lagu tala-jirey. Ka soo qaad, waxaa qorshaysnayd in ay hoggaamiye-dhaqameeddadu yeeshaan aqoon-is-weydaarsi la-tashi iyo ansixin ah oo daba socdey aqoon-is-weydaarsiyadii aqoonyahanada iyo ganacsatada. Haseyeeshee la-tashigii hoggaamiye-dhaqameeddada oo aan weli furmin ayaa waxaa la arkay taariikhdii loo qabtay furitaanka shirweynaha oo soo gashay iyo dadkii Soomaaliyeed oo si xad-dhaaf ah u soo yaacay, siiba siiba xagga Muqdisho oo si xad-dhaaf ah looga soo yaacay iyadoo qof waliba is lahaa ha ka harin shirkan. Kolkaas ayay khasab noqotay in lagu dhawaaqo furitaankii rasmiga ahaa ee shirweynaha (2 May 2000), waxaana lagu bilaabay wajiga ah dib-u-heshiisiinta beelaha taas oo noqotay hawlgalkii koowaad ee hoggaamiye-dhaqameeddada.

Dowladda Jabuuti way la noqon weydey in la qaato talo dadka qaar soo jeediyeen (aan qudhaydu ka mid ahaa), taas oo ahayd in furitaanka rasmiga ah ee shirka dib loo dhigo muddo ilaa laba bilood ah. Taa waxay dowladdu u aragtay in ay keeni karto sumcad xumo, ama in loo qaadan doono ballantii la qaaday oo la fulin kari waayey. Waxaa kaloo cadaadis keenay dad badan oo soo yaacay oo ay khasab noqotay in shirka dhakhso loogu furo.

Xilligii dhexe ee ah intii lagu dhex jirey Shirweynaha Carta waxaa soo baxday arrin iigu muuqata dhibaatada ugu weyn ee yeelatay raad-reeb aan dhaxalkiisa la mahdin, arrintaasna eeddeeda ma laha Dowladda Jabuuti balse waxaa leh annaga Soomaalida ah, sida ay wada ogyihiin dadkii joob-joogga ahaa iyo xog-ogaalkii kale oo ay ka mid yihiin wakiilladii Qarammada Midoobey. Arrintaasi waxay tahay habkii kaqaybgalka (representation) iyo awood-qaybsiga (power sharing) ee lagu saleeyey beel beel. Ergooyinkii shirka ka qayb galayey, xubnihii baarlamaanka iyo kuwii Dowladda intaba waxaa lagu qaybsaday xisaabtan beeleed. Sababta keentay waa sheegi doonaaye, arrintani waxay si aan lagu tala galin u keentay qabyaaladdii oo la awoodeeyey, ama la xalaaleeyey iyo iyadoo sidaa ku noqotay shabaag lugaha isaga duubta kufisana habkii Dowladnimo ee la yagleelay iyo hawlgalka golayaashii la dhisay (faahfaahinta ka akhri Cutubka Afraad). Waxaa ka sii daran, waxay noqotay waddo 'halaq-mareen' ah, ama jid furmay in dib loo xiraana adag tahay. Intii awelba qabiilka cabsaneyd ama ku indha la'ayd iyo intii doonaysey inay u adeegsato kala qaybinta Soomaalida (oo Soomaali iyo ajnabiba leh) ayaa markiiba ku dhegtey waddadaas kana dhigatay tan qura ee loo maro

172

kaqaybgalka iyo awood-qaybsiga siyaasadeed ee Soomaalida shir kastoo la qabto. Shirweynaha Kenya maba noqon arrin cidi ka dooddo, halkii ay Shirweynihii Carta qaadatay waqti dheer iyo doodo fara badan oo marar badan la isku mari waayey, ilaa aan markii dambe noqotay inaan intayadii ay la qaldanayd u tanaasulno qoladii hab-beeleedka ku dhagganeyd, kolkay naga bateen, si ay wax uun u dhismaan.

Halkan waxaa muhiim ah in hoosta laga xarriiqo Dowladda Jabuuti in ayan wax eed ah ku lahayn arrintan, sida ay is-moodsiin karaan dad aan xog-ogaal ahayn. Waxay ahayd arrin ay Jabuuti ku khasbeen, qorshihii ay hore u dajiseyna kaga weeciyeen Soomaalidii lala tashaday, ama talada loo daayey, intoodii badnayd, kuwaas oo ay ku jiraan odayadii dhaqanka, kuwii siyaasadda iyo ergooyinkii shirka ka qayb galayey intuba. Sida uu qoray aqoonyahan Abdisalam Issa-Salwe, warqad-cilmiyeeddiisa halkudheggeedu yahay *"Somali Peace Process: Why Arta Conference Failed?"*, Jabuuti waa laga weeciyey nidaamkii ay u dajisey ka-qaybgalka Shirweynaha iyo awood-qaybsigiisa. Issa-Salwe wuxuu cilmi-baaristiisa ku faahfaahinayaa, ahna xaqiiqadii jirtey sida falsafaddii uu ku dhisnaa Hindisaha Jabuuti ay u ahayd mid ka hor jeedda qabyaaladda iyo qabqablayaasha una horseedaysa in awoodda lagu celiyo bulshaweynta oo wakiilladeeda u soo dirsata hab ku dhisan degaannada iyo kooxaha matala qaybaha bulshada.

Dowladda Jabuuti iyo Madaxweyneheedu sida ay uga hor jeedeen awoodaynta qabiilka, iyo qorshaha taa ka hor jeedey ee ay bilowgii dajiyeen waxay ku caddahay qoraallada rasmiga ah ee weli la hayo, kuwaas oo ay ka mid yihiin qoraalka magiciisu yahay "Peace Plan" ama Qorshaha Nabadaynta Soomaaliya. Qorshe-hawleedkaas oo ah kan asaaska laga tilmaan qaato u ahaa Shirweynaha Carta wuxuu dhigayaa (asagoo af-ngiriisi ku qoran):

> "It must be stressed that representation based on clan affiliations or the assumed strength or importance of certain clan, including the size of territories presumed or traditional belonging to certain clans, would only succeed in perpetuating or reinforcing the division of the nation."

> (waa in si adag loo caddeeyaa in ka-qaybgal kasta [ee shirka looga qayb galo) hab ku dhisan ka tirsanaan reer, ama awood iyo muhiimnimo la is-moodsiiyo in uu leeyahay qabiil ka mid ah qabaa'ilka, ha noqoto baaxadda dhulka ay deggen yihiin ama ku-abtirsi soo jireen ah, [wax-ku-qaybsiga reernimadaa iyada ah] waxa keliya ee ay keeni karto waa sii joogtaynta iyo sii xoojinta kala qaybinta ummadda).

Sidaa si ka sii qeexan ayuu Madaxweyne Ismaaciil Cumar Geelle khudbadihiisa mar kasta ugu caddaynayey sida ay habka qabiil qabiilka iyo dagaal-wadeenku halis iyo carqalad ugu noqon karaan geeddi-socodka nabadda.

Haddaba, hadduu sidaa ahaa amba-qaadkii uu ku hiranayey Hindasaha Jabuuti, yaa u af-duubay xalaalaynta hab-beeleedka? Jawaabtu waa tan:
i) Waxaa jirtey koox lagu magacaabay 'siyaasiyiinta ruug-caddaaga ah', kuwaas oo ka mid ahaa qaybihii

bulshada Soomaaliyeed ee ay latashiga u marti-qaadday Dowladda Jabuuti. (qaybahan kale waxaa ka mid ahaa aqoonyahannada, hoggaamiye-dhaqameeddada, ganacsatada iwm. Siyaasiyiintaa hore ee la biday "ruug-caddaanimada", ka dib markii hoteelka weyn ee Sheraton lagu hayey muddo bila ah, wax talo muuqata lagu sheegi karo tan ugu weyn ee ay xoogga saareen, madaxweynaha Jabuuti iyo Guddigii shirka maamulayseyna ku cadaadiyeen waxay noqotay "qabiil wax ha lagu qaybsado". Odayadaasi ololе ay fikraddaas ku riixayeen awgi waxay toos ugu tageen madaxweynaha, si ay uga culays bataan la-taliyeyaashii kale ee hababka kale ku talinayey, sida habka degaanka, kuwaas oo ay ka mid ahaayeen ka-qaybgalayaashii Symposium-kii aqoonyahanada, Maarso 2000.

ii) Tan labaad, wufuuddii latashiga loogu diray koofurta Soomaaliya, sida Muqdisho iyo Baydhabo, bilihii Maarso iyo Abriil 2000, dadkii ay la kulmeen ee ku hadlayey magaca gobolladaas waxay xoogga saareen inay Jabuuti ku yiraahdaan ma yeelayno wax aan ahayn in qabiil wax lagu qaybsado. Ka dibna markii Carta la isugu tagey ergooyinkii gobolladaa ka yimi, ahaana aqlabiyadda ka-qaybgalayaasha shirka, waxay si culus ugu adkaysteen isla fikraddii;

iii) Waxaa la waayey cid leh cudud muuqata ama cod micna leh oo fagaaraha soo dhigta, difaacdana hab-raac kaas ka duwan, (marka laga reebo ergadii Puntland oo iyagu markii hore soo jeediyey hab degaan markii dambese aan aad ugu adkaysan, maadaama ay guud

175

ahaanba awooddii ka-qaybgalkoodu ku wiiqantay qaaddacaaddii maamulkoodu qaaddacay shirka, ergadiina qayb ahaan ka saaray.) Dhaqdhaqaaqii bulshada rayidka ah ama bulshaweynta ee ay bilowgii Madaxweynaha Jabuuti iyo Dowladdiisu isku dayeen inay dhiirrigaliyaan, awoodeeyaan, ka dhigaan saldhigga weyn ee geeddi-socodka, waxay noqdeen wax aad u itaal daran, aad u kala daadsan, aadna u jaha wareersan. Way noqon waayeen quwad ka faa'idaysata, shirkana uga faai'daysa fursaddii la siiyey. Dadkii hor boodayeyna intoodii badnayd waxaa si fudud u qaadatay dabayshii beelaha oo la kala tagtay.

Halkan waxaa muhiim ah in hoosta laga xarriiqo, niyad-jabkii Jabuuti kaga dhacay liidnimada bulshada rayidka ah iyo jillaafadii kaga timid qolyihii shirka qaaddacay, dagaalka afkana la daba galay, kuwaas oo ay ugu muhiimsanaayeen maamullada Somaliland iyo Puntland, intuba waxay dhaawac weyn u geysteen ambaqaadkii hore ee ku-tala-galka Hindisaha Jabuuti, waxaana ka faa'ideystey shakhsiyaad u ordayey dan gaar ah iyo kursi-doon, iyo. ganacsato ay gacan-saar lahaayeen, kuwaas oo ka shaqeeyey in xoogga oo dhan la saaro kuraas-qaybsi iyo kala jiidasho qabiil oo dhawr jeer khatar galisey, madaxda Jabuutina waqtigoodii oo dhan qaadatay, si ay xal ugu helaan khilaafaadka qabaa'ilka kuraasta kala jiidanaya. Intaas oo dhan iyo daalkii sii kordhayey waxay xidhiidhi galisey dadaalkii lagu sii sahminayey yoolka good ee shirka iyo halkii loo socdey. Waxaas oo idil eeddooda waxaa leh qabqablayaashii heerarka kala duwan ahaa ee hor boodayey Soomaalida loo gurmanayo, ha ahaadeen kuwa

176

shirka qaaddacaadda ku wiiqay, kuwa kaalintii la siiyey karti-xumada ku gabay ama kuwa siigada danaysiga iyo kuraas-kala-boobka ku qasay majarihii hagaagsanaa ee hawshu ku bilaabatay.

iv) Intaasi markii ay is-biirsatay hoggaankii shirka iyo Dowladda Jabuuti waxaa laga dhaadhiciyey, maadaama aaney jirin axsaab siyaasadeed iyo wax la mid ah, habka qura ee Soomaalidu imminka ahaan u abaabulan tahayna uu yahay beel-beel, sida ugu sahlan ee loo taagi karo dhismaha bilowga ah waa in wax loo qaybsado beel-beeshaas. Waa in ka-qaybgalka shirweynaha (ergooyinka) iyo xubnaha baarlamaanka habkaa loo raacaa. Ka dibna ha laga gudbo marka baarlammaan la helo. Nasiib-darrose waxay noqotay, Soomaalidii la ursiiyey maan-dooriyihii madaxa kaga jirey ee xaraaraddiisu haysey yaa ka "gudbinaya" ama ka reebaya marka baarlamaan la dhiso! Waxay noqotay 'ka-baxshaa ba'ay' iyo 'tusbax go'ay'!

E. Miraha laga dhaxlay Gurmadkii Jabuuti

1. Soo noolayn dareen waddaniyad dhimatay

Sababaha u gogol-xaarey ama suurta-galiyey burburka dowladnimadii Soomaalida waxaa ka kow ah dareenkii waddaniyadda oo dhintay, dalkii oo noqday wax aan cid leh la aqoon oo la kala boobayo. Markii qof kastaa qoqob qabiil ku go'doomayna waxaa sii dabar-go'ay wax la yiraahdo dareen ummadnimo. Waxaa la gaarey heer lagu qoslo wax liitana loo qaato qofkii waddaniyad

177

ka hadla. Waa sababta sannadaha faraha badan loo la'yahay wax ka dhawaajiya dan ummadeed ama u horseeda. Ummadina qaran-dhis (nation-building) ma haweysan karto inta uu ka maqan yahay dareen waddaniyadeed.

Haddaba iyadoo ay Soomaalidu xaaladdaas ku sugan tahay ayaa markii ugu horreysey hadalladii qiirada iyo baraarujinta lahaa ee ku jirey Khudbaddii taariikhiga ahayd ee Ismaaciil Cumar Geelle (Sebtember 1999) iyo faallooyinkii iyo suugaantii war-baahinta Jabuuti iyo suugaanleydeedu ku celcelinayeen iyagoo ka tilmaan-qaadanaya khudbadaha Madaxweynaha iyo baaqyada Guddigii Qaran ee Shirweynaha Soomaalida, intaas oo dhan waxay Soomaalida u ifiyeen hiraal cusub (new vision) oo loogu hirto dib u dhis qaranimadii duntay; qaran Soomaaliyeed oo ku dhisan tala-wadaag iyo caddaalad. Tusaalooyinkii is-daba-joogga ahaa ee Madaxweyne Ismaaciil Cumar Geelle, baaqyadii dowladdiisa iyo guubaabadii hal-abuurka shacbiga Jabuuti intuba waxay soo celiyeen dareen waddaniyadeed oo ku soo noolaaday maanka Soomaali badan. Arrintaasi raadka ay reebtay weli waxaa laga garan karaa dad badan oo teel-teel tabar daranba ha iska ahaadeene ka dhawaajinaya wixii loo baahnaa, mid warbaahin adeegsada, mid shir ka hadla iyo qaar ku soo darsada sheekada fadhi-ku-dirirka intaba.

Tan kale waxaa dib u dhalatay yididiiladii iyo yuhuuntii qaran ahaaneed ee mar laga quustay. Tallaabadaan Jabuuti hoggaamisay waxay dadka Soomaaliyeed galisay isku-kalsooni cusub. Waxay ku dhalisay dareenka ah in ay haweysan karaan kuna guulaysan karaan dib-u-heshiin qaran. In ay kulan qaran isugu tagi karaan, gidaarradii kala xiray jabin karaan, wixii dhacay ka heshiin karaan, wax ka dhexeeyana dib u samaysan karaan, waxaas oo ah dowlad midnimo qaran. Waqtigay doonto ha qaadatee mar hadday bilaabantay in uu dareenkii soo yare noolaado waxaa la rajayn karaa in fulintana lagu guulaysan doono.

2. Dugsigii dib-u-heshiisiinta Soomaalida

Hindisihii Jabuuti (Djibouti Initiative) wuxuu ahaa tallaabo jid-bixiyeen ah. Waxaa lagu hal-abuuray fikrado ugub ah. Waxay noqotay dugsi ay wax ka barteen ciddii donaysa in ay ka shaqeeyaan dib-u-heshiisiinta Soomaalida. Tusaale la taaban karo waxaa ah Shirkii Eldoret/Mbagathi oo ay muuqato in uu dhinacyada qaar adeegsanayo farsamooyin laga bartay tijaabooyinkii Carta, waana arrin wanaagsan in laga faa'idaysto wixii hore loogu guulaystay. Farsamooyinka shirkan dambe Carta ka faa'idaystey waxaa ka mid ah:

- Waqtiga shirka oo aan bir lagu goyn ama la galin ciriiri badan; waxaa laga dhigay mid u furan marba intii hawshu ku dhammaato;
- Bulshada rayidka ah iyo hoggaamiye-dhaqameedyada oo la siiyo tix-galin;
- Awood-qaybsiga oo laga dhigo waxa ugu dambeeya ee laga xaajoodo lagana hormariyo ku-heshiinta mabaadi'da iyo dajinta axdi iyo qoraallo lagu hirto.

3. Aqoonsi xuquuqda intii hore u dulmanayd

Madaxweyne Ismaaciil Cumar Geelle wuxuu dadaal weyn u galay xaq-soorka kooxihii weligood ku dulmanaan jirey awood-qaybsiga siyaasadeed ee Soomaalida. Wuxuu si gaar ah ugu dadaalay kuna guulaystay in la aqoonsado xuquuqda siyaasadeed ee dumarka iyo beelaha laga badan yahay ama laga sed-bursan jirey. Natiijadii waxay noqotay in haweenka looga qoondeeyo 25 xildhibaan baarlammaan tiradiisu tahay 245 iyo in beelaha laga badan yahay looga tala galo in ay yihiin is-bahaysi saami u hela kala bar inta ay helaan beelaha tirada ku tartama. Waa qodob ka mid ah arrimaha uu jideeyey Shirweynihii Carta ayna muuqato in uu noqon doono hidde lagu socdo.

4. Abuuris dareen isku-kalsooni

Go'aankii Ismaaciil Cumar iyo Jabuuti ee ahaa siyaasadda lagu maamulayo Shirweynaha Carta in ay noqoto mid ku dhisan 'isku-tashi iyo naf-la-qaybsi' (eeg xubinta III.4 kor) waxaa laga dhaxlay dhawr faa'iido oo aayatiin leh. Tallaabadani dadka Soomaaliyeed waxay ka daweysey cudurkii dibad-eegidda iyo gacma-hoorsiga ee sannadaha lagu tallaalayey. Waxay dareensiisay qiimaha isku-tashiga iyo ka-kaaftoonka dibadda (self-reliance). Dadka reer Jabuutina tallaabadani waxay xoojisay isku-kalsoonidooda iyo aamminaadda iyo ku-faanka awoodda ay yeelan karaan marka ay isku tashadaan awooddoodana mideeyaan. Ka-maarankii lacag shisheeye iyo ku-guulaysigii hawl-gal sidaa u culus ummadda reer Jabuuti waxay ka dhaxashay qabkoodii qaranimo (*national pride*) oo aad kor ugu kacay iyo awooddooda oo ay ku sii kalsoonaadeen, iyagoon dhanka kalena dareemin lug u go'day iyo dhaawac ka soo gaarey dhaqaalihii ay ku hir-galiyeen hawl-galkaas u soo jiidey sharafta iyo abaalka labadaba. Tani waxay tusaale u tahay dhaxalka looga aayo go'aannada gar-wadeenka hagaagsan iyo hoggaanka toosan.

Dhanka Soomaalida, aafooyinka ummadda ku dhacay, xagga niyad-burburka, waxaa ka mid ah qabkii iyo isku-kalsoonidii oo dhintay. Sannadihii burburka waxaa xoogaystay dareen daciifnimo, dareen dadku u qaateen in ayan **iyagu** wax qabsan Karin, in ay sugaan **cid kale** oo wax u qabata: cunto **dibad** looga keeno; ciidammo **dibad** ka soo dega dabadeedna xoreeya; casumaad la isugu yeero shir **dibad** lagu qabanayo; cid kale oo dowlad **dibadda** uga dhista; dadkooda **dibadda** ku nool oo u keena "gaalo" ceelal u qodda ama lacag u qaybisa! Waxaa dibadda u duulay *iimaankii* ay ahayd dadku in ay ku qabaan **awoodda** ay **iyagu** leeyihiin ee iskood wax ugu *qabsan karaan*. Cudurkaa waxaa sababay:

- Burburka dhacay iyo itaal-darrada laga dhaxlay.
- Gar-wadeenka siyaasadda oo cudurrada badan ee ay dadka qaadsiiyeen ay ka mid tahay caadada xun ee ah 'dibad iyo dowlado ajnabi iska iibi si ay lacag kuugu soo daadiyaan.' Halka dunida kale hoggaamiyeyaasha toosan ama caqliga leh ay

xooggooda saaran in ay **dadkooda** iska iibiyaan ama ka kasbadaan kalsooni ay ku doortaan, kuwaani wax tix-galin ah ma siiyaan dadka iyo dalka ay magacooda ku qaraabanayaan. Waxay ku shaqeeyaan jiritaankoodu in uu ku xiran yahay marba sida ay dibadda wax uga helaan, taas oo ay inta badan kula bahoobaan xaaraan-quutayaal caalami ah iyo cadowga ummadda.

Labadaas dhibaato waxaa laga dhaxlay dareen guud (general feeling) oo ah 'Soomaali wax ma qabsan karto mana heshiin kartee Allow dalkaan duul kale u bixi!' Waa dareen aad khatar u ah oo hadday dadku aamminaan ay dhab ahaan dhan kasta uga curyaamayaan. Waa cudur dawo u baahan. Waa caado cusub oo cawaaqib xun. Nasiib-wanaag cudurkaan dad badan ayaa la moodaa in ay ka soo miyirsanayaan ka dib markii ay cabbeen casharkii shirka Carta. Ka dib markuu wacyigoodu ku baraarugay miraha laga gurtay go'aankii reer Jabuuti cid walba ku yiraahdeen "Waan **isku filannahaye** naga jooga, idinkoo mahadsan!" Waxaa la miyirsadey markii la arkay sida ay xag maamul iyo xag dhaqaaleba hawshii weynayd ugu fillaatay ugana soo dhalaashay dowladdii wax-qabadkeeda lagu saxarra-galinayey "ma Jabuutidan yar!" Waa tay amankaaggii la aamuseen kuwii sidaa oran jirey markay arkeen "Jabuutidii yarayd" oo intay mashruucii ka soo dhalaashay farxad ku dhaantaynaysa "nin yaroo nin weyn dilay ma aragteen!" (sheekadii dabagaallaha geesiga ah ee maroodiga lagdey.)

182

5. Dib u yagleel unug dowladnimo dhimatay

Natiijada ugu weyn ee ka soo baxday Shirweynihii Carta waxay ahayd dib u yagleelka haya'do astaan u ah dowladnimadii Soomaaliyeed ee duntay. Waxaa la dhidbay asaas saldhig u noqon kara dib-u-dhiska qaran Soomaaliyeed. Asaaskaasi wuxuu ahaa dajinta Axdi Qaran iyo dib-u-dhiska (si ku-meel-gaar ah) haya'dihii tiir-dhexaadka u ahaa dowladnimada: haya'd sharci-dajin (Gole Shacab); haya'd fulineed (Dowlad KMG ah) iyo haya'd garsoor. Waxaa la helay meel loogu soo hagaago codkii qaranka Soomaaliyeed ee la waayey muddo toban sano ah, cod, haba iska gaabnaadee, u dooda danaha Soomaaliya ee muddo dheer la la'aa cid u doodda. Waxaa nasiib-wanaag noqotay, dadaalka Jabuutina ku suurta gashay, in ay dunidu aqbasho soona dhaweyso wax loo arkay Soomaaliya oo dib u soo noolaatay. Calankeedii sannado ka hor la dajiyey ayaa dib loo suray fagaarayaasha adduunka, sida Qarammada Midoobey, Midowga Afrika, Jaamacadda Carabta, IGAD iwm; kuraastii Soomaalidu fagaarayaashaas ku lahaan jirteyna waxaa lagu soo celiyey meeshoodii laga qaaday toban sano ka hor.

Tallaabadaasi ma ahayn wax yar, ciddii qiimeheeda garan karta. Waxay ahayd taariikh idil oo dib loo sameeyey. Ummad magaceedii qabri laga soo saaray. *Magaca la yiraahdo 'Soomaaliya' wuxuu qarka u saarraa in la waayo.* Waxaa la hubaa in uu magacaasi si buuxda uga tirtirmi lahaa xasuusta caalamka haddii ay dhawr iyo toban sano gaari lahayd muddada uu ka maqan yahay fagaarayaasha dunidu ku kulanto iyo maabka quruumaha dowladda ah. Isbeddelka doqoni-ma-garatada ah ee dhacay waxaa weeyey, halkii war-baahinta adduunku oran jirtey "Soomaaliya waa dal aan dowlad lahayn (stateless society)" hadda waxaa la yiraahdaa "Soomaaliya waa dal aan dowlad *karti leh* lahayn muddo . . . sano ah". Micnaha waa *dal dowlad leh,* yayba ahaan dowlad karti leh ama dalka wada xukuntee, taas dalal kale ayaa kula qaba.

Xataa hadday dhacaan waxa ugu xun, hadday burburto Dowladda KMG ah mid beddeshana la dhisi kari waayo dhawaan, tirada muddada dowladla'aantu waxay kaaga bilaabanaysaa waqtiga markaas la joogo – micnaha halkii ay toban sano sii maraysey dib ayay kow uga bilaabanaysaa. Micnaha weli waxaa sii jiri doonta rajo mar kale lagu badbaadin karo magaca, halkii ay rajadaasi god qarki saarrayd markay tiradu kor u sii dhaafaysey toban sano! Bal u fiirso sannadihii ugu dambeeyey miyaad idaacadda BBCda ka maqashay iyagoo isticmaalaya magacan 'Soomaaliya'. Xaggooda wuu ka dhintay magacaasi; waxay ku beddesheen ee isticmaalaan wax la yiraahdo "Soomaalida"! Markay wararka dunida kale dhammeeyaan waa kuwa yiraahda "imminkana wararka Soomaalida" halkii ay hore u oran jireen "wararka Soomaaliya". Micnaha xaggooda ma jiro **dal** la yiraahdo Soomaaliya waxaase jira **dad** la yiraahdo "Soomaali" oo meelahaas yaacyaacaya! Hadday jiri lahayd wasaarad dibadeed ama safaarad Soomaaliyeed oo London joogta mar hore ayay BBCda iyo Dowladda Ingiriiskaba u gudbin lahayd ashtako kulul (protest) oo ay uga hortagayso aasiddaas. Haddase waa 'reer ba'ow yaa ku leh'!

F. Xil-wareejin

An ku noqonnee hawl-galkii Jabuuti ee badbaadinta Soomaaliya wuxuu la gunaanadmay gunaanadkii Shir-weynihii Carta. Laga bilaabo maalintii la yagleelay Dowladda Kumeelgaarka ah Jabuuti waxay samaysay xil-wareejin. Xilkii hoggaaminta geeddi-socodka waxay ku wareejisay Soomaalida iyo hoggaamiyeyaashii cusbaa ee u soo tafa-xaytey ama shafka u tumay. Hawsha intii ka harsanayd waxay ugu faataxaysey Dowladdii ku-meel-gaarka ahayd ee la dhisay. Qayb xilka ka mid ahna waxay ku riixday beesha caalamka oo ay hore uga hawl-yaraysay kharashkii Shirweynaha. Madaxda Jabuuti waxay in badan beesha caalamka ugu celceliyeen "Shirweynuhu muddada uu socdo culayskiisa annagaa qaadayna, idinkana waxaa la idiinka baahan yahay in aad garab gashaan dowladda ka dhalan doonta iyo dib-u-dhiska dalka". Jabuuti markay gudatay waajibaadka xilligii ay xilkiisa qaadday, xilligii ku xigay xilkiisa sidaa ayay ugu wareejisay labadaan qolo (Dowladda KMG ah iyo beesha caalamka).

Nasiib-darro, labada midkoodna kama soo dhalaalin xilkii uu la wareegay. Dhaliilaha waaweyn ee xil-gudashala'aantaas ka dhashayna canaantooda waxaa leh ciddii gabtay xilkii ku beegnaa, ciddii "barbarkeedu" noqday "bakayla-qaleen"; Jabuutise iyadu way ka soo baxday qaybteedii, way gabagabaysay hawsheedii, kubbadiina way ka soo tuurtay garoonka dhankeeda. Dunida oo dhammi waxay u jeedisey hambalyo iyo bogaadin. "Bravo Jabuuti-yarey" ayaa meel kasta ka soo yeedhay! Ku soo noqo labada qolo ee arrintu dhankooda ka dheeliday: beesha caalamka iyo Dowladda KMG ah. An sii kala qaadno.

Beesha caalamku waxay ku dhaqantay siyaasad dulucdeedu tahay 'sug oo arag' (wait and see); siyaasad ah 'bal ha la baxnaaniyo tallaabooyinka ay qaaddo dowladda la dhisay'. Arrinta laga caga-taalleeyey waa garab-galkii la filayey ama taakulayn la taaban karo dhinacyada dhaqaalaha, farsamada iwm, sidii loo taakuleeyey dalalkii kale ee ay ku dhacday dhibaato noocaan ah. Dhanka siyaasaddase dunidu taageero iyo soo dhaweyn aan loo kala harin ayay bilowgii u muujisay natiijadii ka soo baxday Shir-weynihii Carta. Dhab ahaan way jireen dalal sama-jecle ah iyo ururro caalami ah oo la soo hanqal-taagey ama diyaar u noqday in ay Soomaaliya taakuleeyaan, qaarkoodna wayba bilaabeen in ay gacan geystaan, qaddar kasta ha la ekaatee. Haseyeeshee arrintaasi marna heerkii loo baahnaa ma gaarin, marba marka ka dambeeyana hoos ayay u sii dhacysey taageerada dibaddu.

Marka gar caddaaladeed la naqo, beesha caalamku ma wada laha canaanta taakulaynta ku baaqsatay. Eedda qaar waxaa leh qolyo aan ka mid nahay annaga Soomaalida ah. Waxaa jira dawr arrimood oo carqalad ku noqday gacan-siintii laga filayey beesha caalamka, waxaana ka mid ah:

i. Ku-talagal-la'aan. Tan koowaad waa guusha shirkii Carta iyo dhalashada Dowladda KMG ah oo ahayd arrin aan hore loogu tala galin loona tabaabushaysan, arrin loo arkay mucjiso aan la fileyn oo cid walba kadis ku

186

noqotay, cid ku faraxday iyo mid ka naxday intaba. Sidii aan hore u xusay cid waliba waxay is lahayd Soomaalidu waxba ku heshiin mayso. Xataa Jabuutidii arrinta hoggaaminaysey iyo Soomaalidii shireysey may hubin in ay wax guul ah ka gaari doonaan dadaalkooda. Ma jirin wax qorshe ah oo loo sameeyey marka dowlad la dhiso tallaabooyinka ay ku hawl-gali doonto, dhinacyada ay taakulaynta uga baahan tahay, cidda taakulayntaas lala kaashan doono iyo habka loo baahan yahay in loo wada shaqeeyo. Qorshaha noocaas ah, oo loo baahnaa in ay sii dajiyaan gar-wadeenkii geeddi-socodka (madaxda Jabuuti iyo hoggaanka shirweynaha) iyo ururrada caalamka, sida Qarammada Midoobay iyo Midowga Yurub, cidina ma haleelin. Gar-wadeenka geeddi-socodka waxaa ka badatay liqdayna hawl-maalmeeddii socodsiinta Shirweynaha dhibta badan. Ururrada caalamiga ahna dhinac ahaan waxaa garba-duubay laba dhibaato. Waa mare waxay la yara caraysnaayeen maxaa nalooka qayb-galin waayey maamulka shirka; marka labaadna waxay is lahaayeen meesha waxba ka soo bixi mayaan.

Markay si kadis ah ku war-heleen 'meeshii' oo 'wax' ka soo baxeen way soo hambabareen badina waxay diyaar u noqdeen in ay gacan geystaan, si ayan mustaqbalka u waayin meel ay ka soo galaan Soomaaliya dowlad leh. Tusaale ahaan, Qarammada Midoobay haya'deheeda hawl-galka (UN Operational Agencies) oo ay hormuud u tahay UNDP waxay heegan u noqdeen qoraalna ku bilaabeen mashaariic lagu garab-galayo dib-u-dhiska dowladnimada Soomaaliya. Isla UN-ka dhankeeda siyaasadda, Golaha Ammaanku wuxuu go'aamiyey in la diyaariyo hawl-gal nabad-ilaalineed (UN Peace-keeping Mission) saldhiggiisu yahay Muqdisho. Diyaar-garowgii noocaas ahaa iyo kuwii la midka ahaa waxaa dhiciseeyey dhawrka arrimood ee hoostan ku qodobbaysan ii, iii iyo iv.

ii. Amni-la'aanta Muqdisho. Caqabadda ugu weyn ee waddada ka xirtay wakiilladii caalamka ee u diyaarka ahaa in ay yimaadaan caasimadda Soomaaliya waxay noqotay nabadgelyo la'aanta magaalada Xamar (waxaan ku faahfaahin doonnaa xubinta ku saabsan sababihii curyaamiyey DKMG). Bilmatal Golaha Ammaanku asagoo ku hawllan diyaarinta Halw-galkiisii Nabad-ilaalinta, ee Muqdisho u soo jiidi lahaa beesha caalamka, ayaa waxaa dhacday in Xamar lagu afduubay qaar ka mid ah ergadii ka socotey Qarammada Midoobey ee loo soo diray ka-soo war-bixinta xaaladda nabadgelyada. Waxay noqotay arrin ka argagixisay beesha caalamka Qaramada Midoobeyna ka niya-jabisay gacan-siintii ay ku tala jirtey. Intii ka dambeysey UN-ku waxay ku af-gobaadsan jireen 'marka ammaanka la sugo ayaan keeni doonnaa Hawl-galka Nabad-sugidda'. Waxaa xusid mudan taasi in ay ahayd curyaamin ay ku tala-galeen Dowladda Itoobiya iyo hoggaamiye-kooxeeddada Xamar ee gacan-saarka la leh. Mar kasta oo Golaha Ammaanku u fariisto meel-marinta hawl-galkaas Dowladda Itoobiya waxay kaga hor-tageysey laba olole oo dahsoon: mid ay dagaal-oogayaasha Xamar ku boorriso in ay nabadgelyada qasaan iyo mid ay dowladaha awoodda weyn, siiba Maraykanka iyo Ingiriiska, ku qanciso in ay is-hortaagaan ama ka caga-jiidaan hindisahaas.

iii. Gaabiska Dowladda KMG. Sababta saddexaad ee loo waayey taakulayntii dibadda laga fili karey waa karti-darrada Dowladda KMG ah. Iyada ayaa laga doonayey in ay degsato qorshe gadmi kara iyo qoraallo mashaariiceed (project proposals) oo ay ula tagto haya'daha caalamka iyo deeq-bixiyeyaasha mana dhicin taasi. Waxaa kaloo laga doonayey in ay intii loo xiise qabey qaaddo olole diblomaasiyadeed oo ay cid walba ku qancinayso in loola soo gurmado taageero siyaasadeed iyo mid dhaqaaleba, iyadoo cid walba ula tagaysa qorshe la taaban karo. Wasaaradihii arrimaha dibadda iyo qorshaynta ee shaqadaas laga doonayey wax hawl ahba ma qaban, madaxdii sare ee ay hoos tagayeenna uma dhugma yeelan mana fahmin wax-qabadka noocaan ah. Hadde 'ninkii seexdayna saciis dibi dhel'.

iv. Jid-gooyada Itoobiya. Waxaa iyana dunida dibadda 'hargo waraabe u riddey' Dowladda Itooiya oo olole mintid ah u gashay in Dowladda KMG ah loo arko koox aan dal xukumin, kalsooni haysan, argagixiso gacan-saar la leh sidaa awgeedna ay tala-xumo tahay ciddii isaga khasaarisa wax taakulayn ah. Ololahaas Itoobiya shakila'aan wuxuu ka mid yahay arrimaha curyaamiyey gacan-siintii la filayey in ay beesha caalamku ku garab-gasho natiijadii Carta ka soo baxday.

Haddaan sidaa u qeexnay wixii ku baaqday dhanka beesha caalamka iyo sababihii baajiyey, waxaa noo haray wixii ka curyaamay dhanka qolada labaad ee ah Dowladdii Carta lagu soo dhisay.

Dowladda KMG ah, in kastoo ayan ku tala galin in ay wax iska hagrato ('ninna korkiisa biyo kama hagradee') haddana tabarteeda ayaa waxay ka dhigtay fadhiid aan wax muuqda ka qaban waxyaalihii badnaa ee laga quud-darraynayey. Sababaha, oo aan dib ka faahfaahin doono, tan ugu darani waa kartila'aanta hoggaanka ummad aan fayoobayn, ummad is-madax-marsan meel laga jiro iyo meel ay u socotana aan garanayn, 'ummad waalatay' ama dayaysan sidii aan hore u soo micneeyey. Dowladdii la dhisay ee madaxda Soomaalida ah loo dhiibay waxay noqotay sidii markab la rakibay, ka dibna loo dhiibay naakhuude aan miyir qabin, naakhuude maskaxda ka jirran oo ay ahayd in marka hore lagu soo daweeyo dhakhtarka dadka waalan!

Hadal kooban, dadaalkii Jabuuti iyo mirihii ka soo baxay waxaa xagal-daaciyey labadii qolo ee ay xilka ku wareejisay: gar-wadeenka Dowladda ku-meel-gaarka ah iyo go'aanleyda beesha caalamka oo ay dacaraysay Dowladda Itoobiya.

190

CUTUBKA 4aad

IV. TIJAABADII DOWLADDA KMG

Ka-taariikhaynta iyo ka-faallootanka Dowladdii Kumeel-gaarka ahayd (DKMG) ee ka dhalatay Shirweynihii Carta sannadkii 2000 waa arrin ka culus wax looga bogan karo hal cutub oo ka mid ah buug noocaan ah, buug kooban ujeeddadiisuna tahay iftiiminta guud ahaan arrimaha saldhigga u ah dhibaatada Soomaaliya iyo xal-raadinta. In kastoo ay tahay tijaabo jirtey waqti aan dheerayn, haddana lafa-gurka wax-qabadkeedii iyo wax-qabadla'aanteedii waa arrin u baahan ugu yaraan buug dhan oo u gaar ah. Haseyeeshee halkan waxaan isku dayi doonaa inaan si kooban u xuso dhawr qodob oo xiriir la leh arrimaha aan buugga ku soo gorfeeyey, sida hoggaan-xumada siyaasadeed ee Soomaalida asaaggeed ka reebtay; kaalinta faragalinta dibadda; iyo gurmadkii Jabuuti ee isku-dayga badbaadinta Soomaalida.

Waxaan wax ka taaban doonnaa Dowladda KMG waxyaalihii ay soo kordhisay, dhinacyadii ay ku guul-darraysatay iyo sababaha loo aanayn karo guul-darradaas. Intuba waa qodobbo ay tahay in lagu cibra-qaato ama laga cabbir-qaato ama cashar laga barto, siiba waqtigan uu weli socdo gulufkii laba-geeslaha ahaa ee geeddi-socodka nabadaynta Soomaaliya, labadaa dhinac oo kala ah dhinac itaalki u xusul-duubaya in la badbaadiyo wixii weli la badbaadin karo, la xasiliyo nabad waarta lana dhiso dowlad qaran oo dib u dhalata, iyo dhinac ku mintidaya in ay hal bacaad lagu lisay ka dhigaan dadaalka nabad-doonka, fashiliyaanna tallaabo kasta oo la isku dayo in dib loo soo nooleeyo dowladnimadii Soomaalida. Labadaa dhinac xubnaha mid waliba ka kooban yahay horena waan u soo taataabanay dibna waan ka tilmaan-bixin doonnaa.

A. Afeef

Marka aan ka hadlayo arrintan xuddunta u ah xasaasiyado siyaasadeed oo aan weli laga xoroobin, waxaan karaankay isku dayi doonaa inaan ka taxaddaro qalad weyn oo caado noo noqday haddaan nahay Soomaalida maanta joogta. Waxaan noqonay dad caaddifaddu hoggaamiso hakii ay ahayd in uu caqligu hago. Qofka Soomaaliga ah runta dhab ahaan jirta waxaa ka indha tira laab-la-kaca shakhsiga ah ee ku dhisan waxa uu jecel yahay ama waxa uu necebyahay. Sidaa awgeed ma ahin dad kala hara ama wax isu miisaama ama waxa ay qiimaynayaan ka eega laba dhinac: dhinaca ay ku wanaagsanyihiin iyo dhanka ay ku xunyihiin; maxaa yeelay noloshana, sida badan, ma jiraan wax wada xun iyo wax wada fiican. Qofka Soomaaliga ah waxaa la caadaystey in uu ama si xad-dhaaf ah wax u ammaano ama si aan kala-har lahayn wax u caayo ama u cambaareeyo, asagoo waxa ka hadlinayaa ayan ahayn xaqiiq jirta ee ay tahay dhanka uu la jiro ama ka jiro, ama qof-jeclaysi iyo qof-nebcaysi, sababta jacaylka ama nacaybku waxay doonto ha noqotee (shakhsi, qabiil, saaxiibnimo iwm).

Caadadaasi waa mid cawaaqib xun lidna ku ah xaq-soorka bulshada iyo xurmaynta xaqiiqda. Si gaar ah waa caado ay tahay in ay xaaraan u arkaan dadka

192

adeegsada erayga qoran (*the written word*). Qof kasta oo qalin u qaata qoraal u gudbaya bulshaweynta waxaa saaran masuuliyad weyn, waxaa waajib ku ah in uu sheego runta Ilaah ku ogyahay damiirkiisuna ku caafimaadayo. Waxaa habboon in uu ku xisaabtamo erayga qoran in uu yahay dhaxal waari doona, dhigaal ka cimri dheeraan doona dhacdooyinka ay u taagan yihiin dhegaha dadku maalintaa la joogo. Ku talagal waxa aad maanta qorayso in ay adigoo ifka ka tagey aqrin doonaan faca soo socda iyo boqollaal fac oo ka sii dambeeya, halkaas oo ay taariikhdu ama kugu cambaarayn doonto inaad ahayd 'qoor iyo xera-laawe' ama kugu caan-bxin doonto caaddil xaqa ku dhiirrada. Tan dambe waa tii uu doortay taariikhdana ku galay garyaqaankii Ina Sanweyne, kaas oo in kastoo uu beri hore ifkan ka tagey haddana aan maanta magiciisa wada naqaan, murtidii uu reebay iyo matalka uu na tusayna aan weli u qushuucno una qushuuci doonaan da'aha soo socda. Waa ninkii bixiyey "gartu soddog ma taqaan, seeddi ma taqaan, wiil ma taqaan, walaal ma taqaan, Ilaaheeday taqaan". Dhaxalkaa uu reebay waa kan lagu ururshey laguna kaydiyey murtida caanka ah ee tiraahda "gartu Ilaaheeday taqaan".

Bulshadii Soomaaliyeed ee xilligaa joogtey qiimayntaa ay siiyeen ninkii sidaa u dhaqmay, ammaanta aan duugoobayn ee ay ku waariyeen magaca Ina Sanweyne waxay noo caddaynaysaa bulsha-weyntii waqtigaa in ay Ina Sanweyne la qabeen in ay habboon tahay in sidaa loo dhaqmo, in mar walba xaqa loo hiilliyo ee aan looga hiillin kanaa ku xiga, kanaan jeclahay, kaasaan nebcahay, ama keer baan dan gaar

ahaaneed ka leeyahay. Waxay ahayd qiime sare
(*supreme value*) oo ka mid ah qiyamkii ay dhawri jirtey
Soomaalidii waagaas. Nasiibdarro, qiyamkii caynkaa
ahaa way ka sii dabar go'ayaan bulshada imminka
joogta. Waxaa beddeley ama ka sare maray qiyamka
hooseeya, riqiiska ah, qof-isku-koobka ah ee ay ka mid
tahay tii aan kor ku soo tilmaamay. Burburkaas ku
dhacay qiyamka ayaan qabaa in uu yahay aafada ugu
weyn ee horseedday burburka aan waxba hambayn ee
baabi'iyey bulshadii Soomaaliyeed ee beri aad u dhow
ahayd qaran sharaf weyn ku leh quruumaha dhexdooda.
Sida uu burburka qiyamku ugu horseeday burburka
qaranka faahfaahinteeda oo cilmi-baaris ku dhisan qofkii
u baahan wuxuu ka heli karaa laba diraasadood oo tan
hore tobaneeye sano ka hor aan ku soo saaray buugga
magaciisu yahay *The Somali Challenge: From
Catestrophe to Renewal* (Ka eeg Ilaha buuggu
tixraacay); diraasadda labaad oo mageceedu yahay: "Ma
dhab baa Soomaalida Dhaqankeedaa Burburka baday?";
oo aan iyadana qoray horraantii sagaashanada qarnigii
tagey, waxay si taxane ah ugu soo baxday wargeys-
dhaqameedka *Gobaad* ee ka soo baxa dalka
Maraykanka.

Hor-qabataayntan oo ay igu khasabtay la-falgalka
cudurrada saameeyey fekerka dadkeenna burburku
maskax-dooriyey, waxaan uga jeedey inaan ku afeefto
inaan ka feejignahay ku-sidbashada caaddifadda
shakhsiga ah ee cid-u-xaglinta ama cid-ka-xaglinta
marka aan isku dayayo inaan dib-u-qiimayn ku sameeyo
Dowladdii Kumeelgaarka ee ka dhalatay Shirweynihii
Carta. Way jirtaa inaan lug weyn ku lahaa ama dhab

194

ahaan ka mid ahaa dadkii safka hore kaga jirey sahminta iyo socodsiinta hawlgalkii ku caan-baxay Geeddi-socodka Carta (*Arta Process*). Waa dhab arrimaha ay ku saabsan yihiin cutubkan iyo kii ka horreeyey inay yihiin arrimo i taaban kara saykoloji ahaan, xataa anigoon si muuqata u dareensanayn. Tusaale ahaan waxaa dhici karta in ay hoos ahaan xanuun igu reebtay xaqiiqda ah in la curyaamiyey, ama la curdan-dhadiyey mirihii laga dhaxli lahaa hawlgalkii baaxadda weynaa ee la magac-baxay '*Djibouti Initiative*', ama 'Hindsaha Jabuuti', kaas oo shaaca lagaga qaaday khudbaddii caanka noqotay ee Madaxweyne Ismaaciil Cumar Geelle Qaramada Midoobey ka jeediyey 22 September, 1999. Sababta dadka qaar ugu qaadan karaan in ay qoraalkayga saamayn ku yeelan karto caro hoose oo aan u qabo ciddii ka masuul ah ama ku lug leh fashilinta iyo tacab-khasaarinta hawlgalkaas taariikhiga ah, maa daama aan ka mid ahaa dadkii yaraa ee horseedka u ahaa qorshaynta iyo dhaqan-galinta hindisahaas una huray waqti badan oo ay u dayacmeen danihii gaarka ahaa iyo hawlihii kale ee i sugayey, muddo ku dhow saddex sano. Ma jiro qof ku faraxsanaan kara in la tacab-khasaariyo wixii uu ku soo hawshooday, danta guud awgeed. Haseyeeshee waxaan ku dadaalayaa in uu qoraalkani noqdo mid si la hubo u miisaaman ugana fog dheelli ama janjeersi kaga yimaada saamaynta dareenkaa aan soo tilmaamay.

Haddaba iyadoo, sidii aan soo taabtay, wixii la darsayo ay lagama maarmaan tahay in laga eego dhinac walba, qiimaynta soo socota ee ku saabsan DKMG waxay u kala qaybsan tahay laba xubnood oo is dheelli tiraya. Tan hore waa wixii ay Dowladdaasi soo kordhisay dhanka wanaagga (positive), tan labaadna waa wixii ay ku guuldarraysatay ee lagu dhaliili karo, cidda dhaliilahaas loo aanayn karo, iyo sababaha keenay.

B. Maxay soo kordhisay?

1. Dimoqraaddiyad la illaawey

Abuuristii iyo hawl-galkii Dowladda KMG waxay noqotay shaybaar lagu tijaabiyo bal in ay Soomaalidu isku maamuli karto hab dimoqraaddi ah. Ka dib in ka badan soddon sano oo talo-marooqsi iyo cabburis ah Soomaalidu waxay illowdey wax la yiraahdo tala-wadaag. Waxaa soo baxay laba fac oo ku barbaaray keli-talis iyo xukunka qoriga, wax ka duwanna ay adag tahay si ay ku fahmaan. Shirweynihii Carta wuxuu noqday fursad lagu cayn-wareejiyo hidde-siyaasadeedka noocaas ah, markii ugu horreysey muddo 30 sano ka badan.

Waxaa khasab noqotay in tala-wadaag maamul lagu dhiso. Waxaa la dhisay baarlamaan xubnihiisu xor yihiin, xor ka yihiin hoggaamiye keli-taliye ah oo ay ku khasban yihiin in ay u sacbiyaan, sidaasna ku noqdaan 'Golaha Sacabka' ee cusb. Baarlamaankan nooca cusub ah wuxuu awood u yeeshay in uu tartan dimoqraaddi ah u galo doorasho madaxweyne, tartan lagu kala baxayo santuuq muraayad ah oo yaal fagaare ay indhaha ku hayaan kaamirooyinka telefishin dunida oo dhan laga daawanayo. Dhabtii waxay ahayd arrin weyn oo bilow u ah dugsi cusub oo ay Soomaalidu baahi weyn u qabtey jid cusubna u furi karey. Waa cashar ay khasab tahay in hadda ka dib xisaabta lagu darsado mar kastoo loo hawlgalayo dib-u-dhis siyaasadeed. Dadka waxaa indhaha u furtay tallaabadii Carta wayna adag taya in ay dib dambe u aqbalaan wax mugdi lagu dhoodhoobay.

Ka dib hawl-galkii Dowladda KMG ah hidde-siyaasadeedkan dimoqraadiyadda higsanaya wuu sii socdey. Wuxuu noqday barta ugu muuqaalka dheer ee astaanta u noqotay wajiga Dowladda KMG ah. Soomaalidii ku garaadsatay wixii shacabku u bixyeen 'Golaha Sacabka' (Golaha Shacabka), xilligii Maxamed Siyaad, ka dibna afka uga dhacay dagaal-oogeyaal aan laga daba hadli karin, waxay ku war-heshay baarlamaan xil-dhibaan kastaa xornimo uga dhex doodayo, Gole wasaaradeed oo wasiirradu ku dhiirranayaan in ay u jilib-dhigaan jabiyaanna hindise uu soo jeediyey ra'iisul-wasaaruhu, hadday qalad u arkaan, baarlamaan ku gacan-sayri kara sharci ay Dowladda iyo Madaxweyneheedu oggolaansho u weydiisteen, baarlamaan dowlad la xisaabtamaya oo weliba ugu dambaynta ridaya markay u muuqato in ay xad-gudub samaysay, dowlad doodeheeda iyo dhaliilaha ay dhexdeeda isu jeedinayso toos loogala socdo war-baahinta. Intaas oo dhan waxaa lagu tilmaami karaa horumar siyaasadeed oo, dulduleello kastaa ha ku hoos-jireene, aan shaki ku jirin Soomaaliya in ay u furtay waddo cusub oo beddesha waddadii la caadaystey ee cabburinta codka ummadda. Waxaad mooddaa in ay dhinac faa'iido ka ahayd awood-yarida DKMG ah, maxaa yeelay dadka qaar waxay qabaan tala-wadaagga aan tilmaamayo madaxda sare ee Dowladdu (madaxweynaha iyo ra'iisul-wasaaraha) in ay ku khasbanaayeen in ay u hoggaansamaan, maadaama ayan jirin awood ay wax ku muquunin karaan, sida tii uu haystey Keli-taliye Maxamed Siyaad. Sababtu waxay doontu ha noqotee tani waa taariikh bilaabatay oo aan si fudud dib loogu celin karin.

2. Calan-ciid-ka-qaad

Qodobkani waa mid fahamkiisa ama qiimayntiisu ku adkaan karto dadka dhibsada gabi ahaanba jiritaanka DKMG ah iyo kuwa ku xisaabtamaya oo keliya 'maxaa la taaban karaa oo ay ka beddeshay nolosha dadka'; waase qodob dhab ahaan ku fadhiya qiime weyn oo istratiiji ah. Sidii aan meel hore ku soo xusay, haya'dihii dowladnimo ee Carta lagu dhisay waxay noqdeen astaan laga bidhaansado dowladnimadii Soomaaliya oo dib u soo noolaanaysa. DKMG ah waxaa la oran karaa waxa ugu weyn ee ay qabatay waxayd in ay noqotay codka u hadla Soomaaliya qaran ahaan, duniduna in muddo ah ku tix-galisay oo ka aqbashay Soomaaliya in ay dib u soo ceshatay dowladnimadeedii luntay.

3. Dib-u-yagleelka haya'do qaran

Waxaa la unkay gucun ay mar labaad ka dul tolmaan haya'dihii qaranka (state institutions) ee dabar go'ay. Ka dib sannado badan oo dowlad la'aan ah, dadka ku dhaqan koofurta Soomaaliya waxay illaaween wax la yiraahdo haya'do qaran iyo xafiisyo dowladeed. Waxaa baahi weyn loo qabey in ay dadku di u xasuustaan, kuwa da'da yar ee aan weligoodba aragna bal mar uun arkaan xafiisyo qaran iyo hanti ummadeed. Itaalkoodu ha iska

198

liitee waxaa la yagleelay unugyo u taagan xafiisyo dowladeed, xag maamul iyo xag ciidan intaba. Waxaa kaloo dib loogu sees-dhigay hanti qaran oo guurto iyo ma-guurtaba leh. Labadaas gucun-dhigma haddii la heli lahaa hoggaamiyeyaal iyo masuuliin heerkii loo baahnaa jooga waxay noqon lahaayeen bilow wanaagsan oo dhaxal u noqda dib-u-dhiska mustaqbalka, haseyeeshee waxaa isa soo tari waayey dadaalkii, maamul-wanaaggii iyo awooddii dhaqaale ee saddexduba lagama maarmaanka u ah taabbagalinta dib-u-yagleelkaas.

4. Dib-u-dhalin dareen dowladnimo

Sidoo kale, waxaa dadka dib loo xasuusiyey (kuwa Muqdisho ku nool ha u badnaadeene) wax dowlad la yiraahdo oo ay muddo dheer illaaween. Waxay mar kale arkeen xafiisyo dowladeed, madax dowladeed, boolis iyo maxkamado dowladeed, warfaafin si joogta ah uga hadlaysa shirar, sharciyo iyo go'aanno ka soo baxaya golayaal dowladeed, madax Soomaaliyeed oo ka qayb galaysa shirar caalami ah oo la tusayo iyagoo la maamusayo ama dhinac fadhiya madaxda addunka. Intaas oo dhan waxaa ku jirey waxtar doqoni-ma-garata ah. Waxay dadka dib ugu beeraysey dareen qarannimo iyo rajo soo noolaanaysey. Waxaa la dareemayey qabkii qaran ahaaneed (national pride) oo qabriga in-yar-in-yar uga soo baxaya.

5. Adeegyo bilow ah

Aagga kooban ee ay gaadhay awoodda Dowladdu waxaa
laga bilaabay adeegyo u badan xagga nabad-gelyada iyo
nadaafadda magaalada Muqdisho. Waxaa la dhisay
ciidan boliis oo ilaa xad wax ka beddelay nabad-gelyo
xumadii ka jirtey aaggaas isaga ah, in kastoo ay taasi ka
mid noqotay tallaabooyinkii bilowday haseyeeshee dib
ka soo weydoobay.

C. Maxay ku guul-darraysatay?

Fadhiidnimadii ama gaabiskii ay ku sifowdey DKMG ee
aan hore u xusay eeddiisa qaar waxaa la saari karaa
duruufaha ku xeeran iyo dibindaabyo dibadda lagaga
curyaaminayey. Haseyeeshee waxaa jira wax badan oo
ay eeddooda leedahay DKMG ah naf ahaanteedu,
kuwaas oo haddii ay qaadi lahayd tallaabooyinkii suurta-
galka ahaa ee looga baahnaa waqtigii munaasibka ahaa
ay arrintu sidaan ka duwanaan lahayd. Arrimaha
dowladdan lagu canaanan karo, ahna kuwo aan
qarsoonayn ee ay hore marar badan isugu canaanatay
DKMG (eeg qoraallada rasmiga ah ee labada Gole),
waxaa ka mid ah kuwa hoos ku taxan.

1. Fursado la dayacay

Waxaa jira fursado qaali ah oo soo maray DKMG ah
haseyeeshee ay karti u weydey in ay ka faa'idaysato.
Fursadahaas intooda badan waxay soo mareen lumeenna

200

lixdii bilood ee ugu horreysey hawl-galka Dowladda. Fursadaha qaaliga ah ee la lumiyey muddadaas waxaa ka mid ah kuwa soo socda:

a) Fursad 1: Curdan-dhadintii taageerada shicibka

Dowladda KMG ah maalmihii ay dhalatay waxay dhaxashay taageeradii xad-dhaafka ahayd ee shicbi-weynaha Soomaaliyeed dibad iyo gudaba isla barbar-taagey Hindisaha Jabuuti iyo Shirweynihii Carta. Bulsha-weyntii dowladla'aanta ka daashey kuna dayacantay markay maqashay dowlad baa la dhisay farxad iyo damaashaad ayay meel kasta uga caleema-lushay. Habeenkii doorashada madaxweynaha wuxuu ahaa habeenkii dhafarka ummad dhan. Wufuuddii Carta ka boqooshay ee ay hoggaaminayeen madaxweynaha cusub iyo ra'iisul-wasaarihiisu Xamar waxaa ku soo dhaweeyey kumaankun dadweyne ah oo caleema-qoyan iyo qalbi furan ku soo dhaweeyey. Waxaa la oran karaa waxaa soo dhaweysey Xamar oo dhan, oo ay ku jiraan dadkii taageeri jirey dagaal-oogayaashii diiday heshiiskii Carta. Waxaa loo wada diyaar ahaa in DKMG ah loo raaco halkii ay ummadda u dhaqaajiso.

Ha yeeshee, nasiib-darro madaxdii cusbayd way ka gaabisay in ay la jaan-qaaddo jawigii waqtiga cusub. Way heli kari waayeen hal-abuur ay hilin cusub ugu hor-kacaan hirarka kacay ee ummadda isbeddelka u harraadan. Hurdo dheer bay la gataati-dhaceen sidii rag muraadkoodii gaarey. Markay far dhaqaajin waayeen, af iyo addin midna, ayay dadkii candhuuftooda dib u

201

liqeen. Natiijadii waxay noqotay taageeradii ummaddu in ay tartiib-tartiib u gudho.

Yididiiladii ay dhaliyeen Shirweynihii Carta iyo dib-u-dhiskii dowladnimada waxay noqotay 'dhays bakayle' ka dib markay madaxdii DKMG ah ka gaabiyeen in ay ummadda hoga-tusaaleeyaan una hor-kacaan *hiraal qaran-dhis* (national vision) iyagoo u muuqda in ay yihiin hoggaan looga dayan karo dareen waddaniyadeed.

b) Fursad 2: Fidin-waagii maamul-dowladeedka

Bilihii ugu horreeyey aad ayay u sahlanayd in maamulka dowladda lagu fidiyo gobollada iyo degmooyinka dalka intooda badan, marka laga reebo woqooyi (Somaliland) iyo woqooyi bari (Puntland) qaarkeed. Tageeradii iyo xiisihii loo hayey dowladda cusub iyo dowladnimada awgood waxaa la hubaa in gacmo furan lagu soo dhaweyn lahaa haddii ay dhakhso u tagi lahaayeen wufuud ka socota DKMG ah oo u socota in ay dadka ku baraarujiyaan kuna kor-meeraan dhisidda maamullo dowladda hoos yimaada oo loo sameeyo gobollada ay ka midka yihiin shabeellayaasha, jubbooyinka, Hiiraan, Galguduud iyo kuwo kaleba. Nasiib-darro arrintaas waa laga seexday. Xataa gobolka caasimadda ku dheggan ee Shabeellaha Hoose oo ku jira gacanta dabley ay isku cid yihiin madaxweynaha la iskuma dayin in laga dhiso maamul dowladda hoos yimaada, dadka degaanka ee dulmiga tirsanayaana raalli ka yahay.

c) Fursad 3: Dhayalsigii dib-u-heshiisiinta

Axdigii Carta lagu galay wuxuu ahaa DKMG in ay tahay dowlad dib-u-heshiisiineed. Ummaddu bilowgii diyaar ayay u wada ahayd, marka lagu daro dagaal-oogayaashii Muqdisho oo muddo sugaayey in loola tago uun gorgortan ay ku qancaan ama taageerayaashooda ku qanciyaan. Nasiibdarro madaxda sare ee DKMG uma muuqan muhiimnimada arrintaan iyo sida ay miftaax ugu tahay guusha Dowladda KMG ah.

Kani wuxuu ahaa xil si gaar ah looga quud-darraynayey madaxweynuhu in uu u guntado. Waxaa laga filayey maalintuu Muqdisho cagaha soo dhigayba in uu marada dhexda ku xirto; in uu ummadda u jeediyo baaq qiiro waddaninimo ka muuqato oo uu uga dalbayo taageero, dib-u-heshiin iyo awood-qaybsi loo wada dhan yahay; in uu gobollada dalka oo dhan hore ka aado, asagoo waliba ka bilaabaya Somaliland iyo Puntland, kuna yiraahdo "dowladdii aan soo dhisnay waa naga tane u taliya walaalayaal, idinkaan marti idiin nahaye!"; in uu hawsha caasimadda ka bilaabo sasabashada hoggaamiye-kooxeeddada iyo soo dhaweyntooda; in uu si daacadnimo ka muuqato ugu yiraahdo "dowladdii waa tane nala dhisa, nala wadaaga idinkama xignee, dalkana nala nabadeeya"; in ay ummadda ku marti-qaado shir ama shirar lagu dhammays tirayo dib-u-heshiisiintii qaran ee qabyada ahayd, adduun-weynahana uga dalbayo taageero waqtigaas diyaar loo ahaa.

Hadday intaasi dhici lahayd waa la hubaa in ay dowladnimadaasi hir-gali lahayd, Soomaalidu arrimeheeda ku fillaan lahayd lagana maarmi lahaa

203

bahdalaadda maanta lagu jactadinayo shirar kale oo lagu sheegayo "dibuheshiisiin".

Qorsha-xumo iyo siyaasad-xumo lagu khasaaray waxaa noqotay ganacsatadii Dowladda gacan-saarka la yeelatay dhaqaale wixii soo galayna fuuqsatay iyo hoggamiye-kooxeeddo hoos-hoos loola heshiiyey lacag badanna lagu lumiyey midkoodna lagalama wareegin ciidammadii iyo hubkii gorgortanka lagula galay heshiis qoranna lagama saxiixin. Waxay noqotay mid walba ciidankiisii oo sidii ugu xeraysan sidiina isaga uun uga amar qaata in mushaar uun loo siiyo. Markii muddo la joogeyna kii doonaa dib ayuu dowladdii uga hor yimid halkiisii horena ku noqday. Lacagtii badnayd ee lagu kharash gareeyey sidaa ayay ku khasaartay cid wax ka qaban kartaana ma jirto.

Waqti dambe, markuu cadaadiskii batay itaalkii DKMG in uu sii yaraanayana la arkay ayaa lagu hambabarey in si ka badbadis ah loo yiraahdo "waxaan nahay dowlad dib-u-heshiineed, wax kasta diyaar baan u nahay" laakiin waa goorma, waa goor xeero iyo fandhaal kala dheceen, sida oraahda hidduhu tiraahdo.

d) Fursad 4: marin-habowgii hub-ka-dhigidda

Fursadaha la lumiyey waxaa kaloo ka mid ahayd hub-dhigistii loo wada diyaarka ahaa markii la maqlay dowlad baa dhalatay. Haddii bilowgiiba loo dajin lahaa qorshe qaran oo cilmiyaysan, dunida loogu ban-dhigi lahaa mashruuc ahaan, loo weydiisan lahaa khubaro iyo dhaqaale, la barbar wadi lahaa siyaasad dib-u-heshiin qaran, sida kor ku tilmaaman, waxaa la hubaa in waqti kooban lagu hirgalin kari lahaa hub-ka-dhigis sugta nabadgelyada dalka laguna dhaqan-celiyo dhallinyarada hubaysan. Taa lama yeeline waxaa lagu dhaqaaqay tallaabooyin jaantaa rogan ah oo aad mooddo in loogu tala galay in ay lacagihii yaryaraa ee soo galayey DKM ah si dadban ugu bililiqaystaan shakhsiyaad la naas-nuujinayo oo ku gabbanaya mushaar la siiyo maleeshiya aan badiba ahayn wax jira.

e) Fursad 5: Ka-faa'idaysila'aan dunida dibadda

Fursadda shanaad ee la dayacay waxay ahayd aqoonsigii caalamka iyo taageeradii bilowgii hore meelo badan diyaar lagala ahaa haddii loola tagi lahaa mashaariic iyo qorshayaal cilmiyaysan. Dhinacyada aad diyaarka loogu ahaa ee qolo waliba muujin jirtey in ay gacan ka geysanayso (haddii qorshe la tuso) waxaa ka mid ahaa hawlaha dib-u-heshiisiinta; maamul-hagaajinta iyo xoojinta dhismaha haya'daha dowladda iyo baarlamaanka; amniga iyo hub-ka-dhigista. Waxay DKMG kari weydey in ay dunida khubaro weydiisato ulana tagto mashaariic wax looga qabanayo dhinacyadaas oo dhan. Waxay kaloo awoodi weydey in ay dib u hawl-galiso waajibaadna siiso safaaradihii Soomaaliya dibadda ku lahayd oo in badan oo ka mid ah ay weli furan yihiin haseyeeshee ayan qaban wax dhaafsiisan adeegyo yaryar oo ay u qabtaan dadka Soomaaliyeed ee waraaqaha iyo shaabbadaha u doonta iyana ka qaataan qaddar lacag ah oo ay ku noolaadaan diplomaasiyiintaas waayey meel kaloo ay aadaan. Haddii la hawl-galin lahaa, war-galin iyo waajibaadna lagu taakulayn lahaa, iyagoo 'iskaa wax u qabso' ku hawl bilaabaya, waxay diblomaasiyiintaasi wax badan ka tari lahaayeen hagaajinta sumcadda DKMG ah iyo soo jiidista taageero dibadeed.

2. Xasilin-waaga nabadgelyada Xamar

Magaalada Xamar oo ah aagga qura ee ay gaadhay awoodda DKMG waxay ahayd intixaanka asaasiga ah ee lagu cabbirayey kartida iyo wax-qabadka DKMG ah. In kastoo ay xaaladda magaaladu ka soo yara raysay imaatinkii DKMG ah ka dib, xag dhaqaale iyo amniba, haddana laguma guulaysan xasilin buuxda oo la xasiliyo amniga magaalada, sababaha ugu waaweynna waa kuwo la xariira arrimaha kor ku sheeggan ee baaqsaday. Magaalada degaanno ka mid ah ayaa waxay weli ku jiraan gacanta hoggaamiye-kooxeedyo ka hor-jeeda Dowladda. Sababtaa awgeed waxaa muddo laba sano iyo bar gaaraysa lagu guulaysan waayey in la furo dekedda iyo gagida diyaaradaha ee caalamiga ah, labadaas oo ah hal-beegga dunida dibaddu uga cabbir-qaadato heerka nabad-galyada Muqdisho iyo awoodda DKMG ah.

3. Maamul-xumo

Qodobkaani wuxuu ahaa dhaliishii ugu weynayd ee uu Golaha Shacabku ku eedeeyey dowladdii Cali Khaliif sababtana looga dhigay kalsoonidii baarlammaanku kala noqday. Dhaliilaha baarlammaanku ka gadooday waxaa kaloo ka mid ahaa qaar badan oo ka mid ah dudulellada kor ku taxan. Maamul-xumada ugu ba'an ee dhaawacday

206

sumcadda DKMG ah taageeradii shicibkana dhabar-jabisay waa midda ku saabsan arrimaha lacagta iyo nooca xiriirkii dhex maray DKMG ah iyo ganacsatada waaweyn ee Xamar. Dhinacyada ugu sii daran waa deyntii shuhubaysnayd ee ganacsatada maganta loogu noqday iyo lacagihii been-abuurka ahaa ee niman ganacsata ahi ku burburiyeen noloshii danyarta iyo dhaqaalihii liitey ee dalka, Dowladdana ay kula soo galgasheen arrintaas eeddeeda iyo ceebtii ka timid. Dowladdu awood uma yeelan in ay arrintaas ka hor tagto. Waa loo awood-sheegtay. Haba loo awood-sheegtee haddana waxay awoodi weydey in ay ka fogaato arrintaas eeddeeda iyo agagaarkeeda, siiba markii u horreysey ee ay dhacday, horraantii 2001.

Markii dambe way ku dadaashay in ay cambaarayso iyo in wafdi loo diro dalka lagu soo daabaco si looga hor-tago, in muddo ahna waa lagu guulaystey, waxayse ahayd goor uu dhacay dhaawicii sumcadda DKMG ka soo gaarey la-wareegiddii ay ganacsatada ka iibsatey lacagtii ay hore u been-abuureen. Waxaa iyana is-eedayn badan iyo sumcad-xumoba keenay habkii loo maamulay lacagihii yaraa ee soo galay Dowladda siiba qaybtoodii weyneyd oo lagu kharash gareeyey maleeshiyada Muqdisho iyo dadka gacanta ku haya. Waa gar in ay mudnaanta koowaad lahayd arrinta nabad-gelyada Xamar waxaase la heli karey habkii la raacay ka hufan kana natiijo fiican oo arrintan loo maareeyo.

4. Soo-celin-la'aanta hantidii Dowladda

Arrimihii dhaawacay sumcadda Dowladda KMG ee dibadda, dhaqaala ahaan iyo shaqa ahaanna curyaamiyey waxaa safka hore kaga jirtey arrintii deggenaanta hoteellada muddo dheer. Cid kastoo la col ah DKMG ah waxaa hal-hays u noqotay "maxay xukumaan afar hotel bay ku oodan yihiine!"

Arrintaas waa laga fursan lahaa haddii markii Muqdisho laga dagey dadkuna xiisaha iyo soo-dhaweynta ugu heellanaayeen madaxda Dowladdu judhiiba ku dhaqaaqi lahayd tallaabo miiggan oo reer Muqdisho looga codsanayo in ay niyad-wanaaggooda ficil ku muujiyaan, ficilkaasna ugu hor-mariyaan bal in ay horta Dowladda ku soo wareejiyaan hantidii qaranka wixii ka nool oo weli ku jirta gacanta dad gaar ah, iyadoo mudnaanta koowaad la siinayo xafiisyadii, xarumihii iyo dhismayaashii Dowladdu lahayd, si ay Dowladda cusub u hesho meel ay salka dhigto oo ku shaqa-gasho.

Run ahaan waxay ahayd arrin guul degdeg ah laga gaari karey haddii bilowgii la saari lahaa guddi isugu jira Dowladda iyo duqeyda magaalada, la dajin lahaa qorshe cilmiyaysan, la samayn lahaa diraasad lagu tira koobayo hantida noocaan ah iyo dadka ay gacantooda ku jirto, la shirin lahaa dhammaan inta arrintu khusayso, loo bandhigi lahaa qorshaha ay ku jirto danta qaranku, heegan laga dhigi lahaa ciidan ciddii gar-diid noqota lala kaashado, dunida la weydiisan lahaa gacan dhaqaale oo wax looga qabto dib-u-dajinta dadka laga rarayo dhismayaasha xafiisyada Dowladda.

Haddii dhaqso loogu tallaabsan lahaa qorshe qaran oo aan cidna la dhaafayn, laga bilaabo caasimadda ilaa magaalooyinka kale ee ay ahayd in lagu baahiyo maamulka Dowladda, si dhaqso ah ayaa waxaa loo heli lahaa Dowlad ay gacanteeda ku jirto hanti ay leedahay iyo saldhig ay ku shaqayso, waxaana sahal noqon lahayd in dunida kaalmo looga helo dayac-tirka hantidaas wixii dayac-tir u baahan, ama waxaaba bar ka soo hari lahaa dhaqaalihii ku baxay hoteello dheg xumo keenay waxna laga dheefin noqonna kari waayey rug Dowladi ku shaqayn karto. Waxyaalaha aan la garaysan Karin ee ay ka gaabisay madaxda Dowladdu waxaa ka mid ah in muddo laba sano ku dhow hoteello lagu hayey in badan oo ka mid ah masuuliinta Dowladda oo ay magaalada ku yaalliin guryihii ay iyagu hantida u lahaayeen ayna haystaan dad kale oo xoog ku qabsaday. Maxay ku fadhidey in laga shaqeeyo in masuuliintaas mid walba gurigiisii loo banneeyo loona qalabeeyo halka loo qalabaynayo aqallo dad kale looga kireeyey, ka dib markii lagu hayn kari waayey hoteelladii qaaliga ahaa.

Waxaa nasiibdarro ahaa arrima ay ka midka tahay xaruntii Ciidanka Nabad-sugidda oo intay Dowladdii Cali Khaliif kharash fara badan dayac-tirkeeda ku bixisay haddana awoodi kari weydey in ay kala wareegto maleeshiyadii qabiilka iyo qabqableyaashoodii.

Canaadkaasi ma yimaadeen haddii ay tallaabadani qayb uun ka ahaan lahayd qorshe ballaaran oo cid walba looga soo celinayo hantidii ay Dowladda ka haysey. Waxaa la-yaab leh in awood loo yeeshay in wafdi diyaarad raaca loo diro maraakiib Yemen lagu haystey oo uu bililiqaystey ninka lagu magacaabo Munye, laakiin awood loo yeelan waayo in la qabto shir lagu soo celinayo xafiisyadii Dowladda laga bililiqaystay ee ku yaal xaafadaha ay ku hoy la'dahay Dowladda KMG ah. Waa waajib in la soo celiyo maraakiibtaas iyo hantida kale ee ay xaq-darrada ku haystaan xaaraan-quutayaal dibadda jira; waxaase ka horreeya bal horta in aad wax-qabadka ka bilowdo halka aad joogto iyo waxyaalaha loo dhimanayo baahidooda degdegga ah.

Sidee u qancinaysaa ninka aad ugu tagtay badaha shishadooda marka uu ku weyddiiyo "keligay wax ma boobine maxaad uga soo boodday kuwa xaafadaha kula dariska ah ku haysta xafiisyadii Dowladda iyo xoolihii ummadda ka dhexeeyey?" Waliba xaalku wuxuu sii xumaanayaa marka ay sababayntu qabyaalad madaxa la gasho ee adiga masuulka ah lagugu tuhmo inaad dad ku xiga ku naas-nuujinayso sii haysiga hantida ummadda, kii qabiil kale ahna amrayso in laga soo dhiciyo waxa uu haysto! Sidaa waxaa ku lumaya kalsoonidii ummaddu ku siin lahayd hoggaamiye ahaan. Waa tusaale kale oo muujinaya hoggaamin-xumada Soomaali halkaa dhigtay.

Waxaas oo dhan waxaan u xusayaa waa arrimo weli sidii u taagan sidii u hor-iman doona dowlad kasta oo la dhiso. Dowladda la rajaynayo in ay ka soo baxdo shirka haatan socda waa in ay xisaabta ku darsataa arrintan iyo dhammaan arrimaha kale ee aan ka taataabanayo waxyaalihii loo baahnaa awoodina kari weydey Dowladda KMG ah, Dowladdan oo ahayd tijaabo koowaad oo ay tahay in laga barto casharro badan.

5. Hawl-gallo dheg-xumo keenay

Qaladaadkii dhaawaca weyn gaarsiiyey sumcadda
DKMG ah waxaa ka mid ahaa dhawr jeer oo lagu
tallaabsaday hawl-gal askareed oo ciidanka dowladda
madax-madax loogu tuuray dagaal aan hore loogu
go'aamin heer dowladeed, lahaynna qorshe iyo
istraatiijiyad cad oo loogu tala galay in uu ka yool gaaro,
dan qaran awgeed. Dagaalladaasi waxay u
qaybsanaayeen qaar si jaantaa-rogan ah loola galay
hoggaamiye-kooxeedyo, sida Muuse Suudi, laguna
ceeboobay, iyo qaar si aan qorshaysnayn gurmad hiillo
ah oo caaddifad ku dhisan loogu diray kooxo dagaal
qabiil ku salaysan kula jirey kooxo kale oo ay marba
dhan isu cayrsadaan (dagaalladii Kismaayo); taas oo
iyana Dowladda dheg-xumo weyn u soo jiiddey ayna
cadowtinimo cusub uga kasbatay kumanaan
taageerayaasheeda ka mid ahaa oo ay ku lahayd
gobollada qaarkood, sida Jubbada Hoose iyo Woqooyi-
Bari.

Dhammaan dagaalladaas waxaa ku khasaaray naf
iyo dhaqaale meelo ka faa'iido badan looga baahnaa,
waxa laga dhaxlayna ma noqon dhul Dowladda loo
xoreeyey, ama maamulkeeda lagu ballaariyey, balse
waxay noqotay dheg-xumo dhulka la gashay sumcaddii
Dowladda, dhanka Soomaalida iyo dhanka caalamkaba,
maadaama la isku ogaa DKMG siyaasaddeedu in ay ku
dhisan tahay nabadayn iyo dib-u-heshiisiin. Dhanka
kalena dagaalladaasi ayan ahayn kuwo lagu soo hooyey
guulo ay horumar ku samayso Dowladda KMG ah, sida
dhul cusub ama gobollo la hoos-keenayey ama lagu

211

ballaarinayey awoodda iyo maamulka Dowladda ee ku
kooban aagga yar.

C. Sababaha guul-darrooyinkaas

Haddaba, waxaa is weyddiin mudan, waa maxay
sababaha curyaamiyey Dowladda KMG ah ama
gayeysiiyey gabi-dhacyaynta aan soo tilmaannay?
Waxaa ka mid ah kuwaan soo socda ee aan u soo tabin
doono si kooban, maadaama faahfaahintoodu ku dhex
jirtey arrimaha aan kor ku soo falanqaynay:

- **Dhaqaale-la'aan.** Dhaqaaluhu waa aaladda lagu
  socodsiiyo wax kastoo la qabanayo. Fasiraad badan
  uma baahna curyaannimada ku iman karta dowlad
  fara maran oo isku dayaysa in ay hawl-gal ka
  bilowdo meel hunga ah, meel ayan xataa haysan
  xafiisyadii iyo qalabkii ay ku shaqayn lahayd.
- **Jawi aan lagu shaqayn karin.** Tabari waxay
  noqotaba, Dowladda iyo hawl-wadeenkeeda waxaa
  garba-duubay cimilada ku hareeraysan ee
  caasimaddii calanka lagu celiyey. Haddii si kale loo
  yiraahdo, Dowladda waxaa curyaamiyey
  dhibaatooyinkii dhanka siyaasadda iyo ammaanka ee
  loogu tagey magaalada muqdisho, dhibaatooyin soo
  xididdaysanayey dhawr iyo toban sannadood, noqday
  dhaqan-siyaasadeed dhidibbada aastay, u jahaysan
  xintan iyo burburin ay xarfaan ku noqdeen xubno
  bulsho-diid ah (anti-social elements) awoodda dhabta
  ahna iyagu haysta (tu dhaqaale iyo siyaasadeedba),
  ummadda masaakiinta ah ee magaceeda lagu

212

gorgortamayaana la-haystayaal u tahay. Dhooqadaas oo aan la kala miirin ayay indhala'aan isaga dhex dhacday DKMG ah, iyadoon tabar hayn, ka dibna way ku dhex hafatay kuna dhex luntay!

- **Dhabar-jabin dibadeed.** Intaas oo jillaafooyin ah ayaa waxaa ku soo biiray maja-xaabo mintid ah oo Dowladda Itoobiya iyo hoggaamiye-kooxeedyada ay xulufada yihiin la beegsadeen DKMG ah. In kastoo hoggaamiye-kooxeeddadu muddo aan yarayn ka aamuseen, iyagoo la moodo in ay ku dhaqmeen siyaasaddii ahayd "sugoo arag", haddana markii dambe, markay jileec iyo dulduleel badan ka arkeen Dowladda curdanka ah, dhanka Itoobiyana laga soo guubaabiyey waxay bilaabeen dhagax-tuur u badan dagaalka afka. Dhankaas daqarka ugu weyn waxaa geystey dagaalka diblomaasiyadeed ee Dowladda Itoobiya isku hor-taagtey taakulayntii dunidu hore u ballan qaadday, sidii aan hore u soo qeexnay.

- **Qabyaalad ku saynsaabantay haya'dihii qaran.** Qodobbada kore waa qaar qof kasta u muuqan kara in badanna la soo qaaday. Waxaase jira qodob aan weli la dareensanayn iiguna muuqda xuddunta dhibaatada. Waa qabiilka nuxurka looga dhigay qalfoofkii dowladnimo ee dusha laga dhoodhoobayey. Haya'dihii dowladnimo ee la yagleelay waxaa ka xoog badatay lugihii ay ku socon lahayeenna curyaamisay caaddifaddii qabiilka ee la xalaalaystay noqotayna dhismaha keliya ee dhab ahaan shaqaynaya. Masuuliintii Dowladda, ka soo bilow Madaxweynaha iyo ra'iisul wasaarihiisa, ku soo xiji wasiirrada iyo xildhibaannada, ku keen

213

madaxda ciidammada iwm, waqtigii ay gudan lahaayeen xilalkoodii rasmiga ahaa ee Dowladda waxay ku mashquuleen abaabul shirar qabiil iyo u-feker xisaabtan reer hebel. Isla marka ay hawlahaas reerka ku jiraan waxay iyaga la tahay in ay wadaan hawlihii Dowladda. Waxay shirarkaas ku abaaulayaan ama uga qayb galayaan magaca xafiisyada ay xilkooda hayaan. Maarayntii siyaasadda Dowladda oo ay ahayd in ay ka soo baxdo haya'do magac Dowladeed ku shaqaynaya (sida guddi wasaaradeed iwm) waxaa lagu maaraynayaa ama lagu soo saarayaa magac qabiil. Tusaale ahaan bilihii Luulyo iyo Agosto 2002dii hawl la taaban karo oo ay qabteen xubnaha Dowladda iyo kuwa Golaha Shacabka waxaa ka jirtey shirar bilahaas oo dhan socdey oo ay u kala shirayeen beelaha Xamar u badan oo dhinac ah iyo kuwa kale oo dhinac kale ah, halkaas oo qolada dambe kuwa hore u soo jeediyeen dhaliilo iyo hindiseyaal "lagu badbaadiyo" DKMG ah halka ay qolada kalena suti-gaashaanta u haysey difaac beeleed. Badbaadintii Dowladda ee ay ahayd in xal-raadinteeda loo maro waddo dowladnimo ayaa lala aadey weegaar qabiil. Waxaa qosol-gariir leh, magaca wax lagu soo jeedinayo iyo kan la isku difaacayo intuba waa magac reer hebel oo aan xataa la isku hawlayn in la maldaho; Labada ciidan ee ku kala safanna waa wasiirradii 'Dowladda' iyo xildhibaannadii 'Baarlamaanka!'. "hawshii" weyneyd ee ay muddada bilaha ah waajibaadkoodii dhabta ahaa uga sii jeedeen masuuliintii xilalka ugu

214

sarreeya u hayey "qaranka" natiijadeedii waxay noqotay 'hal bacaad lagu lisay'.

Tani waxay ahayd hal tusaale uun oo muujinaya sida ay wixii horumar la gaari lahaa u curyaamisay dhibaatadaas ka soo jeedda qabiilkii la xalaalaystay, lagu saleeyey awood-qaybsiga, ka dibna noqday shabaag lugaha isaga duubtay haya'dihii la dhisay. Hab-dhaqan caadi ah ayaa laga dhigtay in Golaha Dowladda iyo kan Baarlamaankaba shirarkoodu ka dhammaan waayaan yooyootan qabiil oo ay ku tartamaan xubnihii qaranku xilka u dhiibtay. Mid waliba wuxuu u hadlayaa "annaga reer hebel ah". Yaa haddaba soo haraya oo ka wakiil ah danihii qaranka! Kani waa cashar ay tahay in ay ka tilmaan qaataan ciddii dambe oo ay sax la noqon lahayd in mar kale la maro waddadaas qaldan, marka lagu jiro hawlaha dib-u-dhiska dowlad qaran. Nasiib-darro, way caddahay in isla waddadaas la qaadi doono, kolleyba mustaqbalka muuqda, waayo ma muuqdaan siyaasiyiin feker cusub xambaarsan ama xambaari kara. Isla dadkii iyo kuwo in badan ka sii liita ayaa hor doodaya hawlgallada weli socda.

Way bannaan tahay qabaa'ilku in ay wada hadlaan ama danaha qaranka ka doodaan, haseyeeshee marka qabiil ahaan loo hadlayo cidda ku hadlaysa magaca qabiilka waa in ay noqotaa wakiillada dhabta ah ee hawshoodu tahay matalaadda qabaa'ilkooda; waxaan u jeedaa hoggaamiye-dhaqameeddada. Waa fool-xumo in ay wakiilladii Dowladdu isu rogaan wakiillo reer, si munaafaqnimo ah oo aan dan u ahayn dowlad iyo reer midna. Hal qof hal waqti iskuma noqon karo wakiil

215

qaran iyo wakiil qabiil. Labada mid bay danihiisii meesha ka baxayaan waana qaranka. Qabiilka qudhiisana sida badan dano shakhsi ah uun bay magiciisa ku fushanayaan siyaasiyiin-ku-sheeggu. Halkan ayay ku jirtaa halista hab-dhaqanka dhawaan la jideeyey ee ah sharciyaynta qabiilka marka la maamulayo siyaasadda Dowladda. Kani waa arrin u baahan dood cusub oo ka faahfaahsan inta ay saamixi karaan baalasha kooban ee buuggan.

- **Gar-wadeen-xumo.** Sababta ugu dambaysa, uguna daran qiyaastayda, waa dhibaatada hoggaaminta (*leadership problem*), waana dhibaato guud oo Soomaali oo dhan haysata ahna tii dalkaba dumisey, sidii aan ku soo faahfaahinay cutubka Koowaad. Cudurkaas ay la il-daran tahay ummadda oo dhan lama filan karin in ay keli ahaanteed ka fayoobaato Dowladdii KMG. Hadday ummaddani **guud ahaan ka dhalma-deysey** *gar-wadeen loo aayo*, DKMG ma cirkay ka keenaysaa mise carri shisheeyay ka soo waaridaysaa *curaddo bac ku jira!* Ayaan-darro, waxaa dhacay wixii la iska fili karey. Raggii loo dhiibay hoggaanka DKMG ma noqon kuwo gurya-samo u rara. Hadal kooban waxaa la oran karaa dulduleellada badan ee Dowladdii KMG dhaxantu ka soo gashay sababaha keenay tan tiir-dhexaadka u ah waa isla tii ummaddaan lagu intixaamay: *gar-wadeen-xumo.* Intii aan soo tirinnay arrimo ba'samay cidda laga doonayey in ay caqli iyo farsamo u hesho waxay ahayd gar-wadeenka siyaasadda DKMG. Malaha raggaasi wax hagrada

216

marna isma lahayn haseyeeshee kaskooda iyo karaankoodu kuma caawin wixii looga fadhiyey.

Marka aan ka hadlayno gar-wadeenka DKMG yaan loo qaadan uun laba-ka-saddexda nin ee haya jagooyinka ugu sarreeya, sida madaxweynaha iyo ra'iisul-wasaarayaashiisa. Way jirtaa eedda in loo sii kala badsanayo sida loo kala madaxsan yahay, taasoo micneheedu yahay madaxweynuhu in uu dhabarka u ridanayo qaybta libaax, qaybta ku xigtana uu la carraabayo ra'iisul-wasaaruhu. (Dhab ahaan dhaawaca ugu weyn ee dhulka dhigay DKMG waxaa lagu tilmaami karaa aragti-hoosaynta madaxweynaha iyo gaabiskii uu ka gaabiyey kaalintiisii ay ahayd in uu tallaabooyin firfircoon si dhiirran u qaado intii goori goor ahayd, siiba xagga hub-ka-dhigista, dib-u-heshiisiinta, xukun-ballaarinta iyo la xariirka dunida reer galbeedka iyo Afrika, halkii uu isku koobay ku warwareegga Carab iyaduba gabtay danihii ummaddeeda, dadka Soomaaliyeedna ku dayrisay darxumadii ku dhacday).

Haseyeeshee, ka sokow labada hoggaamiye ee sare, gar-wadeenka DKMG ee taya-xumadooda Dowladdu la curyaantay waxaa soo galaya dhammaan xubnihii dowladda ee xilliyada kala duwan iyo kuwii baarlammaanka Kumeelgaarka ah, iyo weliba kuwii loo dhiibay masuuliyadaha kale, sida hoggaaminta ciidammada. Muddo bilo ah (bilowgii) oo aan aniga qudhaydu ku dhex jirey hawlaha DKMG (eeddana qaybtayda ma dafirayo), weli maan arag hal masuul oo aan u riyaaqo heerka xil-gudashadiisa. Wasiirradayadu waxaan ku jirney walaahow iyo iska-daba-wareeg

217

muujinaya in aan dhab ahaan xubno ka nahay ummad aan fayoobayn, *ummad waalli wadareed la dayaysan!* Qaar baan iskuba dayin in ay wax uun ka qabtaan wixii loo xil-saaray. Badiyaa waxaa lagu marmarsoonayey sababihii aan kor ku soo sheegay. Waxaa hadaaqu u badnaa "maxaan ku shaqa tagaa, xaggeese ku shaqeeyaa – gaari i shaqa-geeya ma haysto, kursi iyo miis aan fariisto ma leh, hareerahayga xabbad baa ka dhacaysa, iwm" Ha yeeshee anigu taa uma arko in ay tahay sabab ku filan heerkii ay gaartey wax-qabadla'aanta iyo wax-qabad-xumadu. Shirarka qabiilkaba maa la waayo gaadiid lagu tago iyo geesinimo xabbadda lagu dhex maro!

Waxba yaynaan ku marin-habaabin eed-iska-riixeenii iyo eed-isku-riixii ummaddeena halkaa dhigay! Sababta ugu weyn ee aan irbad dun la galin kari weynay waa karti-xumo, waa aqoon-darro, waa caqli-burbur, waa caafimaad-darro maskaxeed. Wixii nugu dhacay waxay naga dhigeen hungo maran haddana dayaysan oo aan garanayn meel ay u socdaan iyo meel ay ka socdaan! Guuldarrada waxaa keenay la'aanta sifooyinkii lagama maarmaanka u ahaa hoggaanka siyaasadda, si uu u noqdo mid guul gaarsiiya ummadda uu hoggaaminayo, sifooyinkaas oo ah kuwii aan ku soo qeexnay cutubka koowaad.

D. Waa Cudur la wada qabo

Cilladdani waa mid ay ka siman yihiin gar-wadeenka siyaasadda Soomaalida meel ay joogaanba, ha ahaadeen kuwa DKMG, kuwa kooxaha hoggaamiya ama kuwa madaxda ka ah maamullada gaarka u taagan. Karti xumo waa halkeeda waxaase jirey dhinacyo gar-wadeenkii DKMG ku dhaameen badi ragga kale ee ku weheliyey ama kula loollamayey hoggaaminta siyaasadda Soomaaliya. Dhinacyadaas waxaa ugu muhiimsan dulqaadka siyaasadeed oo ay ku muujiyeen qirashada iyo qarin-la'aanta dhaliilohooda (kuwa wadar ahaaneed) iyo u adkaysiga tijaabadii aan soo tilmaamay ee ahayd nolol-siyaasadeed dimoqraaddiyad higsanaysa, (in kastoo dadka qaar oran karaan dantaa ku khasbaysey.) Haddaan jalleecno dhinacyada kale gar-wadeenkooda, ragga loo yaqaan dagaal-oogayaasha ama hoggaamiye-kooxeedyada, iyaga iyo dimoqraadiyad weligoodba isma arkin fikradna kama haystaan. Waxa keliyee ay soo arkeen waxay ahayd ama kala-amar-qaadasho askareed ama amar-ku-taaglayntii laga bartay xukunkii keli-taliska. Sidaa awgeed lalama yaabi karo lagamana fili karo hoggaamin tala-wadaag ku dhisan. Lagaba yaabe inay la qabsan lahaayeen haddii ay mustaqbalka qayb ka noqdaan hab-dhismeed dimoqraaddi ah oo leh hoggaan wanaagsan oo tusa dhaqan-siyaasadeed cusub.

Maamullada ay samaysteen gobollada gaarka isu taagey (Somaliland iyo Puntland) sida la og yahay waxay ka dhasheen shirweyneyaal ay isugu yimaadeen dad badan oo ay ka mid ahaayeen hoggaamiye-dhaqameeddada iyo waxgarad kale. Waxaa la dhisay haya'do maamul iyo golayaal shacbi. In kastoo tallaabooyinkaasi ahaayeen kuwo leh astaan tala-wadaag, haddana madaxdii loo doortay masuuliyadaha ugu sarreeya waxay noqdeen kuwa fekerkooda iyo hab-dhaqankoodu uu yahay mid ay ku dhan yihiin astaamihii hoggamin-xumada ee aan ku soo tilmaannay gar-wadeenka DKMG iyo kuwa kooxaha hubaysan. Taasi ma aha wax lala yaabo maxaa yeelay waxa oo dhammi waa rag hal fac ka wada tirsan hal dugsina ku wada abtirsada, dugsigaasina waa kii xukun-askareedkii Maxamed Siyaad Barre iyo jabhadihii hubaysnaa ee ka soo tafiirmay kana sii daray, sidii aan hore u soo falanqaynay.

In kastoo labada tijaabo ee Somaliland iyo Puntland ay is dhaamaan oo ay dhab ahaan horumarsan tahay tan Somaliland, xagga dhismaha siyaasadeed iyo tala-baahinta, haddana labadaba horumarkii ay gaari kari lahaayeen waxaa wiiqay la'aanta gar-wadeen ka fayow cudurrada dhaqan-siyaasadeedkii dalka dumiyey. Ma helin gar-wadeen ku shaqaynaya maskax cusub una heellan horumarinta dalka iyo dadka.

Soo ururinta iyo gunaanadka xubintan, Dowladdii Kumeelgaarka ee Carta lagu soo dhisay dhalashadeedu waxay ahayd go'aan taariikhi ah oo ummadda Soomaaliyeed ku gaadhey garab-galka walaalohooda reer Jabuuti. Dib-u-yagleelkii dowladnimada waxay ahayd tallaabo ifka ku soo celisay magacii 'Soomaaliya'. Ha yeeshee himilooyinkii laga filayey Dowladda wax weyn ama wax la taaban karo lagama gaarin. Gaabiskaas waxaa keenay sababo ay ugu weyn yihiin tabar-darro iyo hoggaan-xumo qayb ka ah *maskax-burburka* Soomaalida ku dhacay. Waxaa kaloo DKMG garba-duubay duruufaha qallafsan ee Muqdisho ka jira iyo turunturrooyin dibadda looga maja-xaabiyey.

Muddadii saddexda sano ahayd ee loo qabtay in ay xilka hayso waxay dhammaatay iyadoon ku guulaysan himiladeedii ahayd xasilinta nabad-gelyada iyo dib-u-dhiska maamul dowladeed oo dalku ku wada midaysan yahay. Waxa qura ee ay natiijo muuqata ka keentay waxay ahayd ilaalinta magaca qaran iyo kor-u-haynta calankii ciidda laga qaaday. Dhaxalkaa ka haray geeddi-socodkii Carta iyo dhisiddii DKMG wuxuu ahaa asaas saldhig u noqon kara dib-u-dhis qaran haddii lagu wada dadaalo in laga dhigto *dekad ay ku soo xirato doonida dowlad midnimo qaran, loo wada dhan yahay, sharcigu cid kasta ka sarreeyo, caddaalad iyo tala-wadaag ku dhisan,* **hoggaan wadareed** *leh* (collective leadership).

Waxaan doonayaa qaran
Qaran dhaama kii dumay.

(Gaarriye)

221

CUTUBKA 5aad

V. GUNAANAD: SOOMAALIYA DIB A U DHALAN KARTAA?

"Soomaaliya Ilaahay uma qorin in ay weligeed dhibaato ku jirto." (Daniel Arap Moi, 1/6/2002)

A. Ummaddani rajo ma leedahay?

Hadda iyo dan, waa tan su'aasha weyni: Soomaaliya dib ma u dhalan doontaa, mise siday u dhimatay ayay u basbeeli doontaa? Sii yare jilci: haddaan ognahay dal kasta cidda daryeeshaa in ay tahay dadkiisa uun, aragnayna baaxadda burburka ku dhacay dadnimadii dadka Soomaaliyeed; dadweyne wuxuu noqon lahaaba haddaan aragnay heerka uu gaarsiisan yahay *habaarka* hoggaan-xumada Soomaali haysata; hadday fara-galintii dibaddu u badatay hagardaamo iyo hoosaasin, cid wax kuu qabanaysaana jirin ilaa la arko in aad *adigu* leedahay *karti* iyo *miigganaan* aad wax ku qabsato; haddii ciddii dadaal isku daydaba lagu fashilinayo maja-xaabo dibadeed iyo maan-gaabnimo Soomaali ku badan; hadduu xaal sidaa noqday Soomaaliya rajo ma leedahay? Ma dhici kartaa in ay dib u dhalato yeelatana jirtaan wadareed (*collective existence*) oo waara? *Jiritaan wadareed oo ay astaan u tahay dowlad qaran* (national government) oo dalka wada matasha dantiisana u taagan?

Jawaabtu waa 'haa' iyo 'maya'. Mar waa 'haa' waayo inta nololi jirto rajo way jirtaa, noloshana ma jirto xaalad aan is-beddelin, tu xun iyo tu sanba. Marna waa 'maya' haddii lagu sii wado sida ilaa imminka loo dhaqmayo, haddaan la baddelin habka loo fekerayo, haddaan la helin caqli garta 'ha la joojiyo in dawo ahaan loo sii cabbo suntii loo dhintay'. Ruux la il-daran cudur uu ka qaaday sun uu cabbay haddaad dhakhtar ahaan ugu yeerto kii sunta cabsiiyey ee uu ku sii daldalo isla suntii, isagoo ku andacoonaya in uu daweynayo, suurta-gal ma tahay ruuxaasi in uu ka kaco cudurka uu dhulka la yaal? Jawaabtu way caddahay. Waa maya! Haddaba waa falka noocaas ah kan hadda lagu wada xiiqsan yahay ee lagu indho iyo dhega la'yahay, nuxur ahaan sii sumayntaas uun bay isugu biya-shubanayaan hawl-gallada naf-la-caariga ah ee marba lagu hamba-barayo "dib-u-heshiisiin" hawaawi ah oo ajnabi aan daacad ahayn seeriga u afuufayo: "Soomaaliyey isu kaalaya dowlad baan idiin dhisaynaaye!"

Soomaaliya **waxa** halkaa dhigtay waa aafo saddex-gees ah:

- *Damiir-xumada iyo daymo-gaabnida gar-wadeenka hor-boodaya hoggaanka siyaasaddeeda;*
- *Qabiil-caabudka lagu wada indha la'yahay;* iyo
- *Gacan shisheeye oo ka faa'iidaysanaysa labadaas liidnimo, si dahsoonna uga hor tagaysa in tallaabo hore loo qaado.*

Saddexdaas ibtilo, oo iskaashigoodu yahay aafada Soomaali dishay, maanta ayay ka xoog-badan yihiin maalintii ay dalkaan dumiyeen. Maalintaas waxyaalo kale ayaaba jir-jirey, maantase ma jiraan wax aan ahayn (1) xintan qabyaaladeed oo xad walba dhaafay *xalkana*

223

isaga laga raadinayo; (2) hoggaamiye-ku-sheegyo jahli indha tiray, ku indha la' u-haliil kursi aan dalkii laga xukumi lahaaba lahayn, kuna keliyeystey fagaaraha hoggaaminta siyaasadda dalka; iyo

(3) magansi ama hoos-galid shisheeye danihiisa uun daba socda adna kugula dhaqmaya marba isha uu kaa arko.

Sidaas ayay Somaaliya **weli ugu afduuban** tahay *saddexdii aafo ee ay u dhimatay*. Isla saddexdoodii ayaa magan loogu yahay in ay soo nooleeyaan naftii ay qudha ka jareen. Ma tahay wax dhici kara? Miyaan hore loo oran 'nin ku dilay har kuuma jiido'?

Inta aad "*ninkii* ku dilay" magan ugu tahay in uu "har kuu jiido" huri maysid in aad ku qur-baxdo qorraxdii uu ku dhigay. Inta uu **curyaansan yahay caqliga wadareed** (*collective mind*), inta ummaaddani ka badin kari la'dahay harjadka la midka ah kan dadka maskaxda looga jiro, inta ay la **dayaysan** tahay maan-dooriyiihii lagu dullaystey (**qabyaalad indha la'**), inta uu maqan yahay *horseed daacad* ah oo u iftiimiya iridkii ay mugdiga uga bixi lahayd ugana miciina af-duubka dagaal-ku-noosha, **inta uu dadka maskaxda ka haysto dhaqan-siyaasadeedkii dhibaatadan dhalay** (*destructive political culture*), inta xaalku sidaa yahay lama saadin karo rajo soo dhow iyo roob abaarta beddela; laguma riyoon karo mucjiso maalin qura cirka ka soo dhacda; lama filan karo isbeddel dhab ah oo waqti dhow dhibaatada taagan soo af-jara; laguma tala-gali karo *naf-la-caariga* shacbiga dhibbani nafta ku maaweeliyo "shir baa loo fadhiyaa, haddaa dowlad lagu

224

dhisayaa, darxumada na haysa maalintaasaa u dambaysa!'".

Haa, shir waa loo fadhiyaa, qaar hore waa loo fariisan jirey, "wax baa lagu dhisay" waa la oran jirey, mid kale waa loo fariisan doonaa, wax uun waa lagu dhisi doonaa, daaro midabku dahab yahay daruuraha dushooda waa laga soo daldali doonaa, daaro ka samaysan muraayado bacaad ah oo marqaanku si wacan midba mid u dul saaray meel cirka iyo dhulka u dhaxaysa! Ha yeeshee maxaa xigi? Maxay ku dambayn daaraha hawaawigu dabaysha ka dul-dhisay? Daaraha dhalanteedka ah uu kugu dagayo kuguna gacma-daalinayo ajnabi kaa duwaya dawga badbaadada? Maxaa daal la taransaday?

Waxa loo baahan yahay ma aha "**dowlad**" dhalanteed ah oo maanta la dhoob-dhoobo berrina noqota 'dhays bakayle'. *Waxa* loo baahan yahay ma aha saxiixid heshiisyo ku salaysan munaafaqnimo iyo maan-gaabni ismehersadey, heshiisyo waraaqo aan cidi xasuusan doonin looga saxiixo dagaal-oogayaal aan qawl lahayn maskaxdooduna qalfoof maran tahay. **Waxa** loo baahan yahay waa *isbeddel* dhab ah. *Isbeddel* dhan walba ah, isbeddel looga guuro dulliga dalkani maanta ku sugan yahay. Haddaan isla garano **waxa** loo baahan yahay in uu yahay "**isbedel**", waa in aan isla garannaa isbeddel kastaa *in uu ka bilowdo maskaxda dadka*. Waa in ay horta is-beddeshaa maskaxda dadka u baahan is-beddelka. Waa in ay dadka maskaxdoodu isu beddeshaa *mid* **ka caafimaad qabta cudurradii u keenay dhibaatada haysata**. Hadday taasi dhici weydo ma jiraan wax is-beddelaya, sida Ilaahay ku caddeeyey Qur'aanka

Kariimka ah: انا لله ال ريغي موقبام ىتح ىغيرو ام
باننسسم"'"', taas oo micnaynta furan ee af-Soomaaliga
ku noqonaysa, Ilaahay qolana ma beddelo waxa ay ku
sugan yihiin ilaa ay beddelaan waxa iyaga ku jira ama
waxa iyaga ku xiran. Ilaa xadkaas ayay muhiim tahay in
aad *horta* beddesho **maskaxdaada** haddaad doonayso in
ay is-beddesho xaaladdaadu.

Haddii ay xugman tahay in ay Soomaalidu ka
baxdo darxumada maanta haysata, waa in ay horta
garataa in loo baahan yahay in maskaxda dadka laga
nadiifiyo jeermiga dilaaga ah ee uu reebay dhaqan-
siyaasadeedkii fekerka Soomaalida hoggaaminayey
dhawr iyo labaatankaan sano. Jeermiga dhaqan-
siyaasadeedkan astaamihiisa waxaa ugu waaweyn
saddexdii aan gogol-dhigga ku soo sheegay: **qabiil-ku-
burur**, **qori-caabud** iyo **kursi-u-qooq**. Dadaal kasta oo
xal waara loogu raadinayo dhibaatada Soomaaliya
wuxuu noqonayaa 'hal bacaad lagu lisay' haddaan
mudnaanta koowaad la siin joojinta dhaqan-
siyaasadeedka astaamahaas leh; haddaan lagu
baraarugin baahida loo qabo in dadka maskaxdooda
laga nadiifiyo cudur-bulsheedyadaas caqabadda ku ah
dadaal kasta oo is-beddel-doon ah; haddaan loo guntan
sidii **saddexdaas cudur** loogu **beddeli** lahaa **saddex
caafimaad**: (1) qabiil-ku-bururka oo lagu beddelo
qaran-doon ama *dareen waddaniyadeed* oo dadku ku
hirtaan, sharaftoodana ka dhex arkaan; (2) qori-ku-
faanka oo lagu beddelo qori-ka-faan, nabad-ku-faan,
garran iyo gar-qaadasho; iyo (3) kursi-u-qooqa oo loo
aqoonsado in uu yahay *hunguri-xumo* laga xishoodo,
bulshadu ceeb u aragto, laguna beddelo sharftu in ay ku

226

jirto tala-wadaag iyo tartan xalaal ah oo lagu tartamo daryeelka danta guud laguna kasbado taageerada dadka intiisa badan oo codkooda lagu helo doorashooyin dimoqraaddi ah.

Waa kaas dariiqa looga bixi karo darxumada Soomaalidu u dabran tahay: waa saddexdii cudur oo *si toos ah loola diriro* laguna beddelo saddexdaas caafimaad; waa dhiigga ummadda oo laga dhaqo dhaqan-siyaasadeedkaas dhaxalka xun reebay. Marka ay maskaxdu suntaas ka dawowdo, miyirkeedii u soo noqdo 'marinkii lagu halligmay ka bayr' garato, majare cusub xarriiqato, maalintaas ayuu kow yahay wax-qabad mira dhalaa, wax-qabad u horseeda is-beddelkii ummaddani isku badbaadin kari lahayd. Mar hadduu miyirku soo noqdo, maskax caafimaad qabtaa hawl gasho, mugdiga iyo **dayowga** laga baxo inta kale iyadaa iska iman doonta. *Waxa* in la qabto loo baahan yahay iyo *sida* ay tahay in wax loo qabto waa la garan kari doonaa marba haddii la helo miftaaxa oo ah *maskax* ka caafimaadday cudurradii curyaanshey, maskax ka miyirsatey maan-dooriyeyaashii ay la dayaysnayd labaatanka sano.

Baalasha ugu dambeeya gunaanadka buuggaan waxaan hoos ugu sii daadegi doonnaa talooyin lagu saadaalinayo siyaalaha wax loo qaban karo, wax-qabad 'haa' ka dhigi kara jawaabta su'aashii ahayd "Soomaaliya dib ma u dhalan kartaa?" Haseyeeshee marka hore an sii yare iftiiminno laba qodob oo kan hore ujeeddadiisu tahay in aan xoojinno dhanka yididdiilada iyo saadaasha wanaagsan. Taasi waa muhiim. Maxaa yeelay waxay naga tallaalaysaa quusta iyo qalbi-jabka. Waxay naga balo-xijaabaysaa baaxadda dhibaatooyinka

aan soo ban-dhigay in ayan nugu beerin baqdin na sii
curyaamisa, niyad-burbur hor leh iyo is-dhiibid quuseed,
Alle ka magane! Ujeeddada dhaliilaha faraha badan ee
aan ku far-fiiqay ma aha in lagu niya-jabo, ma habboona
in laga xanaaqo. Waa in loo gartaa ujeeddadu in ay tahay
guubaabo iyo baraarujin, sidii hiddaha u ahayd
gabayaaga iyo guud ahaan suugaanleyda Soomaaliyeed
marka ay ka damqadaan dulduleellada uga muuqda hab-
dhaqanka dadkooda. Ujeeddada weyni waa in ay dadka
Soomaaliyeed ku baraarugaan waxa uu yahay cudurka
dhabta ah ee ay u dhimanayaan, haddii ay ku sii wadaan
garasha la'aanta *halka* cudurku fadhiyo iyo *jidka*
caafimaadka.

Qodobka labaad ee aan ka hormarin doonno tala-
bixinta gunaanadka ah waa sii iftiiminta cudurrada
ummaddani u dhimatay welina la curyaansantahay, lana
sii curyaansanaan doonto hadduu sidaa ku sii socdo
garan-waaga iyo gawaan-raaca dayaysan ee maanta lagu
jiro.

B. Adduun rajo kama dhammaato

Haddaan ku laabano su'aashii ahayd "Soomaaliya rajo
ma leedahay?" waa tay jawaabtu noqotay "haa" iyo "
maya". Waa taan gorfaynta culyskeeda saarray dhanka
"maya"-da. Waa taan tilmaan cad ka bixinnay sababaha
kallifaya in lagu jawaabo "maya". Ha yeeshee waxaan
raacinnay "haddaan ...". Waxaan ku dooday in ayan
Soomaaliya godka ka soo bixi karin "haddaan" la fahmin
cudurradii ay u dhimatay, la beddelin habka maanta loo

228

fekerayo ka dibna la helin waddada saxa ah ee dhibaatadan looga bixi karo.

Haddaba rajadu waxay tahay: way iman doontaa maalin taasi dhacdo mar ay noqotaba, maalin caqligu soo noqdo, cudurka la daweeyo ciriirigana laga baxo. Micnuhu waxaa weeye "*haa*" rajo way jirtaa. Inta nololi jirto rajo ma dhammaan karto. Ummadda Soomaaliyeed rajo way leedahay. Ma lunsanayn Arap Moi markii uu ku tiraabay "Soomaaliya Ilaahay uma qorin in ay weligeed dhibaato ku jirto". Waan la qabaa Professor Andrzejewski in ay maalin maalmaha ka mid ah Soomaaliya dambaska dib uga dhex dhalan doonto iyadoo soo cusboonaatay, sida shimbirka *phoenix* ee ay mala-awaaleen sheekooyinkii hore ee Giriiggu. Waxaa la yiraahdaa shimbirkaasi marka uu muddo badan jiraba mar buu is-gubaa. Shan boqol oo sano ka dib ayuu haddana dambaska dib uga dhashaa isagoo da' yar oo u diyaar ah nolol cusub.

Prof. Andrzejewski (Macallin Guush), oo ahaa caalim jecel Soomaalida iyo suugaanteeda, wuxuu hadalkaas (oo dardardaaran u eg) iigu laab-qaboojiyey maalin (30/11/1994) aan booqasho ugu tagey dhakhtar ama isbitaal uu markii dambe ku geeriyoodey kuna yaal magaalada Hamel Hamstead, dalka Ingiriiska. Waan ku kalsoonahay saadaasha Macallin Guush ee ah in ay Soomaaliya dib u dhalan doonto maalin maalmaha ka mid ah, iyadoo sidii hore ka dhallin yar, ka fayow kana caqli badan. Keliya an rajayno in ayan nugu qaadan shan boqol oo sano!

Hadalkani ma aha uun hawaawi nafta lagu sasabayo, hoodo dhalanteed ah oo had dhow la gaari

229

doono. Hubaal way jiraan if-baxyo laga bidhaansan karo bilow saadaal wacan. Isbeddelladii aan soo tirinnay ee ku dhacay wacyiga iyo dareenka dad badan, lagana dhaxlay waaya-araggii geeddi-socodkii nabadaynta ee ay hoggaamisay Jamhuuriyadda Jabbuuti waxay u muuqan kartaa rajo madaxa keentay. Riyaaqa cusub iyo ruqaansiga dib loo soo celiyey calankii la tuuray raja-galin ayay leedahay. Waxaa kaloo raja-galin leh dareenka dagaal-diidka ah ee dadka caadiga ahi ka sinmay, xal-doonkana loo wada heellan yahay. Waxaa la soo gaarey waqti shicbi-weynuhu heegan u wada noqday isbeddel uu uga baxo xaaladda dalku ku sugan yahay. Nasiib-darro wuxuu dadku garanla'yahay meel uu u dhaqaaqo, ama wuxuu la'yahay cid meel roon u dhaqaajisa oo uu raaco, sidii uu u raacay baaqii Ismaaciil Cumar Geelle bilowgii qarniga. Wuxuu dadku la' yahay horseed ducaysan oo **"danta u haga"**, waa halkii hooballadee.

Daaqadda saddexaad ee laga milicsan karo yididiilo soo ifaysa waa dareenka cusub ee Soomaalida Qurbaha (Somali Diaspora). Dadkii badnaa ee qaxii dibadda u yaacay markay yare dageen waxay sannadahaan dambe bilaabeen dhaqdhaqaaqyo kala jaad ah oo ay isku dayayaan in ay kaga qayb-qaataan badbaadinta dalkoodii hooyo. Dadaalkaas waxaa caawinaya tacliinley fara badan, malaha ka badan kuwa gudaha ku haray, oo ku dhex jirta kuna sii dhex badanaya Soomaalida Qurbaha. Waxaa muuqda dareen Soomaalinimo oo soo noolaanaya iyo dadkii oo soo bislaanaya. Dalalka ay ugu horreeyaan Sweden, Kanada, Maraykan iyo Ingiriiska (Britain) waxay u egyihiin dagello ay ka soo fufayaan baalasha ay ku duuli doonto *phoenix*-ka Soomaaliyada mustaqbalka ee ka soo fuuraysa ciiddii lagu aasay! Dhaqdhaqaaqyada laga dheehan karo yididiilo soo bidhaamaysa tusaale waxaa u ah uruka ISRAAC ee ka jira Woqooyiga Ameerika ahna waageer ay isku bahaysteen waxgarad badi tacliin sare leh kuwaas oo uu kulmiyey dareen waddaniyadeed; iyo ururka Is-bahaysiga Soomaalida Sweden kaas oo ah dallad ay ku midaysan yihiin ururrada jaaliyadda Soomaaliyeed ee waddanka Sweden. Midnimada sidaa u ballaaran iyo iska-xilsaarka guud ahaan arrimaha Soomaalida waa tallaabo ay reer Sweden uga horreeyaan Soomaalida inteeda kale.

Guud ahaan waxaa muuqata in ay qurbaha ku hana-qaadayaan fac cusub (new generation) oo laga fili karo maskax cusub. Laga yaabe *horseedka* la la'yahay, '*hiraalka*' iyo '*hormuudka*' hungada laga taagan yahay in ay halkaa ka soo if-baxaan; in ay dibadda ku hana-qaadaan dadkoodana hiil u noqdaan hanaddo aqoon ku hubaysan hayb-hayb ka sara maray ama qabiil-ku-burur ayan cidi ku qaldi karin.

C. Maxaa talo ah?

Waaxaha kala duwan ee ubucda buuggaan waxaan ku soo gorfaynay cilladaha Soomaaliya burburiyey iyo cudurrada Soomaalida dhigay halka ay maanta taal. Doodda dhexdeeda waxaan isku dayey inaan soo jeediyo bareerayaal tibaaxaya waddada loo mari karo badbaadinta waxa haray. Waxaan hoosta ka xarriiqay furaha xalku in uu yahay cilladaha halista ah oo la

231

fahmo, cudur-bulsheedyada burbur-wadeenka ah oo lagu baraarugo ka dibna lala tacaalo. Cudur-bulsheedyadaas dilaaga ah waxaan aqoonsanay in uu aabbe u yahay dhaqan-siyaasadeedka ay astaamihiisa ugu waaweyn yihiin qabiil-ku-waalashada, qori-caabudka iyo waxa aan ku tilmaamay kursi-u-qooqa. Waxaa soo raaca nifaaqa aqoon-diidka, beenta, boobka iyo booli-quudashada oo laga dhigtay wax lagu faano, halkii ay dhaqanka Soomaaliyeed waxyaalahaasi ahaan jireen ceeb laga xishoodo.

Waxaan soo sababaynay sida aan dhibaatada looga bixi karin dowladnimana dib loogu dhisi karin ilaa la beddelo hab-dhaqanka noocaas ah; ilaa maskaxda bulshada laga mayro lagana majuujiyo dhaqan-siyaasadeedkaas ay u dhimatay lana dhaqaaqi la' dahay; ilaa la sawiro **hiraal cad** oo loogu hirto dib-u-dhis Soomaaliya cusub lana helo horseed daacad ah oo hiraalkaas dadka ku baraarujiya kuna hoggaamiya.

Haddaba, su'aasha imanaysaa waxay tahay sidee lagu helayaa waxaas oo dhan? Yaa suurta-galinaya sideese lagu suurta-galin karaa is-beddelka noocaas ah, annagoo u jeedna sida maanta heerkaa looga fogyahay iyo sida looga gablansan yahay hormuud himiladaas dadka u hoggaamiya? Jawaabtu wax fudud ma aha. Aad ayay uga culus tahay wax hal qof la soo boodo inta kalena u sacbiso. Ha yeeshee su'aasha is-weydiinteeduba waa wax dhan. Haddaan isku dayo in aan buuggaan ku gunaanado bareeraha aan ka qabo jawaabta su'aashaas, waxaa is kay tusaysa talada soo socota.

Tallaabada furaha ah ee tiir-dhexaadka u noqon karta is-beddelka loo baahan yahay ee aan soo tilmaannay waxay noqon kartaa in la abuuro amase la abaabulo **dhaqdhaqaaq** maskax furan (*enlightened movement*) oo **dadka 'danta u haga'**, *dhaqdhaqaaq waddani* ah (sida kii Leegada) oo wacyi qarannimo abuura, waddada saxa ahna dadka u tilmaama kuna hoggaamiya. Magacyada la siin karo waxaa ka mid ah "dhaqdhaqaaqa Qaran ee is-badbaadinta Soomaalida" (*Nation-wide Movement for Somali Self-salvation*). Waa dhaqdhaqaaq wixii sannadahaan soo jirey ee la caadaaystey uga duwan saddex astaamood:

1. Tan hore, ujeeddadiisu ma aha **kursi-doon** iyo tiigsi awood dowladeed. Ujeeddadiisu waa **iftiimin** iyo **abaabul**. Iftiimin (*enlightenment*) dadka lagu wacyi-galiyo iyo abaabul suurta galiya in ay ummaaddu is-ra'yi weydaarsato, gidaarrada kala dhex yaal la jabiyo, yeelatana dood qaran (*national dialogue*) taas oo wax-garadkeedu ka doodaan wixii dhibaatada u keenay iyo waxa danta u wada ah. Haddii si kale loo yiraahdo, waa dhaqdhaqaaq nabadeed oo heer qaran ah (*nation-wide peace Movement*).

2. Dhaqdhaqaaqani *Kooxayste* ma aha ee waa **kulmiye**. Kuma koobna koox, qabiil, gobol ama qayb dalka ka mid ah. Waa xiriiriye (*network*) kulmiya wax-garadka ummadda (dibad iyo gudaba) iyo dhismayaasha jira (*existing structures*), ha ahaadaan ururro iyo kooxo sama-doon ah; dowladdii jirta, ha ahaato Dowladda Kumeelgaarka ah (waqtigan xaadirka ah) ama dowladdii kale ee dhisanta, (haddii

233

lagu guulaysto); iyo dowlad-goboleedyada jira. Waa *waageer ummaddeed oo wacyi-galin* u taagan, wacyi-galin u jahaysan dib-u-dhisid dowladnimo waari karta (*national forum for raising awaress towards sustainable nation-building*).

Dhaqdhaqaaqani inta ay maqan tahay dowlad midnimo qaran wuxuu noqonayaa ilayska isu duma wax-garadka ummadda una tilmaama jidka saxa ah ee loo mari karo dhismaha dowladnimo aayatiin leh. Marka ay dowlad qaran dhisanto ama jirtana wuxuu noqonayaa codka bulsha-weynta ee awoodda dadka u jeheeya wax-qabad wada-jir ah, dowladdana taakulayn iyo toosin la garab-socda, ugu yaraan xilliga qallafsan ee kala-guurka iyo dib-u-dhiska; maxaa yeelay, sida ay na tustay tijaabada Dowladdii Carta lagu soo dhisay, way adag tahay in ay Soomaaliya dhawaan ka taabba-gasho dowlad dhammays ah oo gar-wadeenkeedu karti iyo aqoonba u leeyahay fulinta hawlaha culus ee dib u dhiska qaran dumay. Taas ayaa sii kordhinaysa baahida loo qabo dhaqdhaqaaq abaabulan (*organized movement*) oo ay yeeshaan wax-garadka ummaddu, meel ay joogaanba.

Ficil ahaan (*practically*), dhaqdhaqaaqani wuxuu ku bilaaban karaa **shirweyne aqooneed** ama **aqoon-is-weydaarsi qaran** oo socda muddo dhawr toddobaad ah. Marar badan ayaa Soomaalida loo qabtay wax lagu magacaabay shirweyne ("National Conference") kharash badani ku baxay, kuwaas oo, marka laga reebo kii Carta, aan waxba laga dheefin sidii aan hore u soo faahfaahiyey. Waxaa la yaab leh in aan dhawr iyo tobankaa sano xataa hal mar la isku dayin hal shirweyne oo si cilmi ah loogu baaro sababaha dhibaatada dalkaan ka taagan iyo siyaalaha xal loogu heli karo. Dunida inteeda kale halkaas ayaa laga bilaabaa xal-u-raadinta dhibaatooyinka jira. Waxaa lagu bilaabaa cilmi-baaris iyo aqoon-isweydaarsi iftiimiya sida wax loo qaban karo. Ka dib ayaa lagu dhaqaaqaa wax-qabadka (hadduu dowlad-dhisid yahay iyo daacuun-joojin yahayba) iyadoo laga tilmaan-qaadanayo talooyinkii aqooneed. Haddaan Soomaali nahay annana caqligaas ma yeelan cid kale oo noo hagar-baxdayna ma jirto (dabcan marka laga reebo walaaleheen reer Jabuuti).

Haddaba tallaabada u horraysa ee habboon waa in la abaabulo shirweyne qaran (*national conference*) oo aan ahayn mid "**dowlad**" lagu dhisayo ee ah mid "**dad**" lagu dhisayo, maskax lagu dumayo, marinkii dowladnimo dhab ah loo abbaari lahaa lagu cillad-bixinayo. Waxaa loo baahan yahay shirweyne aqooneed oo ay ka soo qayb galaan dhammaan inta lagu tuhmayo aqoon iyo wax-garadnimo dibad iyo gudaba. Aqoonyahannada ka sokow, ka qayb-galayaasha waxaa ka mid noqonaya hoggaamiye-dhaqameedyada, nabad-sidayaasha, wakiillada dumarka, hal-abuurka fanka iyo suugaanta, ruug-caddaaga dhaqanka iyo wakiillada waageerrada siyaasadeed (political entities). Waxaa kaloo la kaashanayaa khubaro caalami ah.

Shirweynuhu wuxuu bar-tilmaameed ka dhiganayaa in ay ka soo baxaan oo laga dhaxlo saddexda arrimood ee hoos ku qoran:

1. Tilmaamaha tubta qaran-dhis dhab ah;

2. Sar-goyn qorshe wax-qabad (*action plan*) uu ku hawl-galo "Dhaqdhaqaaqa Qaran ee Is-badbaadinta Soomaalida";

3. Dhisidda xoghayn iyo gole xiriirin loo xil-saaro fulinta Qorshe-hawleedka.

Qorshe-hawleedka dhaqdhaqaaqa waxaa loo baahan yahay in uu xooggiisa saaro qodobbo ay ka mid yihiin kuwa soo socda:

i. Wacyi-galin ballaaran oo dadka lagu baaraarujinayo loogana digayo fool-xumada iyo khatarta dhaqan-siyaasadeedka sumaysan ee aan soo qeexnay. Wacyi-galintan waddooyinka lagu hirgalin karo waxaa ka mid ah qalabka war-baahinta, mid jira iyo mid la abuuraba; hal-abuurka fanka iyo suugaanta; aqoon-isweydaarsiyo heer walba leh; kulano cilmiyeed iyo fagaarayaal kale oo lagu kulmo;

ii. Qaabayn, kobcin iyo faafin **"hiraal"** soomaaliya cusub *(a vision of a new Somalia)*, Soomaaliya waji cusub leh, waji ka duwan kii ay lahayd Soomaaliyadii socon kari weydey. Ma aha in mar walba lagu daalo bul-caws dumaya iyo bacaad tacab-khasaar ah. "Ummad aan hiraal lahayn halaag kama badbaaddo." Sidaa waxaa yiri Sulaymaan Al-xakiim (Wise Solomon). Waa waxa Soomaali ku dhacay. Ummad idil iska daaye xataa koox ciyaartoy ama urur yar oo tagsiileyaal ayaan sii jiri karin hadduu waayo hiraal cad iyo hoggaan daacad ah oo mar walba xasuusiya hiraalkoodaas.

Nin dariiq xarriiqda,

Garan kara dayowdaye
Dhidarkuu ku kacay danab Doc
kastaaba waw toos.

(Gaarriye)

iii. Qabanqaabin shirweyne qaran oo dalka gudihiisa lagu qabto iyo ku-wacyigalin dadka in la aamino isku-tashi iyo iskaa wax-u-qabso ku bilowda shirweynahaas oo aan loogu barya-tagin ama lala magansan dowlado shisheeye.

iv. U-hawl-gal sidii wax looga qaban lahaa maskax-guurka (brain drain) dalka ku dhacay, taas oo ku imaan karta in waddanka lagu soo celiyo dadka aqoonta leh (professionals) ee dibadda u yaacay, iyadoo lala kaashanayo beesha caalamka.

v. In olole mintid ah loo galo sidii indhaha beesha caalamka, siiba quwadaha waaweyn (Maraykan iyo Midowga Yurub) loogu soo jeedin lahaa in ay gacan daacadnimo ka geystaan xallinta dhibaatada Soomaaliya iyadoo la taabsiinayo danta ugu jiri karta lana dareensiinayo godobta gaarka ah ee dalkani ka tirsanayo, sidii aan ku soo faahfaahinay cutubka 2ad. Waa in Maraykan iyo Yurub laga abuuro ololeeyeyaal firfircoon (*active lobby*) oo ka tirsan Soomaalida dalalkaas dagtey, kuwaas oo arrintaa ku qanciya go'aanleyda waddammadaas, sidii ay yeeleen kuna guulaysteen qurba-joogta (Diaspora) dalal ay ka mid tahay Poland markii ay u ololaynayeen dib-u-dhiska dalkoodii ku burburay dagaalkii labaad ee dunida, ama yuhuuddu markii ay u ololaynayeen abuurista Israa'iil ilaa iyo

237

maantana wadaan. Halkaa waa in xoog la saaraa ka-
hortagga khatarta socota, taas oo ah in Dowladda
Itoobiya laga adeejiyo aayaha Soomaaliya loogana tala-
qaato, halkii ay ahayd in lagu boorriyo xeerinta daris-
wanagga iyo xurmaynta madax-bannaanida Soomaaliya.
vi. Talada u dambaysa ka aqri qodobka II.F.7., cutubka
labaad ee buuggan, talooyinka ku taxan gunaanadka
xubinta hal-ku-dheggeedu yahay "Gacanta Itoobiya:
gucundhada xal-doonka Soomaaliya". Haddii la helo
waxgarad daacad ah oo u guntada qorshe-u-dajinta iyo u
hawlgalka badbaadinta ummadda Soomaaliyeed waa in
ay si buuxda xisaabta ugu darsadaan kaalinat dowladaha
aan dariska nahay iyo waxa ka iman kara dhib iyo
dheefba.

Abuurista iyo hawl-galinta *xarakad waddani* ah oo si
wacan u abaabulan ayaan qabaa inay tahay sida keliya ee
looga bixi karo dayowga iyo daalaa-dhaca Soomaalidu
ku sugnayd sannadaahaan socda. Waa jidka qura ee
looga guuri karo *hiraal la'aanta* iyo *hoggaan la'aanta*.
Wuxuu noqon karaa dugsi ay ku barbaaraan kuna kala
miirmaan gar-wadeen cusub oo u qalma hoggaaminta
Soomaaliya cusub. Dhibta ugu weyni dhanka ay ka
taagan tahay waa **dhaqaajinta hindisaha noocaan ah**.
Ma la heli doonaa *jid-bixiyeen* leh kasmo iyo karti ku
filan ku-dhaqaaqa tallaabo dhumucdaa leh! Hadday
jawaabtu 'haa' noqoto goorma ayaa la heli doonaa? Waa
su'aalo jawaabtooda laga sugayo dhammaan waxgaradka
ay khuseeyaan ummuuraha buuggan lagu soo
falanqeeyey.

ILAHA XOG-URURINTA
(Bibliography)

Ka sokow ilaha hoos ku taxan ee lala kaashaday ururinta xogta buuggani xambaarsan yahay, in badan oo xogta ka mid ah waxay ka soo jeeddaa xog-ogaalnimada allifaha oo qudhiisu dhacdooyinka laga xog-warramayo intooda badan ka ahaa ka-qayb-gale ama u-kuur-gale goob-joog ah (*participant observer*). Waxaa iyana ah il muhiim ah la-sheekaysi iyo dood-wadaag allifuhu waqtiyo kala duwan meelo kala duwan kula yeeshay dad badan oo ka-qayb-galayaal firfircoon ka ahaa dhacdooyinka iyo arrimaha qoraalku ku saabsan yahay, dadkaas oo ay ka mid yihiin ka-qaybgalayaasha Shirweynihii Dibuheshiisiinta Soomaaliya ee ka furmay Eldoret, Kenya, Oktobar, 2002, kaas oo uu goobjoog ka ahaa qoraha qudhiisu dhawrkii biloodd ee u horreeyey.

Abdisalam Issa-Salwe, *The Collapse of the Somali State: The Impact of the Colonial Legacy,* Haan, London: 1996.
-----------, "Understanding the Arta Factor", *Somaliwatch,* visited 16 December, 2001.
-----------, "Arta Conference Outcome: Was it an Answer to the Somali Dilemma?", A Paper awaiting Publication.
Achtner, Wolfgang, "The Italian connection", *The Washington Post,* January 24, 1993 (Final Edition).

Ahmed I. Samatar, "The Curse of Allah: Sivic Disembowelment and the Collapse of the State in Somalia", in Ahmed I. Samatar (ed.), *The Somali Challenge,* Lyne Rienner, Boulder: 1994, PP. 95-146.

Cabdirisaaq xaaji Xuseen, "Dhambaal", *Kasmo*, 3 Augosto 2002.

Clarke, Walter and Jeffrey Harbst, "Somalia and Humantarian Intervension" in *Learning from Somalia,* edited by Clarke and Harbst, pp. 239-253.

Documents of the Somalia National Reconciliation Conference, by *IGAD Technical Committee,* Eldoret: 2002.

Fromm, Eric, *The Sane Society* (7th ed.), Routledge and Kegan, London: 1979.

Hashim, Alice B., *The Fallen State: Dissonance, Dictatorship and Death in Somalia,* University Press of America, Lanham: 1997.

ICG AFRICA Briefing, "Salvaging Somalia's Chance for Peace", 9 December 2002.

Ismail Omar Guelleh, Statement at the United Nations General Assebmly, September 22, 1999.

Jama Mohamed Ghalib, *Who is a Terrorist?* Mogadishu: 2002.

Kabjits/Kapchits, G.L., *Maamhaahyada Soomaalida... Somaliiskie Poslovitsy,* Izdatel'stiro Nauka, Moscow: 1983.

Kapteijns, Lidwein, "The Disintegration of Somalia: A Historiographical Essay", *Bildhaan,* Vol. 1, 2001.

Maren, Michael, "How the Culture of Aid Gave us the Tragedy of Somalia", *The Village Voice,* January 19, 1993.

Maryan Arif Gassim, *Clan vs. Nation*, Dubai: 2002.

Maxamed Daahir Afrax, *A Rescue Mission not another* "Reconciliation Conference", A Policy Paper Presented to the President of Djibouti, November 1999.

Maxamed Daahir Afrax, "Culture and Catestrophe in Somalia", Paper presented at the International Conference *The Somali Challenge: Peace, Resources and Reconstruction*, held in Geneve 10-14 July 1992.

Maxamed Daahir Afrax, "The Mirror of Culture: Somali Dissolution seen through Oral Expression", in Ahmed I. Samatar (ed.), *The Somali Challenge*, Lyne Rienner, Boulder: 1994, PP. 233-251.

Maxamed Daahir Afrax, " Ma dhab baa Soomaalida Dhaqankeedaa Burburka Baday?", *Gobaad,* January-March, 2003.

Maxamed Daahir Afrax, "Another 'Reconciliation Conference' or Rescue Mission?": A Policy paper submitted to the President of Djibouti, November, 1999.

Maxamed Ibraahim Warsame "Hadraawi", *Halkaraan*, Den Norske SoomaaliaKomiteen, Kleppe (Norway): 1993.

Maxamed Xaashi Dhamac "Gaarriye", *Dabataxan* (Tix), Cajalad la duubay 1996.

Mazrui, Ali A. *The Cultural Forces in World Politics*, London: James Currey,   1990.

"Peace Plan for Somalia National Peace Conference", Djibouti-led IGAD Peace Process, Djibouti, 20 April 2000.

Newsweek, November 3, 2003

Said, Edward W., *Representations of the Intellectual,* vintage Books, New York: 1994.

Said Farah Mohamoud, "Prisoners of Siyadism", *Halabuur* Vol. I, 1, 1993.

Said S. Samatar, "My Dostoyevsky Syndrome: How I Escaped Being a self-hated Somali", *Bildhaan,* Vol. 2, 2002.

Xasan Cali Mire, "Can Somalia be Saved?", Paper submitted to the Arta Peace Conference, Djibouti, 2000.

Xasan Sheikh Muumin, *Leopard Among the Women: Shabeel-Naagood. A Somali Play.* Trans. with an introduction by Andrzejewski, B.W., Oxford University Press, London: 1974.

A NOTE ON THE AUTHOR

The author of this book, Maxamed Daahir Afrax, is novelist, critic, playwright, journalist and literary scholar who writes in Somali, English and Arabic. His major published works include three novels in Somali: '*Guur-ku-sheeg*' *(1975),* '*Maana-faay*' *(1979)* and '*Galti-macruuf*' *(1980),* and a historical novel in Arabic, '*Nida Al-Horiyah*' *(1976),* in addition to many short stories published in different magazines in Somalia and the Arab world. As a playwright, he has authored two plays; his first play was entitled '*Durbaan Been ah*' (A Deceptive Drum) and was staged in 1979 by a then famous theatre group called *Danan Artists.* The play was performed several nights at the Somali National Theatre in Mogadishu and went on a long tour throught the Northern and central regions of Somalia.

In the field of criticism and literary studies, Afrax has authored many articles and research papers either published in periodicals or presented at international conferences; however, his major contribution was a unique book of theatre criticism and historical analysis of Somali drama entitled '*Somali Drama: Historical and Critical Study*' which first came out in 1987. He is also the co-author of a multi-disciplinary book in English, *The Somali Challenge: from Catestrophe to Renewal,* published in the USA by Rayne Lynner in 1994.

In his creative writing, Afrax denounces such evils as political and moral corruption and social injustice. When in 1980 his novel '*Gulti-macruuf*' *(pseudo-civilized)* began to appear in serialized form in '*Xiddigta*

Oktoobar', a leading national daily newspaper at the time, the government took offence at its denunciation of the political corruption and moral decadence of the ruling elite, which were set to lead to the current Somalia disaster. The publication of the story was discontinued at its 37th episode by orders from the authorities and the author was muzzled. Soon after that, Afrax had to leave the country in 1981 and has been in exile ever since.

After a period of political activism against the government of Siyad Barre, he settled in Yemen where he completed his B.A. degree (1988) and joined the Ministry of Information and Culture as head of its Theatre Research Unit and, later, as assistant director of the Publishing and Translation Department before he moved to London (1991) where he is now based. In London, while doing his PhD in literature at the University of London, he founded and edited a unique literary periodical in English and Somali called '*HAL-ABUUR, Journal of Somali Literature and Culture'*, which was well-received and soon became well-known among Somalis and among those interested in Somali literature and culture around the world.

In London Afrax joined International P.E.N., the largest umbrella of world writers which he joined in 1993 as a member of the English PEN, and later in 1996 he took the initiative in founding the Somali-speaking Centre of the International PEN by networking a good number of Somali authors around the world who had accepted to sign the PEN Charter. After the recognition of the Centre by International PEN, Afrax organized in London a General Meeting in April 1997 where the different structures of the Somali-speaking PEN were set up and Afrax was elected president. At the time of writing he continues to serve as Somali PEN President after being re-elected in the second Congress held in Djibouti in June 2003.

After several years of full involvement in UN missions and in the international efforts towards peace-building in Somalia in various capacities (UN advisor, Djibouti Government consultant, independent researcher etc), the author finally decided to re-focus on or revitalize his writing vocation. It was early 2002 that Afrax restarted writing so rigorously that he has either written or revised and completed the manuscripts of three new books in three different languages: English, Somali and Arabic. The latter two books were published simultaneously in Kenya and the U.A.E. respectively at the end of year 2002. The third book, the one in English, is expected to be printed in London soon (at the time of going to press). Its title is *Literature in A Changing Society: The changing Shape of Somali Poetry.* It is an innovative study of how the Somali poetry of the last four decades has reflected the massive social changes that has affected all aspects of Somali life.

The author's new book in Arabic is entitled: *'Nadaraat fi Athaqaafah As-Soomaaliyah'* (A Window to Somali Culture). It has been published in Sharjah, United Arab Emirates, by the U.A.E 's Department of Culture and Information, and it was received with instant popular and critical acclaim in the Emirates and the Gulf.